哈佛百年经典

见闻与传奇

[法]弗瑞萨德 / [英]马洛里 / [英]哈瑞森◎著
[美]查尔斯 · 艾略特◎主编
张 健 / 王义文◎译

北京理工大学出版社
BEIJING INSTITUTE OF TECHNOLOGY PRESS

图书在版编目（CIP）数据

见闻与传奇 /(法) 弗瑞萨德，（英）马洛里，（英）哈瑞森原著；张健，王义文译. —北京：北京理工大学出版社，2013.12（2019.9 重印）

(哈佛百年经典)

ISBN 978-7-5640-8351-9

Ⅰ. ①见… Ⅱ. ①弗… ②马… ③哈… ④张… ⑤王… Ⅲ. ①欧洲-中世纪史-史料 Ⅳ. ①K503

中国版本图书馆 CIP 数据核字（2013）第 223200 号

出版发行 / 北京理工大学出版社有限责任公司
社　　址 / 北京市海淀区中关村南大街 5 号
邮　　编 / 100081
电　　话 / (010)68914775（总编室）
　　　　82562903（教材售后服务热线）
　　　　68948351（其他图书服务热线）
网　　址 / http://www.bitpress.com.cn
经　　销 / 全国各地新华书店
印　　刷 / 三河市金元印装有限公司
开　　本 / 700 毫米×1000 毫米　1/16
印　　张 / 20.75
字　　数 / 300 千字
版　　次 / 2013 年 12 月第 1 版　2019 年 9 月第 2 次印刷
定　　价 / 56.00 元

责任编辑 / 钟　博
文案编辑 / 钟　博
责任校对 / 周瑞红
责任印制 / 边心超

出版前言

人类对知识的追求是永无止境的，从苏格拉底到亚里士多德，从孔子到释迦摩尼，人类先哲的思想闪烁着智慧的光芒。将这些优秀的文明汇编成书奉献给大家，是一件多么功德无量、造福人类的事情！1901年，哈佛大学第二任校长查尔斯·艾略特，联合哈佛大学及美国其他名校一百多位享誉全球的教授，历时四年整理推出了一系列这样的书——《Harvard Classics》。这套丛书一经推出即引起了西方教育界、文化界的广泛关注和热烈赞扬，并因其庞大的规模，被文化界人士称为The Five-foot Shelf of Books——五尺丛书。

关于这套丛书的出版，我们不得不谈一下与哈佛的渊源。当然，《Harvard Classics》与哈佛的渊源并不仅仅限于主编是哈佛大学的校长，《Harvard Classics》其实是哈佛精神传承的载体，是哈佛学子之所以优秀的底层基因。

哈佛，早已成为一个璀璨夺目的文化名词。就像两千多年前的雅典学院，或者山东曲阜的“杏坛”，哈佛大学已经取得了人类文化史上的“经典”地位。哈佛人以“先有哈佛，后有美国”而自豪。在1775—1783年美国独立战争中，几乎所有著名的革命者都是哈佛大学的毕业生。从1636年建校至今，哈佛大学已培养出了7位美国总统、40位诺贝尔奖得主和30位普利策奖获奖者。这是一个高不可攀的记录。它还培养了数不清的社会精英，其中包括政治家、科学家、企业家、作家、学者和卓有成就的新闻记者。哈佛是美国精神的代表，同时也是世界人文的奇迹。

而将哈佛的魅力承载起来的，正是这套《Harvard Classics》。在本丛书里，你会看到精英文化的本质：崇尚真理。正如哈佛大学的校训："与柏拉图为友，与亚里士多德为友，更与真理为友。"这种求真、求实的精神，正代表了现代文明的本质和方向。

哈佛人相信以柏拉图、亚里士多德为代表的希腊人文传统，相信在伟大的传统中有永恒的智慧，所以哈佛人从来不全盘反传统、反历史。哈佛人强调，追求真理是最高的原则，无论是世俗的权贵，还是神圣的权威都不能代替真理，都不能阻碍人对真理的追求。

对于这套承载着哈佛精神的丛书，丛书主编查尔斯·艾略特说："我选编《Harvard Classics》，旨在为认真、执著的读者提供文学养分，他们将可以从中大致了解人类从古代直至19世纪末观察、记录、发明以及想象的进程。"

"在这50卷书、约22000页的篇幅内，我试图为一个20世纪的文化人提供获取古代和现代知识的手段。"

"作为一个20世纪的文化人，他不仅理所当然的要有开明的理念或思维方法，而且还必须拥有一座人类从蛮荒发展到文明的进程中所积累起来的、有文字记载的关于发现、经历以及思索的宝藏。"

可以说，50卷的《Harvard Classics》忠实记录了人类文明的发展历程，传承了人类探索和发现的精神和勇气。而对于这类书籍的阅读，是每一个时代的人都不可错过的。

这套丛书内容极其丰富。从学科领域来看，涵盖了历史、传记、哲学、宗教、游记、自然科学、政府与政治、教育、评论、戏剧、叙事和抒情诗、散文等各大学科领域。从文化的代表性来看，既展现了希腊、罗马、法国、意大利、西班牙、英国、德国、美国等西方国家古代和近代文明的最优秀成果，也撷取了中国、印度、希伯来、阿拉伯、斯堪的纳维亚、爱尔兰文明最有代表性的作品。从年代来看，从最古老的宗教经典和作为西方文明起源的古希腊和罗马文化，到东方、意大利、法国、斯堪的纳维亚、爱尔兰、英国、德国、拉丁美洲的中世纪文化，其中包括意大利、法国、德国、英国、西班牙等国文艺复兴时期的思想，再到意大利、法国三个世纪、德国两个世纪、英格兰三个世纪和美国两个多世纪的现代文明。从特色来看，纳入了17、18、19世纪科学发展的最权威文献，收集了近代以来最有影响的随笔、历史文献、前言、后记，可为读者进入某一学科领域起到引导的作用。

这套丛书自1901年开始推出至今，已经影响西方百余年。然而，遗憾的是中文版本却因为各种各样的原因，始终未能面市。

2006年，万卷出版公司推出了《Harvard Classics》全套英文版本，这套经典著作才得以和国人见面。但是能够阅读英文著作的中国读者毕竟有限，于是2010年，我社开始酝酿推出这套经典著作的中文版本。

在确定这套丛书的中文出版系列名时，我们考虑到这套丛书已经诞生并畅销百余年，故选用了“哈佛百年经典”这个系列名，以向国内读者传达这套丛书的不朽地位。

同时，根据国情以及国人的阅读习惯，本次出版的中文版做了如下变动：

第一，因这套丛书的工程浩大，考虑到翻译、制作、印刷等各种环节的不可掌控因素，中文版的序号没有按照英文原书的序号排列。

第二，这套丛书原有50卷，由于种种原因，以下几卷暂不能出版：

英文原书第4卷：《弥尔顿诗集》

英文原书第6卷：《彭斯诗集》

英文原书第7卷：《圣奥古斯丁忏悔录 效法基督》

英文原书第27卷：《英国名家随笔》

英文原书第40卷：《英文诗集1：从乔叟到格雷》

英文原书第41卷：《英文诗集2：从科林斯到费兹杰拉德》

英文原书第42卷：《英文诗集3：从丁尼生到惠特曼》

英文原书第44卷：《圣书（卷Ⅰ）：孔子；希伯来书；基督圣经（Ⅰ）》

英文原书第45卷：《圣书（卷Ⅱ）：基督圣经（Ⅱ）；佛陀；印度教；穆罕默德》

英文原书第48卷：《帕斯卡尔文集》

这套丛书的出版，耗费了我社众多工作人员的心血。首先，翻译的工作就非常困难。为了保证译文的质量，我们向全国各大院校的数百位教授发出翻译邀请，从中择优选出了最能体现原书风范的译文。之后，我们又对译文进行了大量的勘校，以确保译文的准确和精炼。

由于这套丛书所使用的英语年代相对比较早，丛书中收录的作品很多还是由其他文字翻译成英文的，翻译的难度非常大。所以，我们的译文还可能存在艰涩、不准确等问题。感谢读者的谅解，同时也欢迎各界人士批评和指正。

我们期待这套丛书能为读者提供一个相对完善的中文读本，也期待这套承载着哈佛精神、影响西方百年的经典图书，可以拨动中国读者的心灵，影响人们的情感、性格、精神与灵魂。

目录 Contents

目
Contents
录

弗瑞萨德见闻录

The Chronicles Of Froissart

〔法〕 金·弗瑞萨德

主编序言

金·弗瑞萨德，1337年出生于瓦朗谢纳，是中世纪晚期最具代表性的纪实作家。弗瑞萨德20岁便开始写见闻录，相较其诗歌而言，他的纪实性小说更加出名。弗瑞萨德的第一本书成型于1369年，由此，他在这方面的发展便一发不可收拾，直至逝世。1361年，弗瑞萨德奔赴英国，加入教堂并开始为埃诺国王爱德华三世的妻子——菲莉帕女王效力。菲莉帕女王让弗瑞萨德在她的教堂里担任神职人员兼秘书。弗瑞萨德一生的大部分时间都在旅行，他曾跟随布兰科王子前往法国，也曾跟随克拉伦斯公爵到过意大利。在旅途中，他目睹了苏格兰边境的战争，游历过荷兰、萨沃伊以及普罗旺斯，其间还曾辗转到过巴黎和伦敦。弗瑞萨德曾在艾斯提那摩和孔德布鲁瓦两地当过牧师，但是教堂对他而言，只是一个糊口的地方，不是一个信仰之地，因此，他最后回到了自己的家乡，并于1410年仙逝于此。

金·弗瑞萨德漂泊的一生突显了他作为一名历史学家的典型特质。他时而客观时而偏激的特性，并不是因为狭隘的党派偏见，而是源自他非凡的国际视野。

比如偏激的时候，他曾表示讨厌德国人，认为他们没有风度；客观的时候，他也曾表示出对英法两国人友好的态度，尽管他的一生正好处在英法两国长达百年的战争期间，并且他也描述过许多关于英法战争的事实。

弗瑞萨德出身于资产阶级家庭，但是他的品位和交往的圈子却把他造就成了一名贵族。在他的书中，他也曾描述过下层阶级在战争中的痛苦遭遇，但是这些描述都显得轻描淡写和冷漠，而他所感兴趣的只是那些在战争中还一心想着骑马比赛、宴会、排场和攀比的和他年纪相仿的堕落骑士。由于对冒险充满了热爱，弗瑞萨德曾穿越了半个欧洲，只为一睹那些战争、加冕仪式和皇家婚礼的壮丽。力量、勇气和忠诚是弗瑞萨德所钟爱的美德；懦弱、贪小便宜则为他所痛恨。这些犹如强盗头子一般的贵族是弗瑞萨德的朋友和衣食父母，在他的描述当中，这些人光鲜亮丽的生活甚至掩盖了他们本身的残酷和不公。

在弗瑞萨德早期的见闻录中，大部分材料的原型来自于他的前辈——金·勒贝尔。而他后期所著书中的材料则是他本人游历各地时亲眼所见或者那些亲历此事的人亲口告诉他的。由于弗瑞萨德的写作风格活泼俏皮，他作品中所描述的这些史事能够如图画般生动地展现于读者面前。这些中世纪的皇廷和古堡中的生活让弗瑞萨德眼花缭乱、欣喜若狂，阅读他的作品，读者们犹如在享受一次关于中世纪的盛宴。

无论是作为一名诗人，还是作为一名历史学家，弗瑞萨德都在他所处的那个时代中占据了极其重要的地位。他的写作风格由开始的以寓言形式为主渐渐转向了流行，而他的诗歌虽然采用的是古旧的模式，但是内容丰富多彩，十分鲜活，甚至连杰弗里·乔叟都曾模仿过他的风格。

但是，作为中世纪晚期最著名的纪实小说家，弗瑞萨德曾在其书中写道："上帝对我是如此的仁慈，他允许我去参观皇廷，去拜访那些国王、贵族、公爵、伯爵、男爵、骑士的领地，去游历那些国家的领土，这对我来说是多大的恩惠啊。此外，上帝还愿意倾听我的诉说，愿意接纳我，这些对我都具有非凡的意义。无论我走到哪儿，我都会去询问那些曾亲历过战争和死亡的乡绅和退役骑士，同时，为了验证他们所言非虚，我也会向有关当局和前辈们讨教。通过这种方式，我搜集了大量有关贵族的事迹并将其整理成册，感谢上帝的眷顾，我成功做到了，并且在有生之年，我还会继续做下去，因为，我越投入其中，便越能享受到其中的乐趣。我相信，此类贵族的生活方式，将会滋养大批狂热于战争的骑士，而且这样的人将会越来越多。”

查尔斯·艾略特

克雷西战役

英国国王是如何再次到达海边并拯救他那些被关在艾吉永的部下的

当英国国王听说他的部下被关在艾吉永的城堡里痛不欲生时，他便盘算着率领大批军队穿越加斯科因海域。为了累积财富，英国国王开始制定各类条款，并在自己的领地和其他地方发布实施。与此同时，哈科德的戈弗雷勋爵被法国放逐之后，也流亡到了英国。英国国王热情接待并收容了这位勋爵，还赐予他大片的土地，让他在英国保持和以前相当的地位。然后，英国国王开始建造大批的海军战船以便侵占汉普顿，同时，他还集结了大批战斗力量囤积于此。就在我们的主神——蒙赛尔四世进行洗礼的那一年，英国国王离开了他的王后，并把她托付给了他的堂兄——肯特伯爵。此外，他还册封了珀西勋爵和内纳尔勋爵，用以看守他的领地，包括坎特伯雷的大主教、纽约的主教、林肯的主教以及达勒姆的主教。他之所以这么做，是因为他虽然从未放弃过他的领地，但是有时候他必须远行出征从而无法保卫自己的领土（当然，所谓的保卫，是指在需要的情况之下）。安排好这一切之后，英国国王骑行到了汉普顿，但是因为强风的关系，他在此耽搁了下来。然后，国王，威尔士王子，哈科德的戈弗雷勋爵，其他的勋爵、男爵、伯爵、骑士以及所有随行人员全都上了战船。这支队伍除了爱尔兰人和威尔士人以及随行的主力步兵之外，还有四千名士兵和一万名弓箭手。

现在，就让我为大家列举一下这次跟随爱德华国王一同出征的勋爵名字吧！首先，是爱德华的大儿子，年仅十三岁的威尔士王子（实际上他是1330年6月15日出生的，当时已经有十六岁了），各郡的伯爵，包括赫里福德郡、北安普敦郡、阿伦德尔郡、康沃尔郡、华威郡、亨廷顿郡、萨福克郡和牛津郡。还有玛奇男爵、约翰勋爵、比彻姆的路易斯和罗杰以及瑞纳德科伯姆的勋爵，紧随其后的，则是莫蒂默勋爵。在这些勋爵当中，光是莫布雷的勋爵就包括了露丝、露西、费尔顿、布兰斯坦、莫尔顿、德拉维尔、曼尼（也许是叫莫翰）、巴赛特、伯克雷、威洛等及其车夫们。而随行的谋臣则有约翰·钱多斯、菲茨·沃瑞、彼得、詹姆斯·奥德利、威特利尔的罗杰、伯克尔希的巴图郝维、盆布瑞吉的理查德及其车夫们，当然，还有其他一些我不知道名字的谋臣。这支队伍里面也有一些我不熟悉的人，比如翰诺德的伯爵、库斯特尔的沃华德先生、奥尔曼的五六个骑士以及其他很多我不知道名字的人。

然后，他们便在那一天，以上帝的名义出航了。在前往加斯科因的路上，一切还算顺利，但是到了第三天，风向突然改变，把他们吹到了康沃尔边境并使其在此停驻了六天。在停留期间，爱德华的谋臣——戈弗雷先生开始劝说国王不要进入加斯科因境内，而应该在诺曼底登陆。他对国王说道：“陛下，诺曼底是世界上最富饶的国家之一，我以人头担保，如果我们能在这登陆，是绝对没有人敢反抗您的，因为诺曼底的老百姓们根本没有适应战争，而那里的骑士和乡绅们都跟着公爵跑去艾格兰攻城去了。因此，陛下，我们等于是去攻打一座完全没有围墙的城镇，您一定会大获全胜的，然后这个地方在您的领导下，不出二十年，一定会变得更好。我们一定会追随您到达诺曼底的卡昂的，我恳请您相信我并采纳这一建议，陛下！”

这位国王，当时年轻气盛、血气方刚，他为了一己私欲，毫不吝啬牺牲自己的军队，所以他立即采纳了他的这位堂兄——戈弗雷勋爵的建议，并向他的水手们下令，向诺曼底出发！沃德华把海军上将的象征——华威的伯爵也一并带上了战船，并告诉他：“你一定会成为这支军队的海军上将！所以，在你成为这支海军的统治者之前，出发吧！这儿随时都会起风的！”然后，爱德华就到达了科唐坦的小道，一个名为霍格-圣瓦斯特的港口。

英国人到达奥兰的消息很快传到了国外：科唐坦半岛的城镇收到这个消息后，迅速向巴黎国王菲利普发出了求救信息。菲利普对于爱德华带领大批军队出航之事早有耳闻，但是却摸不透爱德华此行的目的地在何地方，到底是诺曼底、布瑞特还是加斯科因？所以，当听说爱德华已抵达诺曼底的奥兰时，菲利普立即派遣两名刚从他的儿子手下调过来的部下——吉内斯和唐卡维尔的伯爵——前往卡昂镇准备抵抗英国大军（这两名伯爵之前一直跟随菲利普的儿子在围攻艾吉永）。这两名伯爵发誓将竭尽全力抵抗英军，他们接到命令后，即刻撤离巴黎战线，向卡昂镇出发了。这两位伯爵一抵达卡昂镇，就受到了当地人的热烈欢迎，同时，他们的到来，也使得驻守在此的军队士气大增，信心高涨。爱德华派出的勋爵们小心翼翼地探查这个城镇后发现，这个地方完全没有防御力量。于是，爱德华便率领军队到达了圣塞维尔附近的圣瓦斯特港口（此行中，随行的还有继承了哈科德的戈弗瑞勋爵爵位的子爵）。

诺曼底三次大战——英军入侵

英国军队一抵达圣瓦斯特港口，爱德华就迫不及待地钻出了战船，但是他双脚刚踏上陆地，便立刻觉得鼻孔发酸，随即，鼻血便喷涌而出。他身后的骑士们见状，赶紧上去扶着他说道：“陛下，上帝再一次眷顾了您的战船，但是他今天却没有眷顾这片土地，这是个不祥之兆啊。”爱德华听罢，立刻回答：“怎么可能呢？这对我来说实际上是个好兆头！这说明这片土地需要我!”众人听到爱德华这番话，都不禁欢呼雀跃起来。于是当天，爱德华和他的军队便在海边沙滩上安营扎寨，然后他又命令部下将战马和必需品全部从战船上卸了下来。此外，爱德华还将他的军队分成两支，并各自任命了统帅，一支部队的统帅是哈科德的戈弗雷勋爵，另一支部队的统帅则由沃瑞克的伯爵和阿伦德尔的伯爵共同担任。之后，爱德华便命令亨廷顿伯爵带领一百士兵和四百弓箭手严守战船。最后，他还集合了三支护卫队，一支驻守在海边，防卫他的右翼，第二支防卫他的左翼，而他自己，就躲在三支护卫队的中间，每天晚上，三支护卫队都必须巡视周围所有领域。

此后几天，整支军队便在爱德华的命令下，有条不紊地沿着海岸线开始前进了，沿途一旦遇到船只，他们就会收缴。这样水陆并进了几天，他们抵达了一个名为巴夫勒尔的小镇，这里的人都怕死，所以，爱德华大军不战而胜，接着他们便开始大肆洗劫。他们在这个富饶的小镇里搜出的金银财宝数不胜数，以至于军队里的年轻人和恶棍们把皮衣都塞得装不下了。除了抢劫财物之外，他们还把镇子里所有的男人都抓到了船上，以防这些人集结起来背叛他们。在没有费一兵一卒的情况下，爱德华大军就洗劫了巴夫勒尔小镇，尝到了甜头，他们又开始按照原计划，入侵这个国家的其他城镇。最后，他们抵达了一个富饶的大城镇，名叫瑟堡。爱德华在这个城镇同样攻无不克并肆意抢劫，但是城镇中的城堡，他们却始终无法攻下，因为这个城堡固若金汤、守备森严，爱德华大军最终只好放弃了攻打城堡的念头，继续前行，来到了蒙特布格并将其洗劫一空。就这样，爱德华大军一路上烧杀抢掠，侵占了很多城镇并积累了不计其数的财富。后来爱德华大军来到一个名叫卡兰坦的城镇，这个城镇的防御力量很强，城镇里面也有一个固若金汤、守备森严的城堡。于是，爱德华手下的那些勋爵便带领军队对这个城镇发起了疯狂的突击。城中的老百姓们害怕丢掉性命，也怕祸及妻儿，所以他们一旦遭遇到入侵的英国士兵，就马上拿出自己的家当，以讨士兵们的欢心，换取活命。英军士兵见状，便毫不犹豫地冲进了城堡，进行了两天两夜的疯狂袭击。当他们发现城堡里根本没有敌方后援部队的时候，他们开始欢呼雀跃起来，因为他们不用和敌人拼命，那些死去的士兵也得到了安息。英军占领这个城镇及城镇里面的城堡后，不仅肆意抢夺，最后还一把火把这里烧得精光。而城镇里的市民，则被他们俘获上船，正如他们在巴夫勒尔、瑟堡和其他沿海城镇干的那样。事实上，凡是战火烧及的沿海城镇，甚至是海上，都会遭受如此的灾难。

现在，让我们回过头来看看英国国王的战争吧。正如我们所听说的那样，当爱德华第一次把战火烧到海边时，他命令由沃瑞克伯爵和科巴姆勋爵率领的分队贴身保护他，然后由另一支分队守卫他的左翼，因为他很清楚，要入侵诺曼底，这个地方是再合适不过了。此外，由戈弗雷率领五百士兵作为先锋队，在国王的分队前面保持六百到七百码的距离，率先攻入各个城镇进行抢掠，这些城镇是如此的富饶——农场里面的玉米、马车，还有马匹、猪、羊等各种牲畜简直数不胜数。士兵们在这些入侵后已经归属于爱德华的土地上疯狂掠夺，想要什么就抢什么，此刻，他们已经完全把国王和长官抛到了九霄云外，无论是金子还是银子，所有他们能抢到的东西，都进入各自的私囊了。因此，戈弗雷不得不每天忙于在爱德华国王的领土上来回巡视，以防止士兵们中饱私囊。爱德华要去科唐坦半岛，要么就走水路，要么就走陆路，但是如果走水路的话，他就得和海边行进的分队分道而行。所以，爱德华便命令车队在他前面行进，同时，沃瑞克伯爵、萨福克伯爵、托马斯·霍兰德军官和瑞诺德·科伯姆军官以及其他人员，一起入侵城镇——就如哈科德勋爵干的那样，而爱德华则在这些分队中间行进，到晚上的时候，再把所有分队会聚到一起安营扎寨。

法国国王聚集军队抵抗英国大军

正当英国大军在诺曼底兴致勃勃地烧杀抢掠之时，法国国王下令急召埃诺的约翰勋爵，然后约翰就带领了大批军队前来晋见。同时，法国国王还召集了其他公爵、男爵、伯爵、骑士、乡绅等一切可以号召的军事力量，这些势力汇集在一起，组成了一支百年难得一见的庞大军队。但是，因为有些军事力量是在较远的一些国家，所以，要聚集在一起，需要很长的时间，而与此同时，英国国王却还在兴致高昂地侵略着。法国国王对爱德华的疯狂暴行早有耳闻，他发誓一定要把爱德华打得落花流水，并让他们为所做的一切付出沉痛的代价！为了保险起见，法国国王还写了亲笔信寄给他远在因派尔的朋友们：除了最远的那些朋友之外，还有波西米亚国王、查理勋爵之子——他后来在其父亲和法国国王的共同扶持下，成为了阿拉曼国王。法国国王在信中要求他们带上所有的军队前来共同抵抗无恶不作的爱德华，于是，这些王子和勋爵们便集结了阿拉曼、波西米亚和卢森堡的军队，相约来到了法国。同时，洛林的公爵带领的三百名长矛兵，圣莫斯、萨尔布吕肯、福伦蒂、那慕尔各地的男爵也都率领各自的军队前来助阵。

之前我们已经说过，爱德华的军队是兵分三路布局行军的，他们每天只在中午到下午三点之间才向前推进，所以每天的行军距离并不算远。再加上他们已经发现，其所经之处皆丰饶富庶，且毫无抵抗力量，所以他们只需要从容推进，一路抢掠，累积财富和物资就行了。一路过来，那些城镇里的人老早就闻风而逃了，只留下了大量的马匹和庄稼，根本没有任何军事力量。尽管如此，爱德华父子还是率领了三百名士兵、六百名弓箭手和一万名步兵贴身保护他们。

爱德华大军这一路上虽然烧杀抢掠，但是一直都保持着队形，有条不紊地向前推进，就这样，他离开了康坦斯，抵达了一个十分富饶的小镇——圣洛。这个城镇里面住了八九个诡计多端的下议员，为了避免冲突，爱德华便驻扎在了城镇外面，并命令他的部队将镇子周围洗劫一空，而这次洗劫真是战果辉煌，特别是抢到的布匹，更是堆积如山，如果这时有人要买这些布匹，肯定廉价得超乎想象。

此后，爱德华便朝着另外一个比圣洛更加富饶的城镇——卡昂行进开去。卡昂盛产布匹和其他商品，同时也住了很多有钱的议员、贵妇和小姐，此外，还有一些有钱的教堂，其中尤以基督教堂和圣史蒂芬教堂最为富有。在卡昂一角，有整个诺曼底最金碧辉煌的教堂，这个教堂的主教是沃格尼的罗伯特，还有三百名吉诺威僧侣。而镇子里面则住着欧洲和勒吉恩的伯爵、法国的官员、唐卡维尔的伯爵，以及大量的军队。爱德华大军从圣洛出发，当天就抵达了一个名叫奥斯汉姆的小镇，并于当晚集中驻扎在这个镇子里，这个镇子虽然是卡昂的同盟，但是并不富饶。同时，由亨廷顿伯爵率领的海军分队也抵达了这里。

当晚，卡昂的军官和勋爵们得知爱德华大军已经逼近，马上严守城镇，并于凌晨时分开始全城戒备，严禁任何人出城，同时在所有城墙、城门、河流和大桥周围都加强守卫，唯独城郊没有任何守卫力量，因为这个领域实在是宽阔无垠，而且又有河流环绕，所以这些勋爵和军官们认为即使没有派兵守卫城郊领域，他们也能够抵抗英军来袭，守住卡昂。一切布置妥当之后，军官们决定以上帝的名义，和部下们一同抵抗英军侵袭，于是他们整装出发，誓死保卫卡昂！

卡昂之战，英军来袭

就在同一天，英军也整装待发，准备攻打卡昂！爱德华在日出之前就骑上了战马，集合了军队，王子、戈弗雷勋爵、部队将领们还有议员，开始朝卡昂进军。卡昂的军队原本严阵以待，信誓旦旦，但是，当他们看到英军分成了三个分队，挥动着战旗，还有那么多弓箭手，一起朝卡昂这边推进过来的时候，他们立刻害怕得屁滚尿流，不战而逃。于是英军开始在后面尽情地追击这些逃军，唐卡维尔的军官和伯爵看到英军势如破竹，赶紧关上大门躲了起来。而那些所谓的骑士和乡绅们，则一路向城中的城堡仓皇逃去，还好，这个城堡够大，这些骑士和乡绅们都能够在里面暂避一下，只留下杀红了眼的英军在城里面大开杀戒，肆意妄为。

唐卡维尔的军官和伯爵躲在一座大桥下面的塔里，战战兢兢地看着自己的部下被英军屠杀，乞求着上天，别让自己落到英军手里。就在这时，他们突然发现英军将领里有一个独眼骑士，这不正是他们之前在布鲁斯、加拿大等很多村镇都见过的那个托马斯军官吗？于是，他们赶紧派人前去告知托马斯，他们愿意向英军投降。托马斯收到这一消息，立刻率队来到这几个勋爵的藏身之处，此时，这些勋爵手下仅剩二十五个骑士，犹如落水狗一般向托马斯跪着投降。托马斯见状，立刻收押了他们，并策马回到了街上。因为英军士兵见人就杀，所以托马斯不得不从士兵们的屠刀下救出了一些妇女儿童。在这个季节能够攻打下卡昂，对英军来讲，实在是如虎添翼，因为城中的河流在这个季节的水深正好可以行船，且水流非常平稳，英军可以在桥边任意停靠并上岸。与那些军官和伯爵不同，城中百姓都躲到自己的房子里，朝英军投掷石块、木头和铁器，砸伤了五百多名英兵，这一微弱的抵抗却把爱德华惹恼了。他当晚便发号施令，第二天定要血洗卡昂，踏平城镇。戈弗雷见状，立刻上前劝道：“尊敬的陛下，愿上帝平息您的怒气！您现在已经如愿以偿了，而我们此行的目的并不止于此。在到达卡雷斯之前，我们还有很多事情要做，这些星斗市民，虽然微不足道，但是他们一定会誓死保护自己的家园，如果陛下您坚持要把他们全部杀死，那您的军队一定也会有所损伤的，在我们还没拿下卡雷斯之前，这个月之内，我们都得保存实力，因为菲利普国王和我们免不了有一场恶战，除此之外，我们一路上肯定还会有很多仗要打，现在我们最紧要的是养精蓄锐，增加战备。我相信，只要我们不再继续大开杀戒，城中的贵族和勋爵们必定会倾尽所有来哄您开心的。到时候，您就是卡昂真正的勋爵了。”爱德华听罢，说道：“戈弗雷，你果然是我的智囊，好吧！那就按照你说的下去部署吧！”戈弗雷得令，即刻命人策马遍游城中大街，摇旗呐喊，告知城中居民们，爱德华国王宽厚仁慈，下令不再侵占任何一栋民居，也不会屠杀任何男同胞或者强暴任何女同胞。城中百姓们听到这一通知，知道自己可以保住性命，立刻高呼国王万岁，并大开房门，迎接英军，完全忘记了英军之前的种种暴行，同时，他们纷纷献出所有，让英军在真正意义上获得了一次彻彻底底的胜利。英军把得到的财宝物资都搬上战船，通过英国奥斯汉姆的水路运回了英国海军聚集地之一——圣塞维尔。然后，爱德华又派遣亨廷顿伯爵率领两百名士兵和四百名弓箭手，随海军一路，押送财宝物资和俘虏返回英国。同时，爱德华把那个法国军官和唐卡维尔勋爵交给了托马斯军官，并附以贵族两万人。

戈弗雷与亚眠人之战

爱德华先是命令他驻扎在卡昂的商队将抢来的金银珠宝、布匹商品还有将近四百个俘虏（其中骑士有六十多个，乡绅有三百多个）一并押上战船，通过水路押送回英国本土，而他自己则离开卡昂，按照之前的行军队形一路行进，经过埃夫勒到达了诺曼底的商业、制造、经济中心——卢维尔斯市。因为防御力量薄弱，英军轻而易举地攻下了这座城市，然后开始疯狂地烧杀抢掠。此后，英军又攻进了埃夫勒并大肆洗劫了一番。不过在埃夫勒，英军并没有去攻打那些守卫森严的城堡和小镇，因为这些地方配备有大炮，而且士兵们也会英勇反击。

在鲁昂附近的塞恩河路线上，驻扎有戈弗雷军官的弟弟——哈科德伯爵，和他在一起的还有带领着大批军队的德勒伯爵，这支力量恰恰又是法国阵营的，所以爱德华绕开了鲁昂，行进到了索尔。索尔的博伊西里面有一座坚固的城堡，爱德华并未去攻打这座城堡，但是他还是成功地入侵了鲁昂和蓬德纳什的其他城镇以及塞恩河畔所有有桥能够入侵的城镇。最后，英军抵达了普瓦西，发现这里的城桥虽然已被攻破了，但是河对岸修着栅栏，驻守着弓箭手。爱德华在此逗留了五天，同时派人修复城桥，以便大军安全通过。随后，英军分别入侵巴黎、雷恩的圣日耳曼、特乔伊、圣克劳德、与巴黎毗邻的布洛涅小镇，还有王后所有的一些小镇，这些地方的人为求保命，都纷纷放弃了抵抗。

而另一方面，法国国王菲利普所到之处，当地军队纷纷加入他的盟军，当他抵达圣丹尼斯之时，波西米亚国王、埃洛的约翰勋爵、洛林公爵、法兰德斯伯爵、布鲁瓦伯爵还有其他很多勋爵和骑士们纷纷前来会合。但是，巴黎人民看到自己的国王要离开，赶紧向菲利普跪问道：“陛下，您离开了巴黎，我们该怎么办？也离开巴黎吗？”“我亲爱的子民们，你们不用担心，英军绝不敢再往前入侵一步了！”

“为什么啊？陛下？他们只要知道您不在巴黎，肯定立刻就会前来攻打的呀！而我们没有您在，根本无法抵抗英军的攻势。为了保护您的子民们，就请您留在巴黎不要离开吧！”

“无须多言！我必须前往圣丹尼斯为我的子民而战！我一定会把英军打得落花流水，灰溜溜地滚回家去，再不敢来犯！”

爱德华在普瓦西逗留期间，一直住在修道院里面，他甚至还穿着猩红色的貂皮长袍宴请了那些修女们。盛宴结束后，爱德华又一次踏上了征程。这次队形依旧没变：戈弗雷勋爵带领五百名士兵和三千名弓箭手在一侧护卫。在路上，他们和一群接到菲利普的命令，准备前往法国的亚眠骑兵队进行了一场遭遇战。这支亚眠骑兵队的指挥官有四名，都是亚眠的骑士，而且这支骑兵队训练有素，装备精良，面对这突如其来的遭遇战，他们迅速出击，奋勇抵抗，于是这场遭遇战规模不大，却持续了很久，第一回合下来，双方伤亡都比较严重，不过英军还是获得了最终的胜利，他们洗劫了这支骑兵队的军备物资，同时还进行了大屠杀。这支骑兵队原本是要去晋见法国国王，为其效力的，他们已经数年没有见到过菲利普了，没想到这次一共一万二千人出行，却在半路全部被英军屠杀了。

打败了亚眠的骑兵队，英军又来到了贝拉沃尔塞斯，同样又是一番烧杀抢掠后，英军驻扎在了贝拉沃尔塞斯附近一个叫圣吕西安的镇子里的一座修道院里。不过爱德华仅在此逗留了一晚，第二天一大早便上路了。但是没走多远，他就看到身后的修道院居然燃起了熊熊烈火，不禁龙颜大怒，立即下令绞死纵火的那二十个手下，因为他之前早有命令，绝对不准抢劫或者破坏任何教堂或者修道院。爱德华在经过贝拉沃尔塞斯时，没有挑起任何战争，而是直接绕行至一个名为米莉的小镇，因为他想保存战力，节约军备物资。但是爱德华手下的两名大将因为离贝拉沃尔塞斯实在太近，所以他们还是向这个城市的三处防御点发起了攻势。不过因为战线拉得太长，加上城里的人配有大炮，所以最后这两名大将不得不无功而返。在回归爱德华主力部队之前，这两名大将还不忘在城周围洗劫一番。

第二天，爱德华大军一路烧杀掳掠，行至卡维因村。第三天，爱德华又率军迅速拿下了道格斯，因为这里根本就没人守城。在践踏了这块土地后，爱德华大军抵达了尹高，这个地方有一个小镇和两座城堡。而城堡里居然只有尹高城主的妻子和女儿们在，所以，英军不费吹灰之力便占领了城堡，并且把城堡里的女人强奸了。但是有两个英军的骑士（约翰·甘道军官和巴塞特长官）并没有参与这种兽行，他们护卫着一些妇女，并把她们带到了爱德华国王面前。这让爱德华对他俩大加赞赏，并特批他们可以带着这些女人安全离开。当晚，爱德华就驻扎在了尹高城内，而另一方面，城里和城堡里的人为了避免城镇被英军抢掠，便满口答应，在英军离开之时会支付一大笔钱财，这让爱德华国王十分高兴，所以第二天一早，他便率军离开了尹高城，只留下了少部分人等待收取钱财。结果城里面的人一看大军离开了，立刻翻脸不认账，他们开始攻打留下来的英军小分队，同时派人前去请求支援，诺纳德和托马斯两位军官听说自己的手下居然被尹高城的人围攻，立刻率军返回支援，当他们一路高喊着“逆贼！逆贼！”回到尹高时，自己的手下们正在和城里的人打得不可开交，于是他们狂性大发，攻下了城堡并疯狂地屠杀和抢夺，直到将尹高城夷为平地，才调转马头前去与爱德华国王会合。当他们赶上爱德华时，他已经到了艾翰城，并在此安营扎寨。为了避免伤亡，爱德华下令这次不得攻打这个城镇，他现在唯一关心的就是如何能够渡过索姆河，这可是他们前行的必经之路。

菲利普国王一路追寻爱德华大军至贝拉沃尔塞斯

现在我们再看看菲利普国王吧，他之前在圣丹尼斯召集了大批人马，实力大增，随即马不停蹄行至艾眠三联盟之一的库特根城，并在此停下了行军的脚步。与此同时，爱德华大军还在为渡河而绞尽脑汁，这条河水流湍急，而河上面的所有桥梁都已损毁。于是爱德华派出两名将领率领一千名士兵和两千名弓箭手沿河找到了过河的河道，这支寻路分队沿河行至一座名叫雷米的大桥，这座桥有重兵把守，于是英军发动了攻击，但是桥上的守军实在是防守得太顽固，一直到中午都没能攻下，没办法，英军只好灰溜溜地绕开了。然后，寻路分队又来到了索姆河沿岸的另一个城镇——福特城，这个地方同样没有军队把守，所以很容易就被英军占领了。在抢完福特城后，英军又抵达另一个城镇——蓬蒂约，但是这个城镇和福特不一样，这里守卫森严，所以英军也没有占到什么便宜，只好绕行抵达匹格尼，结果这里的守卫比起蓬蒂约有过之而无不及——法国国王为了不让爱德华过河，亲自率领重兵在此把守，打算在此和爱德华一较高下。

寻路分队找遍了沿河所有河道，都未能完成任务，只好返回营地向爱德华如实禀报。而就在当晚，菲利普国王也率领一千多士兵返回了艾眠(Amiens)。爱德华接到手下的回报，陷入了沉思。第二天天刚亮，他便集合大军，向阿布维尔行进。在行军路上，他们发现了一个镇子，这个地方虽然也有重兵把守，但是爱德华大军还是攻下了这个镇子，并进行了一场大屠杀，随后便在此扎营。就在同一天，菲利普国王也率军离开了艾眠，英军前脚刚走，法军后脚就到达了艾兰（Airaines)，这时已经是中午时分了，菲利普发现英军离开得很匆忙，面包和餐具还摆在桌上，饼还在炉子里烤着，酒和杯盘碗碟也在桌上摆着，连桌子都已经铺好了，看到这一切，菲利普倒也乐得方便，顺势就在此驻扎下来，等着他的勋爵们前来会合。

当晚，英军则在沃森玛驻扎下来，然后被爱德华派出去探路的两支分队也赶回了营地，这两支分队为了找到前往阿布维尔和圣瓦列里的河道，花了整整一天的时间，寻遍了周遭，甚至还大干了一仗。爱德华听完探路分队的汇报后，召集了所有谋士重臣，同时还下令将一部分之前从蓬蒂约和基莫俘获的囚犯也带到跟前，并询问他们是否知道在阿布维尔下游哪里有河道可以帮助英军渡过索姆河。爱德华对着这些囚犯许诺，谁能够指出河道，谁就可以被当场释放，同时还可以任意携带二十人一同回去。听到这番许诺，一位名叫戈宾·艾格斯的俘虏立即上前一步对爱德华说道：“陛下，我以人头担保，我可以找到河道，让您的大军安全渡河。索姆河平时都有潮峰，一旦潮峰涌来，河里的水深是平时水深的两倍，且水势汹涌，根本无法渡河，但是我知道有一条河道，每天会有两个特定的时间，水势平缓，水深下降，仅能没膝，此时无论骑马涉水还是徒步蹚河，都绝对安全。我们正好可以利用这两个时间段，每天渡河两次，每次渡河十二人。其唯一的缺点就是这条河道河底全是坚硬的白卵石，因此这条河道被人称为‘布兰奇要塞’，有了这条河道，您的车队都可以全部安全过河。我们可以现在就出发，也可在日出之前出发。”爱德华听罢，立即说道：“若你所言非虚，我定还你自由并允许你带手下回去，除此之外，我还赐你贵族一百！”说完便对军队下令：“所有人给我听好了！集中精神，一旦听到出发号声，即刻动身！”

布兰奇要塞——爱德华大军与戈德曼·杜菲军官之战

当晚爱德华辗转反侧，难以入眠，熬到午夜时分便起床命令吹号手吹号，然后整支大军就开始收拾装备物资，于天亮之时，在戈宾的带领下，从沃森玛出发，向布兰奇要塞行进。在日出之前，英军就到达了布兰奇要塞，可是此时河水已涨，英军只得在河边暂时驻扎，等待河水下降，然后渡河前行。

就在英军等待渡河之时，法军探子向菲利普汇报，英军已抵达布兰奇要塞正准备渡河。菲利普打算把英军围困在阿布维尔和索姆河之间，这样他就可以任意蹂躏英军了，所以他立即派遣诺曼底最骁勇善战的戈德曼·杜菲将军率领一千名士兵和六千名步兵，伙同吉诺威人，前往英军渡河必经之路——布兰奇要塞，死守河道。这支由本地人、蒙特勒伊人组成的混合大军有一万二千人之多，他们途经蓬蒂约的圣瑞克尔，来到了布兰奇要塞所在地——库托。

接下来，当英军到达河对岸时，戈德曼便下令全军严守河道。英军并没有因此退缩，河水水位一下降，便开始涉水强行渡河，于是两军开始了激烈的交战，死伤无数。法军中有一些来自阿图瓦和皮卡的战士，无论水战还是陆战都非常擅长，所以英军强行渡河显得异常艰难。

法军利用十字弓，阻止英军一波接一波的攻势，而另一方面，英军的弓箭手们则挤成一团，溃不成军，这让法军明显占了上风，这场战斗进行得非常激烈，双方都损失惨重，不过最后英军还是成功地攻过了河——开始时是爱德华父子率先过河，紧接着勋爵们也一拥而过。戈德曼见势不妙，赶紧弃甲而逃了，他的手下也作鸟兽散，有的往阿布维尔逃去，有的逃向蒙特勒伊，有的往圣瓦列里逃去，总之就是树倒猢狲散。不过英军这边也并非所有人都一次性成功渡过了河，比如波西米亚的探军和埃诺的约翰军官就因为携带了大批军备物资，落在了大军后面而没有随大军一起过河。

就在英军成功渡河的当天早上，法军也离开了艾兰，沾沾自喜地等着看英军是如何被“包饺子”的，结果没想到戈德曼居然大败而逃，菲利普接到这个消息，即刻下令原地扎营，并全军戒备。但是他手下的大臣们都认为法军现在只能在阿布维尔通过大桥过河，因为此时布兰奇要塞的河水已涨。菲利普听罢，只得无奈地命令全军撤回阿布维尔。

幸得上帝保佑，爱德华大军终于成功渡过了河，并按照以前的队形，继续向前推进。同时，他将艾格斯召集来，如约释放了他和他的部下，并赏赐贵族一百及良驹数匹。接下来的一段路程坦荡无阻，但爱德华正盘算着抵达诺莱斯镇再扎营时，却收到消息：这座城镇归阿图瓦的罗伯特勋爵之女——杜玛伯爵夫人所有，而菲利普珍爱这位伯爵夫人如同珍爱自己的国家一样，为了避免不必要的伤亡，爱德华决定绕道前行。另一方面，他的海路分队这会正沿着海岸一路烧杀抢劫抵达了库托并在此发现了大批从普瓦图运送葡萄酒至此的船只，而这些酒都归森托夫和拉罗谢尔两位富商所有，这两位商人一见军队打来了，立刻就主动送上最好的礼品。在此地稍作休息之后，这支分队的两位将军又行至阿布维尔，并由此转向圣瑞克，于星期五最终抵达了圣埃斯佩。当天，几支分队全都与爱德华大军会合，并在普迪奥的奎赛附近扎下营来。

爱德华明白，菲利普此时正在后面穷追不舍，所以他召集手下说道：“既然法军死缠烂打，那我们就在此狠狠地收拾一下他们，再继续前进。我军肯定会大获全胜，因为我才是这片土地真正的所有者！让我们把法军打个落花流水吧！”话虽如此，但是爱德华明白，菲利普这次纠集了各方势力，两军相比，现在英军兵力处于明显的劣势，所以他命令部下迅速占领有利地势，而他自己则带着将军埋伏在了河对岸，一切布置停当，他又命令探子前往阿布维尔刺探军情，看看法军当天能否抵达英军的埋伏圈。可是探子却回来报告说在阿布维尔连法军的影子都没见到一个，所以英军只好撤销埋伏，安营扎寨，准备第二天再布置一个同样的埋伏圈。而就在同一天，实际上菲利普就驻扎在了阿布维尔，并且也派人出去探查英军的动向，到了晚上，法军探子回来报告说英军也在前面驻扎了下来。听说英军就在前面驻扎，菲利普便设下了晚宴款待各位盟军首领，并告诫大家，既然联合作战，就必须互相以诚相待。说完，还特意查看萨沃伊伯爵到底来没来，按理说，萨沃伊本应该早就带着一千名长矛兵前来与各路盟军会合，这个家伙三个月之前在潘尼的特鲁瓦就已经开始接受盟军发放的军饷了。

英军的奎赛伏击战

我之前已经提过，英军驻扎的奎赛镇是一个盛产红酒及其他储备食物的地方，英军在此收集了大批的军备物资，只要需要，随时都可以用。当天晚餐之际，爱德华也召集了属下为他们鼓舞士气，待大伙都吃饱喝足回营休息后，爱德华独自一人回到帐篷，跪在祭坛面前祈求上帝保佑英军大胜，只要明天能够击败法军，他这次的“铁蹄之行”就可以大功告成了！祈求完毕，已是半夜时分，他这才躺下休息，然后天刚亮，他便下令全军立刻集合，待所有官兵整装集合之后，爱德华立即下令，全军戒备，按照预定部署，进入战斗位置。然后他又命令将领们用马车和战车围成一个保护圈，自己和马匹都到保护圈里面躲了起来，只留下一个出口，四周全是步兵护驾。同时，他开始部署三支军队：第一支由他的儿子——威廉姆王子亲自带队，协同率队的有沃瑞克伯爵、牛津伯爵、戈弗雷勋爵、瑞诺德军官、托马斯军官、巴多罗马军官、罗伯特军官、托马斯·克里夫勋爵、伯切尔勋爵以及其他很多我不认识的骑士和乡绅们。这支分队一共有士兵八百名、弓箭手两千名，此外，还有一些威尔士战士，各个勋爵进入战斗位置之后，都依照各自的战旗行事。第二支分队则由北安普顿伯爵、阿伦德尔伯爵、罗斯勋爵、路西勋爵、威洛比勋爵、巴塞特勋爵、圣奥宾勋爵、路易斯军官、摩登勋爵、拉赛尔斯勋爵以及士兵组成，一共有士兵八百名、弓箭手一千二百名。第三支分队有士兵七百名、弓箭手两千名。布置好阵形之后，爱德华便跳上战车，手持马鞭，两位将领各在一侧护驾，在大军面前挨行巡视，他让每一个战士都昂首挺胸，嘴里说着慷慨激昂的话，这顿时让士兵和将领们军心大振，跃跃欲试。待爱德华巡视完毕，已到了上午九时，于是他下令全军吃饭休息，稍事放松后，进入战斗位置，随时备战！

法军的奎赛攻势

第二天，也就是周六，法国国王一大早就集合军队，然后在日出之时便离开了阿布维尔，向英军方向出发了。在前往攻打英军的路上，一些勋爵对菲利普说道："陛下，您可以下令步兵队先行前往刺探军情，因为步兵队不会像骑兵队动静那么大。"菲利普听罢，立刻命令手下四位骑士——莫恩、诺伊、布什、杜宾——共同前去打探英军的情况。但是他们靠得太近，结果被英军发现了，英军假装没有发现他们，故意让他们平安返回。菲利普见四位骑士平安返回，迫不及待地询问英军的情况，结果四个人你看看我，我看看你，没人敢率先开口，最后来自波西米亚的莫恩终于开口回答道："陛下，我们已经观察清楚敌人的动向，他们现在分成三支分队，正在前方休息，等着和您交战呢！陛下，我恳请您暂时息怒，依卑职愚见，不如今晚就在此扎营，等待后面的盟军会合之后，摆好队形再出发，现在天色已晚，我军人困马乏，而敌方此时却精神抖擞，不宜现在勉强进攻，不如明天一早，待我军休息充足之后，再作打算如何？"

菲利普听罢顿觉有理，于是下令全军停止前进，法军原本是分成两支分队，一前一后行进的，接到菲利普的命令后，他们只好听命原地休息，但是前面那支分队休息的时候，后面那支分队却趁机跑到前面那支分队前面才停下来休息，而被超的那支分队见状，也不甘认输，马上动身，又超过去，才停下来休息，就这样，两只分队赛着劲地你追我赶，场面一下就变得有点失控了。正当两支分队乱成一团追着往前面跑得正起劲时，跑在前面的士兵突然发现他们已经不知不觉跑到英军营地来了，于是马上一窝蜂地往后面撤退，而后面那些士兵见状，还以为前面的战友们被攻击了，于是也乱了阵脚。原本这两支分队按照预定的阵形一前一后地行进，这条道路是完全够他们回旋的，现在倒好，士兵们一阵乱跑，乱成了一锅粥，全部挤在一起，纷纷手忙脚乱地拔出剑大喊道："把英军全部干掉！"当时那个场面之混乱，法军数量之多，恐怕就是亲临现场的人也无法描述，而我之所以要强调这一点，是想把英军的纪律严明和法军的军纪涣散做一个鲜明的对比。

奎赛之战——英法对决

英军正分成三支分队原地休息，一看到法军来了，立即有条不紊地进入战斗状态，王子殿下率领的第一分队在正中，由弓箭手垫后，摆出射击阵形，而士兵则负责打前阵。第二、第三分队则各在一侧摆好战斗阵形，随时准备接应第一分队。

而此时的法军则混乱不堪，全部挤在了一起，前面的在向后退，后面的在向前挤，搞得没法前进也没法后撤。尽管如此，当菲利普看到英军时，他的血液还是立即沸腾了起来，他对部下命令道："下令让吉诺威军队继续前进！以上帝及圣丹尼斯之名，给我立刻开战！"此时法军虽有五千十字弓手，但是现在这样混乱的阵形，根本无法进攻，于是他们便对自己的队长说道："以我们现在这样的状态，根本无法战斗，我们需要休息一下，同时好好调整一下阵形。"当这些话传到阿朗松男爵耳朵里时，他却振振有词地说道："一个真正的士兵就要服从命令，什么时候让你打，你就打。没有任何商量的余地！"两军正准备开打时，天上突然下起了暴雨，地面立即变得又湿又滑，然后一群避雨的乌鸦从两军头顶呱呱叫着飞过……雨过天晴之后，太阳又钻了出来，此时英军是背对着太阳的，而法军却不幸正好面对着刺眼的阳光。法军里面的十字弓箭队又重新整理队形，嘴里高喊着冲杀口号，但是没有一个人真正往前冲。没办法，将士只好组织第二次进攻，这次要稍微好一点点，因为整支队伍往前冲了那么一点点，而此时，英军根本就是纹丝未动……好吧，再来第三次进攻，不过这次法军高喊着冲杀口号，真正地冲到了射程范围内，然后就是一阵疯狂的射击。英军也不甘示弱，弓箭手全部上前一步，整齐划一地弓箭上弦，对着法军就是一阵暴风雪一般的射杀。法军这边的十字弓手们哪经得住这一阵箭雨，立刻丢掉手里的十字弓，抱头鼠窜。法军将领一看自己的弓手们全成了逃兵，气急败坏地吼道："给我把这些孬种全部杀掉！绝对不能让他们的行为扰乱军心！"这命令一下，法军的弓箭手就开始射杀自己的十字弓手们，然后大批大批的十字弓手就这样死在了自己盟军的手上。而此时，英军的攻势之凌厉，绝对是法军从未见识过的：锋利的箭头一支接一支地插入法军的士兵、马匹，无数的战士和战马都应声倒下，而他们一旦倒下，即使还没死，也无法逃脱，因为刚一倒下，紧接着就有被射杀的同伴倒在自己身上。此外，在弓箭手射杀的同时，英军还有一部分战士拿着锋利的刀子直捣法军内部，疯狂地捅杀着，无数的伯爵、男爵、勋爵、骑士、士兵就这样命丧于英军锋利的尖刀之下，不过这样的行为惹恼了爱德华，因为他原本打算把这些没死的都活捉呢。

就在英军势如破竹之时，法国联军这边，亨利正焦躁地询问查理的去向（查理是波西米亚国王，也是卢森堡皇室贵族亨利之子，自从亨利因患眼疾而几近于全盲之后，查理便继承了波西米亚的王位），众人听罢，都纷纷摇头表示不知其所踪，只是揣测其大概正在战场上厮杀。亨利听说儿子在战场上，竟然恳求这些军官们带领他一同上战场杀敌，他言辞恳切地说道："各位将领，我们盟军此行共同讨伐英军，我也是你们的一员，我恳请你们让我也一同上阵，用我这手中之剑，诛杀敌军吧！"众将士听罢，纷纷表示，绝对不会丢下亨利一人，无论现在形势如何危急，他们也会满足亨利这一要求，大家共赴沙场，生死与共！而实际上，查理之前确实是雄赳赳地奔赴战场，但是上场一见形势不利，马上就逃之夭夭了，相反，年迈的亨利却挥舞着战剑，高喊着口号，和其他的战士们一起在战场上奋力地拼杀着，直至全军战死沙场，第二天，人们才在战场上找到了他们的尸体。

同时，阿朗松和弗兰德两地的伯爵合组的队伍也加入了这场战斗。他们带领的军队负责对付英军的弓箭手，主要对手是英国王子率领的第一分队，这两支队伍的对决真是惨烈而持久。另一方面，法国国王也行进到了交战之地，当他看到己方战旗对面如城墙一般的英军弓箭手时，他决定给哈诺德军官来个下马威，于是便派遣萨德伊的蒂埃里勋爵骑上他的战马，举着他的战旗穿越敌境，不幸的是，当他深入敌后，从乱军之中返回之时，却跌进了一个战壕，被英军射杀了，尾随着他的部下们，眼睁睁地看着自己的首领死在了战壕里面，只有他的战马逃了出来，看来英军铁了心是不要战俘，只要屠杀的。不过他的部下还是下马扛起了蒂埃里的尸体，并将其救了出来，就这样，蒂埃里勇猛地冲入敌军阵营，出来的却是他冰冷的尸体。

这场星期六的奎赛之战，其惨烈程度真的骇人听闻，对我而言，更是闻所未闻。法国联军中的很多战士最后为了保命，不得不丢盔弃甲，扔下自己的将领，向英军投降，可是英军只是稍稍让他们多活了一会儿，然后就将其全部屠杀了，因为这次英军心意已决，对敌方绝不留情！

第二天早上，法军和艾眠盟军终于联手攻破了英军的弓箭阵，深入英军内部，与之开始了短兵相接的肉搏战。英军第二分队见状，立刻上前支援第一分队，但是因为阵形混乱，所以英军很快处于下风，于是英国王子立刻派人给爱德华送信，请求支援。此时，爱德华正在战场后面的一个小山包上面，突见信兵前来禀报：“陛下，王子殿下正率领沃瑞克伯爵、牛津伯爵、瑞诺德军官，和其他众将士与敌军奋力厮杀，请求陛下您立刻派军前去支援。否则法军援兵一到，恐怕王子殿下将会陷入苦战。”爱德华听罢，说道：“我儿子死掉或受伤了吗？我军失守没？”“没有，陛下！但是王子殿下此时战势不利，所以才请求您的支援。”“那好吧，你回去告诉我的儿子和那些勋爵，只要我儿子还活着，就不要再派人来请求支援了。同时再告诉他们，只要有我儿子在，就一定能获胜，因为上帝站在我们这一边！他们必将在我儿子的率领下战无不胜！”信兵回到战场将爱德华这番话如实告诉了正在厮杀的军官和将士们，顿时全军士气大振，变得势不可当！

在交战时，哈科德军官的弟弟和侄子一同冲入敌方大军，但是戈弗雷军官却没办法及时上前援助，当时戈弗雷军官和哈科德军官还以为这两人必死无疑，可是没想到他俩最后居然活着回来了，这让戈弗雷军官和哈科德军官真是欣喜万分。法国联军这边，阿朗松伯爵和弗兰德伯爵也在英勇地抗击着英军，每一位军官都在自己的站旗下奋勇杀敌，但是始终无法抵挡英军疯狂的攻势，并最终被英军屠杀了。同时，菲利普的侄子——路易斯伯爵最后也被威尔士军队和英军包围，战死沙场，欧塞尔伯爵、圣保罗伯爵也纷纷丧命于英军剑下。

到了晚上，菲利普身边仅存三名大将，而其中一名大将就是哈诺德，他的战马也被英军射死了，他独自回到了菲利普身边。哈诺德说道：“陛下，趁现在还来得及，赶紧撤离吧，留得青山在，不怕没柴烧。我们回去一定还可以东山再起，卷土重来的，陛下！”说完便上前牵着菲利普战马的缰绳，带着他悄悄撤离了此地。这支残军一路潜逃，来到了保罗城堡。此时天色将黑，保罗城堡已是大门紧闭，菲利普大声喊道：“此堡军官何在？”堡中闻声出来一人厉声吼道：“深更半夜，何人在此大声喧哗？”菲利普听罢呵斥道：“我法国国王到此，还不速速打开堡门！”城堡守卫一听是法国国王，赶紧放下吊桥，打开了堡门。菲利普带着他所有的残余部下——哈诺德的约翰军官、蒙莫朗西的布什勋爵和奥比尼的莫索勋爵一同进入了城堡。但是菲利普并未在此过夜，只是稍作休息，便于午夜时分匆匆上路了，在熟知当地地形的向导的带领下，菲利普第二天一早便到达了艾眠，并在此停留了下来。

而英军方面似乎也没什么兴趣去追杀这些穷寇，他们只是驻守在原地，一有法军来犯，便一律斩杀，这场战斗终于在周六傍晚时分结束了。

结战次日，英军追杀法军战俘

到了周六（战斗结束次日），法军大败，看到法军逃的逃，死的死，被俘的被俘，战争的喧哗终归于平静，英军开始为自己的胜利而欢呼，然后英军士兵们纷纷点起了火把和蜡烛，照亮了寂静无边的黑暗。至此，英法两军交锋整整耗时两天一夜，而交战过程中，爱德华的头盔从来就没有离开过脑袋。此时眼看战争结束，英军大获全胜，他才从山包上扬扬得意地策马而下，率领众将士来到自己儿子面前，又抱又亲，高兴地说道："我亲爱的儿子，你这一仗打得漂亮极了！上帝赋予你英勇和坚韧，而我则赋予你高贵的血统，你真不愧为英国人民的王子！"王子听到赞扬，连忙单膝跪地，以感谢他的父亲。

这天晚上，英军驻扎在此，开始兴致高昂地谈论这次胜利，无论是国王还是将士或者士兵，每一个人都虔诚地感谢上帝保佑他们这次能够获得胜利。次日清晨（此时已经是星期天了），突起浓雾，放眼望去，能见度仅在一尺以内。英军见状，立即派出了五百名长矛兵和两百名弓箭手，在营地四周探查，以防法军趁着大雾前来偷袭。与此同时，法国联军这边有一支分队（由驻扎在鲁昂和博韦的军队组成）也从阿布维尔和蓬蒂约的圣瑞克出发，他们此时还完全不知道法军在奎赛战败之事，他们一路行来，恰好与英军的侦察分队不期而遇。于是，又一场激烈的遭遇战开始了，这次，法军还是被英军打得屁滚尿流，仓皇逃窜，而英军则是乘胜追击，大开杀戒，总共歼灭法军七千多人，要不是因为浓雾，也许法军将全军覆没，一个不剩。不久之后，另外一支法国联盟军的队伍也与英军撞了个满怀，同样，这支由鲁昂主教和法国先遣队组成的队伍此时对法军战败之事完全不知情，按照原定计划，法国大军应该是在星期天才开始攻打英军的，所以他们正兴冲冲地往前行进，谁知半路上就遇到了英军，于是一场大战再次爆发，这一次，虽然法军这边人多势众，但是仍然无法抵挡英军凌厉的攻势，几个回合下来，便被打得溃不成军，两个勋爵当场阵亡，其余的人也是死的死，逃的逃。再回过头来看英军营地，此时，有一部分法国士兵因为没能跟上菲利普的逃亡军队，最后不得不就地躲了一晚上，结果一早就被英军逮了个正着。爱德华对这些俘虏完全没有手下留情，见一个杀一个，实际上，英军在战后对周遭城镇进行的大屠杀中，其屠杀人数是在奎赛大战中屠杀人数的四倍！

奎赛大战次日，英军清点死亡人数

奎赛大战结束的第二天（星期天），爱德华进行完大屠杀之后，从一片狼藉之中返回营地，此时，之前派出去的侦察队也已返回并向爱德华禀报，前方已无敌军踪影。爱德华得知此讯，这次放心下令，清点此次死亡人数。于是瑞诺德和理查两位军官便带领三个传令兵前去战场清查，当他们清查完毕并马不停蹄地赶回营地时，已是傍晚时分，爱德华正准备享用晚饭。几位长官连忙上前禀报结果：此次英军阵亡王子十一位、阵队八十、骑士一千二、其他人数三万。英军当晚仍然驻扎在原地，到了第二天早上（此时已经是第二周的星期一了），这才准备离开。同时爱德华下令：将所有勋爵的尸体一同带走，运至蒙特勒伊，并厚葬于圣地之中，同时下令全城休战三日，前往奎赛战场，搜寻并埋葬英军尸体。

做完这一切，爱德华这才通过水路返回蒙特勒伊，然后率领众将士继续前行到印达，并侵袭了万博和苏哈，不过他们却没有动里面的城堡，主要是因为这城堡固若金汤，英军实在拿它没办法。肆虐完之后，他们干脆在印达河边（这条河可以通往布罗什）歇了一晚上，第二天才上路经过布洛涅抵达维索镇并在那里停留了一天，以休养生息。最后，在星期三，爱德华大军终于抵达了加莱镇。

波蒂埃战役

波蒂埃之战——法国国王率军出战

继波蒂埃战役之后，英国王子又攻陷了鸿莫塔的城堡，然后一路使战火烧到了安茹和海纳。而另一方面，法国国王离开了沙特尔之后，在布鲁瓦停留了两天，然后又途经昂布瓦兹行至纳什，此时，英国王子攻打海纳后又经普瓦图返回的消息传到了菲利普耳朵里——实际上，英军的一举一动都尽在菲利普的掌握之中。菲利普得知这一消息后，便率军来到了海纳一个名为海耶的城市，同时，他的部分手下则渡过了卢瓦尔河，并以两千兵力为单位，分成数个支队，分别驻守在新奥尔良大桥、廊曼、索米尔、布鲁瓦、图尔等地——总之就是所到之处，皆为驻守之地。这些分队里面的公爵和伯爵加起来一共有二十六名、同时还有一百二十多个阵队、四名年轻的法国王子，而诺曼底的查理公爵、路易斯勋爵（后来成为了安茹公爵）、贝瑞的约翰公爵、菲利普勋爵（后来成为了伯伐因的公爵）都在其中。与此同时，因纳森教皇六世也派出了伯特兰勋爵、佩里戈尔的主教、尼古拉勋爵、乌盖尔的主教一行人前往法国与各地的敌对势力进行和议，而和议的第一个对象就是此时正被囚于监牢中的纳瓦尔国王以及那些在布图被围攻之时一直向法国国王恳求释放纳瓦尔国王的主教们——虽然他们的恳求从来就没起过作用。然后佩里戈尔的主教前往图尔进行和议，而他在此地也听说了前不久的英法大战，然后他又来到了波蒂埃，并打听到此时英军已经离开了此地，向前行进了。

而此时，菲利普原本以为英军应该是在他们前面的，结果却不曾料想英军在他后面，现在又听说英国王子率领大军杀个回马枪，便赶紧率领残部离开了海纳的海耶城，一路逃亡到了绍维尼，并在此逗留至星期五，才借助此地的大桥渡过了托什河。那天，法军一共有六万多骑兵和其他兵力渡过了托什河，因为事出突然，所以一过了河，法军就匆匆赶往波蒂埃。

另一方面，英国王子此时并不知道菲利普具体的藏身之处，只是料定他尚未跑远而已，因为此时法军残部必定已是粮草匮乏，此时他们必定万分后悔当初从安茹、海纳一路过来，破坏有余而囤积不足，以致沦落到粮草匮乏、防御脆弱的境地。菲利普渡河之后，法国的卡尔勋爵、拉乌尔勋爵、乔尼伯爵等人便率领部分兵力在绍维尼逗留了整整一天，一直到星期六，才渡河追上了菲利普大军，至此，法军又有了三支盟军，为了谨慎起见，这支联盟军并未走大路，而是取道于灌木林中，一路潜行至波蒂埃。

就在同一天，英国国王攻下了一个小山村，在此安营之后，英国王子便派出侦察队赶往前方刺探法军敌情。这支侦察队由尤斯塔斯勋爵和约翰勋爵带队，旗下共有弓箭手六十人，每人配有良驹一匹，结果这支侦察队在前方的灌木林边和法军遭遇了。法军很快便意识到他们遇到了英军，于是连忙披上战甲，冲锋迎敌。英军侦察队一看，法军此时兵力不下两千人，敌我实力悬殊，于是决定假意逃跑，诱敌深入，待引领法军到不远的英军主力部队处，再一举剿灭。计划一定，侦察队便即刻调转马头，从林子拐角处返逃，法军不知是计，还一个劲地高呼着在后面紧追不舍，完全没意识到他们一旦步入英军营地，就会被“包饺子”。英国王子此时也从探子口中得知侦察队遭遇法军之事，而法军的拉乌尔勋爵因为追得太紧，脱离了主力部队，直接冲到了英国主力部队的营地，一场混战下来，拉乌尔勋爵便被英军擒住。同时，法方的乔尼伯爵、柏斯子爵等一众领帅仅有几个逃了出来，其余全部被英军斩杀。英国王子从战俘口中得知，法军主力此时还在后面穷追不舍，看来一场恶战在所难免，于是即刻集合所有兵力，命令大家原地镇守，不得擅自前冲。英军就这样守到了天黑，直至布什、艾曼军官、巴塞洛缪勋爵和尤斯塔斯勋爵等前锋将领回来禀报法军动向，据这些人禀报，当他们率领两千士兵遇到法军之时，发现法军兵力众多，漫山遍野比比皆是。不过他们也没有因此避战，而是设计打败了法方很多将士，还俘获了一些敌军，把法军逗得团团转，最后赶紧逃往菲利普身边。当时菲利普正要进入波蒂埃，于是他们便故技重施，最后拖得菲利普不得不在城外安营，未能顺利进入波蒂埃城内。此后，英方探军也回来禀报说此时法军兵力众多，英国王子听罢，说道："好吧，以上帝之名，我们现在已经知道如何对付法军了！"当天晚上，英军就在城墙下、灌木丛边扎下营来，全军戒备，严阵以待。

波蒂埃战役前夕——法国国王的命令

到了星期天早上，法国国王实在压制不住和英军交战的冲动，便召集了新奥尔良公爵、波普公爵及勋爵、蓬蒂约伯爵、雅典公爵等众将领以及他的四个儿子前来商议交战事宜，并命令他们各自以阵营为单位在营地前集合，同时以上帝及圣丹尼斯之名战斗。一切准备妥当，战斗号角响起，全军便纷纷跨上战马，向英军方向挺近。此时全军士气高昂，士兵的武器在阳光下寒光耀眼，一面面战旗迎着清晨的寒风刷刷作响，一眼望去，浩浩荡荡，气势如虹，足以让那些没有跟随菲利普一同作战，待在家里面的人们羞愧一辈子。按照将领和军官们的建议，这支联盟大军分成三支分队，每支分队配以全副武装的兵力一万六千。第一支分队由新奥尔良公爵率领，由三十六个方旗队和十三个长矛旗队组成；第二支分队由路易斯勋爵和约翰勋爵协同诺曼底公爵带队；第三支分队则由菲利普国王亲自挂帅；三支队伍都配有强势的兵力。安排好队伍之后，菲利普将尤斯达斯勋爵、约翰勋爵、理查勋爵召集到了一起，对他们说道："将士们，现在我们面对大股敌军，并且要和他们生死一战！"话音落地，三位骑士便策马向前一步，而菲利普则高跨在他的白色战马上，大声喊道："我的将士们，你们之前驻守各自领土之时，便一直抵御着英军的入侵，我知道你们都一心想把他们赶回老家去。现在，正是你们实现夙愿的时候！让英军看看，你们是如何将他们的践踏和破坏数十倍地奉还的！来吧，让我们和敌军誓死一战！"勋爵们听到这一番慷慨激昂的讲话之后，都激动地说道："以上帝之名！胜利必将属于我们！"

可是刚出发不久，几名勋爵便回到菲利普国王队前，尤斯达斯上前禀报道："陛下，我们发现前方有英军，粗略估计，应该有士兵两千、弓箭手四千及其他兵种一万五千人左右。而且他们现在占据了有利地势，据我方预测，应该是全军集中在一起的，不过他们现在队形布置精妙，且在路边设置了很多树篱和路障，部分弓箭手以树篱为掩体埋伏其后，防守极为森严，恐怕难以突破。但是我们若想与英军正面交锋，必须突破弓箭手的防守区域。不过弓箭手防守的区域有一个入口，可供四人策马同时通过。在树篱两侧，则由大量步兵把守，同时配有部分弓箭手在其前护卫，所以要想从侧面突破，恐怕也绝非易事。"国王听罢，问道："如此看来，众卿以为我军当如何是好？"尤斯达斯献上一计，说："陛下，臣有一良计，陛下可从军中挑选精锐士兵三百，配以良驹，作为前锋部队，从正面树篱入口处突破，后以步兵随行，从突破口快速进入，和敌军士兵正面短兵相接，方可制敌，不知陛下以为如何？如若他人有更好的良策，我愿洗耳恭听。"

菲利普听罢，点头说道："此计甚妙，可行！"于是，军官们便依照此计进行布置。与此同时，由萨克布鲁克伯爵和米多伯爵率领的法盟军队还留守于艾眠，静候战令。法国的约翰国王也在此全副武装，严阵以待。同时，他还命令他的长子召集圣维勋爵、兰达勋爵、蒂博勋爵、阿诺德勋爵等人，整装待发。

波蒂埃战役前夕，佩里戈尔主教与菲利普国王和英国王子之间的契约

法国大军依照尤斯达斯勋爵之计，布置好队伍之后，军中又传令下来，所有士兵必须将手中长矛折断至五尺长，且取下矛尖之马刺。正待众军出发之时，却见佩里戈尔主教从波蒂埃匆匆赶来。只见他走到国王面前，跪于地上，双手高举，祈求上帝宽恕他在君王面前如此冒昧，然后说道："陛下，您率领如此大军前去开战，英军在您面前，犹如螳臂挡车一般。但是，陛下，倘若您能够心怀仁慈之心而不开战，这对双方来说，必定都更加有益。我恳请陛下准许我前去说服爱德华国王，两军和议。"菲利普听完，点头道："倘能和议，甚好！不过你得速去速回！"主教领得此令，欣然离开，并迅速赶到了英国王子军中，此时英国王子正在步兵营中休息，闻听佩里戈尔主教前来求见，便很客气地接见了他。一阵客套寒暄之后，佩里戈尔主教便直入主题："王子殿下，倘若您的部下建议您与法军开战，那我恳请您能够与法军和议，因为你们交战，我方必定会惨遭重创。"年少气盛的王子听完，说道："为了我和我的子民们，我愿意尝试任何有效的解决办法。""王子殿下，我一定会为您找到最好的解决途径，英法两军现在都有众多贵族随军，倘若开战，必定是两败俱伤。希望您不要急着开战，反正法军是绝对没法突破您的严密防线的，我希望您能给我一天时间，明天日出之间，我必定给您一个满意的答复。"可是法国国王，因为部下们的反对，此时开始反悔，不同意主教的和平提议了，主教只好将各种利弊详细剖析，这才让菲利普国王同意暂缓进攻。于是法国盟军，除将领和元帅带领的部队在原地驻守以外，其余人马皆返回营地。

就这样，那个星期天一整天，佩里戈尔主教就在英法两军之间来来回回地跑着，劝说着。一开始，菲利普国王不同意和议，除非英军肯交大批和议金。英军接到这一要求，倒是爽快地答应，可以交出所有之前在各个城镇、村庄和城堡里面抢掠所得，并保证在接下来七年之内，不再与法军交战。法军见状，便得寸进尺地要求英国王子及其手下百余名骑士必须无

条件投降，作为俘虏被法军关押，这一要求顿时激恼了英军。

就这样，佩里戈尔主教就这边跑完跑那边，那边跑完跑这边，苦口婆心地劝解两军中的将领们，希望他们能为两军和议说点话。一番折腾之后，终于起了效果，英军的约翰·钱多斯勋爵和法军的克莱蒙勋爵都分别前往对方阵营进行交涉，然后两位勋爵在返回途中相遇了，结果两人一见，穿着的衣服式样居然差不多，都是蓝色底上面绣着阳光。于是克莱蒙勋爵张口质问："钱多斯！你怎么学我穿衣服？""胡说！明明是你学我！"钱多斯也不甘示弱。"绝不可能！看来我们得一较高下，来决定谁才配穿这样的衣服！""啊哈，好啊，明天我把你打得屁滚尿流的时候，你就知道谁才配这样穿了！""哼，你们英国人永远就只会这几句陈词滥调，明天我就让你好看！"话不投机，多说无益，两人便各自率队回到军中。

可怜佩里戈尔主教在两军中间忙活了一整天，最后劝说失败，只得垂头丧气地回到了波蒂埃。当夜，法军全体放松休息，因为他们认为自己防守森严，而英军则是粮草不足，而且只要有法军在此，英军必定不敢轻易挪地，相反地，英军则是整整一天都在忙着加固弓箭手的掩体和树篱。到了周一早上，英军一大早便全军严阵以待，而法军也同样在日出之前做好了战斗准备。而此时的佩里戈尔主教也来到了法军阵营，在为两军和议做最后一点努力，之后又来到英军阵营进行劝说，可是英国王子的回答却非常坚决："趁现在还来得及，赶紧回去，不要再来向我提和议之事，你若不想被波及，就赶紧离开波蒂埃吧！"佩里戈尔主教眼见和议无望，只得离开，在临走之前，他还不忘对英国王子说道："现在看来，这场战争是无法避免的了，因为法国国王毫无半点和议的意思。"英国王子一听，也愤愤地说道："我和我的子民们同样不想和议，上帝会永远站在我们这一边的！"于是，主教最终还是无功而返。而在波蒂埃，有很多的骑士、乡绅和武装人员，看到英法两方兵力相比，英方明显处于劣势，所以都更加倾向于向法方投诚，所以开战前夕，他们都纷纷离开了各自原来的首领，投奔了菲利普国王，并选出了他们新的首领——奥普斯城主——这个家伙现一直和佩里戈尔主教在一起。实际上他本人在返回波蒂埃之前，都不知道自己居然被大家选成了新的首领。

菲利普国王认为他对英军的防守布置已经了如指掌，但实际上他并不知道，英方已经作了新的部署：派遣三百名士兵和大批弓箭手，配以战马，驻守在山上各处，专门对付诺曼底公爵，防止他率领的步兵队从山脚突袭。而且英国王子也在草丛藤蔓的掩护下，率军悄悄接近了法方防御最薄弱的地方——马车队。

让我们来看看和英国王子一同潜伏的骑士和勋爵有哪些人吧：沃瑞克伯爵、萨福克伯爵、索尔兹伯里伯爵、牛津伯爵、瑞诺德勋爵、斯潘塞勋爵、詹姆斯勋爵、彼得勋爵的弟弟、伯克利勋爵、巴塞特勋爵、沃瑞勋爵、特拉华勋爵、曼尼勋爵、威诺比勋爵、巴塞诺缪勋爵、费尔顿勋爵、理查勋爵、史蒂芬勋爵、布莱顿勋爵，伯米尔勋爵、莱瑞勋爵、布赫军官、约翰勋爵、莱斯帕勋爵、沃森勋爵、康登勋爵、蒙特菲尔勋爵、隆基勋爵，还有很多人我不知道名字。不过此时英方两支分队的兵力都不超过八千，而法方这边，兵力总数达到了六万，骑士也超过了三百名。

波蒂埃战役——法军与威尔士人的战斗

当英国王子发现主教最终无功而返，英法大战开战在即，而且英军此次出军并没携带大量粮草的时候，他便对部下说道："将士们，虽然和法军比起来，我们现在兵力相对处于劣势，但是不用担心，无论何时何地，胜利最终都是属于团结的队伍的。如果这一次我们能够打败法军，大家就能够扬名立万！倘若不行，我们战败且阵亡了，那我的父王，我们的朋友，我们的家人一定会为我们报仇雪恨的。所以，将士们，今天，我在此仅以上帝之名，以圣父及圣子之名向大家宣誓，你们必将看到，我会成为一名出色的骑士！"这番慷慨激昂的演讲顿时让将士们热血沸腾，信心满满。而此时，钱多斯勋爵一直都在王子左右，詹姆斯勋爵也是寸步未离开过王子殿下，不过当听完王子这一番讲话之后，他明白了，这一次的生死大战是无可避免的，于是他便主动站出来要求道："陛下，我们能活到现在，已经够本儿了，我之所以这么说，是因为我从您的父亲——英国国王建立第一支队伍开始，就一直跟随着他，现在我又追随着他的后代。所以我在此恳请陛下，恩准我此次能为您效力，派遣我率队前去迎敌。”王子即刻同意了詹姆斯勋爵的请求，并说道：“此番大战，乃是上帝赐予你功成名就的大好机会，你一定要好好把握住！”然后詹姆斯勋爵便带领四位誓死效忠于他的军官，朝着战场的最前沿冲去。说到詹姆斯勋爵本人，他十分骁勇善战，而且为人也十分和善，而法军的大部分将士都是开战之前临时凑到一起的，所以詹姆斯才敢和法国大军正面交锋。而对于尤斯塔斯勋爵来说，最后决定和詹姆斯冲到战场最前沿，也是非常明智的选择，具体原因我们后面会讲到。之前我们还提到过法军中的艾眠人还一直在后方静候战令，而尤斯塔斯就率领部队直朝这支艾眠军队冲杀过来。艾眠军队这边一位名叫路易斯的勋爵，看到尤斯塔斯带着两个小队就敢来犯，立即手握银盾，带领五个小队上前迎敌。两军短兵相接，厮杀一片，由于拼杀激烈，尤斯塔斯和路易斯都跌落下马，此时路易斯肩膀受伤，所以动作明显没有尤斯塔斯迅捷，尤斯塔斯见状，迅速站起来，略微调整了一下呼吸，然后就朝着还躺在地上来不及起身的路易斯冲杀过去。眼看路易斯就要被尤斯塔斯斩杀，说时迟那时快，这时从旁边突然杀出五位艾眠的骑士，尤斯塔斯一心只想斩杀躺在前面的路易斯，却不曾料想旁边会突然杀出敌手，结果一不留神，反而被艾眠人生生擒住，做了阶下囚，被押往纳什。我不知道艾眠人最后到底有没有把他关进监牢，唯一知道的就是，他们把他拴在了一根大柱子上面。

再回过头来看战场这边，此时战斗已经全面展开，法军所有将领都已赶到了战地并按照菲利普的命令，开始突袭侧面的路口处，这些将士还不知道，路口两边的山上早已埋伏了大量的英军弓箭手，他们刚进入路口，山坡上便箭如雨下，射得法军一个个屁滚尿流，溃不成军，乱糟糟地往后面撤退，不敢再往前行进一步。这一番混战下来，这支企图从路口处突破的分队，始终未能接近英国王子半步。而企图从正面入口处强攻的法军分队，由于英军弓箭手在良好掩体下的强大防御，也未能成功突破。而此时的詹姆斯勋爵，正带领着他的军官，在战场前沿奋力厮杀，只见詹姆斯越战越勇，高举着战旗，一路杀将过去，逼得艾眠军队的阿诺德军官不得不亲自上前迎战。两人交手，真是一番恶战，不过最后阿诺德还是被詹姆斯击败了，同时，艾眠军队的弓箭手因为没有前方兵力的掩护，也乱了阵形，很快便被英军击溃，四散逃亡。不过最后阿诺德并没有被詹姆斯和他的军官们擒住，而是被别人抓住的，因为那天詹姆斯可没什么心情去抓战俘，他一心只顾着往前冲杀。

而法军这边，约翰勋爵还在高举自己的战旗坚持奋战，怎奈最终还是没有敌过英军，他本人最后也被英军毫不留情地屠杀了，后来据传言，英军之所以毫不留情地斩杀他，是因为他之前对钱多斯勋爵说的那一番狠话。就这样，两军交战不久，法军便节节败退，狼狈不堪地逃回到了诺曼底公爵的营地。此时，虽然诺曼底公爵率领的军队兵强马壮，但是他们听说其他盟军在前方战败了，而且还发现了英军从一座小山上下来时留下的踪迹，从马蹄印和脚印看来，这支英军还有弓箭手在两旁，所以，诺曼底公爵便即刻下令全军后撤，因为英军弓箭队的厉害之处，他心里明白得很，这些弓箭手很擅长打伏击，之前的法军可没少吃英军弓箭手的亏，而英军最擅长的就是利用弓箭队，步步为营，一点一点地推进。

而此时战场上，英军看到敌军被击退，而且开始乱了阵形，便纷纷从战马上跳下来，集合到一起，然后高声嘶喊着："以父之名！冲啊！"钱多斯勋爵见状，也对王子说道："王子殿下，您可以和战士们一同向前冲了，现在这个战场属于您的了。上帝与您同在，此番与法军交战，我军势如破竹，我敢担保，菲利普最后必将无处可逃，因为上帝必定会保佑我军。而且，陛下，您之前不是还说过，我们必将看见您会成为一名出色的骑士吗？现在正是好机会！"王子听罢，说道："那我们就往前冲吧，你们会看到我的英勇表现的！"然后转身吩咐手下："以圣乔治及基恩之名，扛上战旗，冲啊！"随后，骑士们便勇猛地向前冲去，而法军也高喊着："以圣丹尼斯及蒙特乔之名，冲啊！"接下来便又是一阵腥风血雨，死伤无数，谁只要跌落下马，必定毫无生还机会。王子随着大军冲到敌军中间时，突然看见他的右边一个灌木丛中躺着罗伯特勋爵的尸体，而战旗就横倒在他身边，周围还横七竖八地躺着十几具他手下的尸体。于是王子便命令他的军官和三名弓箭手，把罗伯特勋爵的尸体拖回去，战斗结束后，就把这尸体运到波蒂埃，给那个主教看看，证明英军把法军给打得落花流水。事实上，英国王子之所以这么做，是因为他听说主教的手下也加入到了法军队伍里，一起来攻打英军，而按照常理来说，教堂的人是不应该参加任何战斗的，他们应该保持中立，不帮任何一方。可是现在他们竟然敢和法军混到一起，那就让他们看看攻打英军有何下场。而这位罗伯特勋爵正是主教的侄子，现在把他侄子的尸体拖回去给他看，以儆效尤！不过钱多斯勋爵却上前劝阻道："请王子殿下以大局为重，倘若我们现在惹恼了主教，恐怕正好给他借口继续伙同法军来对付我们。"

王子觉得钱多斯说的很有道理，于是便率领部下，将这些战俘押送到了法国的将士之一——艾文公爵的部队所在之处，并在此将他们一一屠杀，然后继续前行。不久，英军便遇到了由萨尔布吕肯伯爵、纳什伯爵和米顿伯爵共同率领的艾眠人队伍。两军相遇之时，几乎已经是面对面了，所以艾眠军队根本没办法避开，只好硬着头皮迎战，怎奈英军的弓箭队实在太猛了，艾眠人根本没机会冲破箭阵，和英军打近身战，结果就这样一批一批地倒在英军的弓箭之下，而三位伯爵，最终也难逃一死。树倒猢狲散，三位首领一死，下面的骑士和军官们便如一盘散沙，四散溃逃，其中很多官兵都被英军生擒了，不过还是有一个名叫杜博斯库的勋爵被其部下救出，骑马逃跑了。而在艾眠队伍后面行进的诺曼底公爵发现英军打败了艾眠人，正在朝着自己的队伍行进时，为了不伤及法国王子还有手下那些年轻的公爵、伯爵、勋爵、男爵们的性命，同时也为了保存实力，他最后决定，调配长矛手八百余名，护送王子和这些爵士离开，从而避免了和英军之间的对战。不过另外一支由约翰勋爵和古什勋爵率领的队伍却不愿逃离，而是准备积极应战。再来说说诺曼底勋爵这边，三位王子被护送着到了绍维尼。众人来到城前，只见缇布勋爵和兰德斯的约翰勋爵早已列好队伍在城门口迎接他们了。诺曼底公爵见此，便将其手下的圣维南勋爵所率的队伍调配给了缇布勋爵和兰德斯的约翰勋爵，并命令圣维南勋爵要誓死跟随他们。诺曼底勋爵的这一举动，后来受到了菲利普国王的赞赏。之后，诺曼底勋爵还见到了率领着大批军队的新奥尔良公爵，他也是从前方撤回来的，不过他们都是丢盔弃甲跑回来的。之所以会这样，是因为新奥尔良公爵这支队伍中的很多骑士和军官们都认为，保住命回来挨骂总好过死在战场上。

最后和英军相遇的，便是法国国王菲利普亲自率领的大军了，两边刚刚相遇，便展开了激烈的战斗。此时，法军这边的主要首领是菲利普和他的小儿子，下面还有布赫军官、卜米尔勋爵、艾瑞勋爵、密西多勋爵、隆科多勋爵和拉特兰勋爵，而英军这边的首领主要有沃瑞克伯爵和萨福克伯爵，所以对于法方来说，其有足够的时间等到约翰勋爵和福特勒勋爵率领的队伍前来增援。约翰勋爵和福特勒勋爵率领着军队很快便到达战场并迅速加入了战斗，法方联军这边的雅典公爵紧随其后也加入了战斗，接下来还有波旁的公爵率领着一只由波旁人和皮卡迪人组成的队伍也投身战斗。法方联军这边加入战斗的还有波特文的德光勋爵、达克雷勋爵、达纳科勋爵、特雷勋爵、乔什勒勋爵、萨特勋爵、吉查德勋爵、阿根顿勋爵、因艾尔勋爵、蒙特勒勋爵、奥勒伯爵、詹姆斯勋爵、维拉勋爵等人。而英军这边，后来加入战斗的则有维克多伯爵、蒙特佩斯伯爵、詹姆斯勋爵、约翰勋爵两兄弟、阿诺德勋爵、阿朗松勋爵等，两边都是兵强马壮，这场大战真是百年难得一遇。经过一番惨烈的战斗，法军开始渐渐败下阵来，有一位名叫道格拉斯的伯爵，眼看法军渐渐处于劣势，就想逃跑，结果还是被英军屠杀了。而英军则是越战越勇，不过詹姆斯勋爵及其军官因为一直是冲在最前面，所以还是受了重伤，虽然如此，但他仍然坚持战斗，直至奄奄一息。战斗临近尾声时，他的军官们把他扛出了战场，放到树篱后面，为他解下战甲、包扎好伤口，然后让他好好休息。再回来看法军，本来参加战斗的法方联军里面有很多优秀的骑士，倘若他们个个都愿意拼命冲杀，结果肯定不会是现在这样。没有团结一致，最后导致他们全军覆没，骑士将领们也大多惨遭屠杀，例如彼得公爵、吉查德勋爵、兰德斯勋爵、雅典勋爵等，只有少数官兵同国王一起，得以死里逃生。除此之外，法方还有很多将领成为了战俘，例如福特勒勋爵、蓬巴杜勋爵、福吉拿伯爵、蒙斯伯爵、约恩维利伯爵、路易斯军官等，粗略一算，在这次战斗中，法军死的死、伤的伤、逃的逃，损失了两百多名骑士，真是惨烈至极。

英军追杀波蒂埃战役中逃亡的两名法军将领

当天，参加战斗的法国联军，所有队伍细细算下来，恐怕只有乌达尔长官算是稍微幸运一些，因为他在看到法军战势失利的时候，就明白自己不值得再冒死和英军继续战斗了，所以迅速率领自己的队伍撤离了战场。不过一名英军骑士看到了乌达尔长官悄悄逃离，立即率队追杀他。只见这名骑士一边追，一边狂吼：“给我滚回来，你这个懦夫，临阵逃亡是最可耻的!”乌达尔一听，只得调转马头迎战。两人对冲过来，英国骑士本来想用长矛一下戳中乌达尔，结果被乌达尔侧身闪开，就在这一空隙，乌达尔顺势转身挥剑刺去，正中敌身，英国骑士随即跌落下马，无法动弹了。乌达尔骑马慢慢来到英国骑士面前，说道：“你快喊救命啊！我倒要看看到底有没有人来救你，要没人来，我可要杀你了哟!”英国骑士便开始大声喊叫，结果哪有人来救啊，最后只好被屠杀。法军另外一个比较幸运的军官就是来自皮卡迪的约翰军官，他在战斗时，战马丢失了，可是很幸运地又找到了另外一匹马，这才能够骑马逃出去。同时，英军这边一位名叫伯克雷的骑士也是相当幸运。在交战时，他独自一人扛着战旗去追杀敌方的约翰军官，正当他紧跟着约翰不放时，约翰突然调转马头，丢下战剑，举着一根长矛朝他直刺过来。伯克雷也不甘示弱，举起手中的剑也正面刺杀过去。可是约翰看到伯克雷刺过来的时候，赶紧侧身一闪，让伯克雷刺了个空。紧接着，趁着伯克雷还来不及收回剑，约翰立即在两人错身的一瞬间举矛刺去，一下就把伯克雷的战剑刺掉了。也亏得伯克雷反应敏捷，一看手中战剑掉落，赶紧跳下马来，几步蹿到战剑掉落之地，准备捡剑。约翰见状，哪敢怠慢半分，急忙举矛朝伯克雷猛刺过去，不偏不倚地刺在伯克雷的大腿上，只见矛头直穿伯克雷的大腿，一瞬间就让伯克雷动弹不得了。

约翰见伯克雷已无反抗之力，这才大摇大摆地跳下马来，捡起伯克雷掉在地上的战剑，不紧不慢地走到伯克雷面前，傲气地说道：“我现在给你机会喊救命，赶紧喊吧！”伯克雷没有喊，而是哀求道：“长官，我名叫托马斯，是伯克雷的一名勋爵。驻守在威尔士边界，赛文河边的城堡里。”约翰听罢，说道：“你现在是我的俘虏了，我要把你押回去，治好你的伤。”伯克雷也摸不准到底会不会有人来救他，只得信誓旦旦地说道：“噢，长官，我愿意做您的俘虏，您已经把我打败了。”于是，约翰便将矛头从伯克雷腿中拔了出来，只见受伤之处皮开肉绽，伤口颇深。约翰简单地给他包扎了一下伤口，然后把他带回了查特莱劳特并在此停留了十五天之久，好让伯克雷能趁机养伤。待伯雷克恢复得差不多之后，这才将他押回了皮卡迪。伯雷克被囚于此长达一年多，最后伤势终于完全恢复。然后他又以六千贵族和对方作为交换，让约翰狠狠地赚了一笔，这才得以重返故土。

波蒂埃之战——约翰国王被俘

一般情况下，男人最希望能体验两种冒险——战争和偷情！这一场爆发在波伏瓦和莫佩屠斯的波蒂埃战役，要说是惊险刺激，九死一生的话，那可真是名副其实。交战双方都亲历了巨大的折磨和痛苦，并遭受了重创。交战当天，约翰国王也亲自披挂上阵。法方失利之时，只见他手持战斧，率领手下找到了一个突破口，杀出了一条血路，赶紧逃亡。紧跟着约翰国王的还有多科哈伯爵、贾克斯伯爵、蓬蒂约伯爵、约翰勋爵、伊约勋爵，许多骑士和护卫，还有一队由查理斯军官率领的队伍。这一行人被英军一路追杀，逃到了波蒂埃城门口处，放眼望去，只见城门之处已是尸横遍野，城中之人唯恐再受牵连，早已紧闭城门，不准半人进入。结果约翰国王一行人被堵在城门之外，让英军好一顿肆意宰杀。最后迫不得已，他们只得向英军大声求饶。这样，除去诸多被屠杀的法军，英军还俘获了大量法军将领，例如纳什维尔伯爵、达摩克勋爵、达克雷勋爵、蒙托克勋爵以及约翰国王。不过约翰国王虽然没有被当场屠杀，但是被俘以后，因为重伤不治，最后还是死于敌牢之中。在他死后，法军追认他为法军最优秀的骑士。在法军阵亡的众多将士之中，还有几位值得一提，一位是吉查德勋爵，他当时在国王右翼作战，和他一起的还有沙尔尼勋爵。当时沙尔尼勋爵被英军逼得很紧，因为他负责举国王的战旗，再加上他自己的战旗，这让他成为了众矢之的，英军看到对方两面战旗在同一个地方出现，当然是想冲过去杀之而后快。这样一来，可怜的沙尔尼一队便很快被英军团团围住，数量悬殊最大之时，甚至是五个英兵打一个法兵。除此之外，波普多勋爵和巴塞罗缪勋爵也被英军俘虏了，而戈弗雷军官和沙尔尼军官则当场阵亡。那沙尔尼到死之时，手里还紧紧握着国王的战旗。还有达马丁伯爵也被英军的瑞诺德勋爵宰杀。最后，就连国王也被擒住了，后来据传闻，当时国王被擒住后，就一个劲地哀求："求你们不要杀我，放了我吧！"当时擒住国王的英军队伍中，有一个名叫丹尼斯的骑士，他虽然是一名法国人，但是已经在英国军队中服役五年之久了。因为在他年少之时曾在法国杀过人，为了逃避法律的制裁，便逃到英国避难，后来进入英军服役，此次这位国王被囚，他正好就在这支队伍中。看到国王求饶的狼狈样子，他立即上前一步用一口流利法语说道："放了你？"他还没说完，国王便抢着说道："谁来救救我啊？我的堂兄——威尔士王子在哪儿？我要和他说话。"丹尼斯一听，便回答道："长官，他没在这，不过只要你肯赦免我，我可以带你去见他。"国王闻声转过头来问他："你是谁？""说起我嘛，陛下，我叫丹尼斯，是阿图瓦的一名骑士，我之所以会参加英军，是因为我在法国犯了重罪，被驱逐出境了。我在法国一无所有了，所以只得为英国国王效力了。""好吧，我立即赦免你！"国王听罢，立即说道。事实上，国王现在面临着巨大的压力，因为几乎每一个人都会逼着他说："我被他擒住了！"这让他根本没办法往前走，更没法见到他的儿子菲利普勋爵。

再来看看威尔士王子，那天交战之时，他犹如一头勇猛残暴的雄狮，在战场上杀得尽兴极了，狂吼着四处追砍敌军。和他并肩战斗的，就是钱多斯勋爵。那一整天，钱多斯都和威尔士王子一起在砍杀敌军，都没有抓一个俘虏。直到战斗临近尾声，钱多斯才开口问威尔士王子："王子殿下，您现在只要将战旗高高的插在此处的灌木上面，全军都能看得到。您的大军一路过关斩将，已将敌人杀得片甲不留，我根本看不到敌军半个影子了，您可以稍事休息，然后再继续作战。”于是王子的战旗便被插在了一处地势较高的灌木丛上，然后停战的号角四处响起，然后王子取下了身上的盔甲，而众将领也纷纷解下战甲和众议员们一起围到了王子身边。士兵们也随之搭起了一个红色的帐篷并烹制好食物，送到帐前供王子殿下和将领议员们享用。这一路追杀过来，英军降服了许多法军大将，使得自己军中将领的人数增加了许多。其中有两名被俘的将士在吃饭之际，开始询问法国国王的下落，英军将士回答道：“这两位军官，确切的情况我也不清楚，但是我可以告诉你们，你们的国王这一次多半是阵亡了或者是被俘虏了，因为我根本没听说他逃出去了。”随后，英国王子对沃瑞克伯爵和瑞诺德军官说道：“两位爱卿，请到前方进行打探，然后回来将具体情况禀报于我。”两位将士领命，骑上战马，率领小队人马出发来到了一座小山包，便上到山顶四处观察，只见不远处有一队人马正在行进，看样子，这队人马已经是人困马乏了，而在队前行走的，正是菲利普国王。不过此时他已经是英军的阶下囚了。这队人马是从丹尼斯勋爵手里将菲利普国王接收过来的，不过此时军中两位将士却在忙着争执到底是谁擒住了菲利普国王的。最后菲利普国王实在听不下去了，便开口说道：“请两位军官不要再为是谁抓到我而争执了，只要你们能善待我和我的儿子和侄子，我以后一定可以让你们富甲一方，钱我可有的是。”菲利普这一番话顿时让两位将士停止了争执，对他的态度也瞬间来了个一百八十度的大转变。而此时一直在山上观察的沃瑞克伯爵和瑞诺德军官也下山来了，走到这队人马面前问起刚才两位将领为何而争执。“都是为了这个法国国王啊，到目前为止，至少有十多名骑士曾经争论过到底是谁擒住菲利普父子的，大家都想领功劳。”两位一听，立即走入军队中，命令所有人都和菲利普保持距离，没有他们的命令，谁也不得再擅自接近菲利普半步。随后两位军官便一路上善待菲利普国王，将他押送到了英王子的驻扎处。

波蒂埃战役结束，英王子赏赐奥德利礼物

之前我们已经提到过，沃瑞克伯爵和科巴姆勋爵离开了英王子，而他俩刚离开，英王子就迫不及待地询问身边的将士们，有谁知道奥德利的下落。其中有些人便回答道："王子殿下，他受了重伤，现在正在那边躺着休养呢。""噢，我的天哪，他居然受伤了，我真难过！马上派人去看看，他还能不能来见，倘若不能，我便亲自去看他。"随后，两名骑士便来到奥德利面前，问道："长官，您还能走吗？王子殿下现在正迫不及待地想要见您呢，如果你行动不便，王子殿下就亲自过来看您。""噢，王子殿下居然对我这么个卑微的骑士如此劳师动众，我真是受宠若惊啊！"奥德利说完便命令八个侍从搀扶着他前去晋见王子殿下。王子一见到奥德利，便激动地走上前去又是亲又是拥抱，嘴里还念叨着："詹姆斯军官，我一定得好好嘉奖你，这一仗，你表现得太英勇了，简直是无人能比，无人能敌，我们所有人都应该向你致敬。""噢，王子殿下，只要您高兴，让我做什么都可以，作为您忠诚的部下，这一切都只不过是我的分内之事而已，我完全没资格接受您的任何嘉奖。""啊哈，爱卿过谦了，我们不但要嘉奖你在这一战当中表现出来的非凡英勇，我们还要嘉奖你为这次战斗胜利所作出的卓越贡献。我决定，将国家年收入的五分之一赏赐于你，待回城之后，再隆重举行赏赐仪式。""王子殿下，您授予我如此大的荣耀，我纵然是粉身碎骨，也难表感激之情啊！"随后，他便由侍从搀扶着，离开了王子，回去休养了。他前脚刚走，沃瑞克和科巴姆后脚就押送着菲利普国王回来了。待两人将菲利普交给王子时，他对这个阶下囚表现得十分友善，不仅说话彬彬有礼，而且还好酒好肉地款待他。

波蒂埃战役，英王子最终大获全胜

我们之前就已经提过，这场战役发生在9月22日，蒙赛尔勋爵四世诞辰，主战场就在莫佩图斯，从早上开始，至中午结束，随后便是英军追杀

法军残军。直到晚上，英军才停止了追杀，回到了英王子旗下。据报，这一仗打下来，大部分法军阵亡，而菲利普父子也被生擒，同时被俘虏的还有伯爵七名、大批的护卫和骑士。此外，还有五六百名骑士和护卫当场阵亡。待英军结束追杀返回集合时，他们的俘虏数量达到了自身队伍人数的两倍之多。但是俘虏如此之多，看管起来可是个大麻烦，所以大家便商量着把大部分俘虏都拿去换赎金。商议决定之后，英军便押送大批战俘前去换取赎金，此间，他们对这些战俘都比较客气，拿到钱后，也如约释放了他们，这些俘虏们经历了惨烈的一仗之后，终于又重获自由了，晚上，英军将这些幸运的战俘们带到了前一天还是鲜血四溅的战场边上，一些英国士兵解下了武装，同时把所有战俘的武装也解下，开始鼓励他们的战俘们。就在那一天，英军押着自己的俘虏，想要换多少赎金就能换多少，英国王子在这一仗后，真是狠狠地大捞了一笔，各种金银珠宝堆积如山。发完这笔战争财之后，英军又继续上路了。

奥德利将国王赏赐分给了五位部下

当詹姆斯·奥德利军官返回自己营中后，便立即派人将自己的几位心腹召集过来，一位是他自己的亲兄弟——彼得·奥德利军官，另外四位则是巴塞罗缪勋爵、史蒂芬勋爵、威洛比勋爵和拉尔夫勋爵。待五位将士都到齐之后，他便说道："各位兄弟，这次王子殿下能厚赐予我年收入的五分之一，我真是感激不尽，不过这一荣耀并不单单属于我一个人，倘若没有你们忠心耿耿，奋力杀敌，又怎能打败法军呢，所以我决定将王子的赏赐，与诸位共享。而且，我保证，我们以后也将有福共享，有难同当！"五人一听，相互对看了一眼，然后上前说道："长官，能得这一赏赐，真是无限的荣耀，我们以后必定为长官粉身碎骨，肝脑涂地也在所不惜！"然后便各自离开了，其中有人因为负责王子和战俘们的膳食，所以做好了食物，送到了王子营中。之前几天，因为有大批俘虏同行，所以粮草消耗极快，有的队伍甚至三天前就已经断粮了。

战争当天，英王子亲手为菲利普国王做晚餐

就在战斗当晚，英王子居然亲自为军中的主要将士们，还有随行的战俘们（当然，菲利普国王就在其中）做了一顿晚餐。晚餐做好后，王子便安排战俘们坐在一桌，其中有菲利普父子、詹姆斯勋爵、约翰勋爵、唐卡维尔伯爵、伊斯坦布伯爵、达马丁伯爵、约恩维利伯爵和达克雷军官。而其他的勋爵、骑士、护卫们则被安排坐到了其他几张桌子旁。在上菜时，英王子也对菲利普国王表现出了极大的谦卑，而且无论菲利普如何邀请，他都坚持不和菲利普坐在同一张桌子旁，他甚至还对菲利普说，像菲利普这样伟大的国王和他的儿子，他自己是不够资格与之同桌进餐的。他接着又对菲利普国王说道："陛下，上帝总是最为公正的，尽管这一次上帝没有保佑您获得胜利，但是我的父王一样会待您为座上嘉宾的，您要知道，我父王一直希望英法两方能够成为朋友，友好相处。陛下，以我之见，您应该庆幸，因为这一次您虽然战败了，但是您的名誉并没有遭受任何损失，而贵方大军的英勇也得到了我们的敬重。陛下，我这番话绝无嘲讽之意，我军每被杀一人，我们对你的敬仰就增加一分。"法军战俘们听完英王子这一番话，都开始窃窃私语起来，认为这位王子真是情真意切，确实有贵族风范，不愧为英国王子。

波蒂埃战役之后，英王子返回波尔多

晚餐结束后，英军将士们带着自己的战俘返回各自的营中休息。当夜，很多战俘都纷纷表示，他们愿意支付高额的赎金换取自己的自由，出于对骑士精神的信赖，英军将士们都同意了。到第二天天亮后，经过一阵嘈杂，大家都收拾好了装备，带上了食物和水，然后一行人便骑马向波蒂埃方向行去。而就在英王子亲自为大家做晚餐那个晚上，另外一个人——鲁瓦耶勋爵率领着一百名长矛兵比英军先到达了波蒂埃，这位勋爵这次虽没有参

加波蒂埃战役，但是他之前在绍维尼附近也见过诺曼底公爵，并且受诺曼底公爵的委派，前往诺曼底驻守，在未接到其他命令之前，不得擅自离开。现在他一听说英军快到波蒂埃了，立刻下令，全军全副武装，把整个波蒂埃城从城墙武装到了城门，就等着英军来犯。可是出乎他预料的是，英军似乎对波蒂埃没什么兴趣，经过这个城市的时候，根本没有半点攻打的意思，直接从旁边绕过去了。实际上，此时英军已经获得了大量的战利品和赎金，对于他们而言，现在再去攻打波蒂埃，只会增加伤亡人数，完全没有必要多此一举，现在英军只是一心想着赶快回到波尔多而已。在前往波尔多的路上，英军并没有携带多少物资，主要是一同回行的战俘实在是太多了，而且整支大军也没有一起走，而是分成了五个分队。每个分队之间保持一定的距离前行，其中，数位军官率领士兵五百名作为第一支分队在最前面负责探查和开路，而王子率领的分队则在后面行进，以保证王子安全，同时，为了避免军队过于疲乏，每行进一定的时间，就要停下来休息，这样既可以避免路上过于拥挤，也可以让各个分队之间相互照应。不过好在这一路行来，都未曾见到法军的踪影，看来经过这一仗，还活着的人也全部跑光了。

在接下来的前行路上，王子听说奥德利军官已经对属下宣布，要将王子授予他的所有赏赐都分给部下们。这一举动着实让王子非常的困惑，于是他便差人将奥德利军官召过来，然后问道："爱卿，我听说之前我刚告诉你，要赏赐于你，你回到营中就向你的部卜宣布，要把所有赏赐都分给他们，这是何故啊？是不是你不喜欢这次赏赐呢？""王子殿下，我确实有此一举，至于原因，我现在就解释给殿下您听。我手下有五位护卫，这么多年以来，他们跟着我四处征战，一直都忠心耿耿，在波蒂埃战役中，更是表得现得勇猛异常，战绩卓越，如果没有他们，我恐怕早就命丧战场了，我现在真心感谢上帝让我活到现在，同时我也绝不会辜负上帝的保佑和这些忠心属下的保护，遗憾的是这么多年来，我实在是无以为报，现在殿下您要赏赐于我，而我一想到他们这么多年立下的汗马功劳，我就觉得，应该把这些赏赐分给他们，倘若我自己独享，我实在心里难安啊。我做出这一决定之前，没有禀报殿下您，这让您不高兴，我非常抱歉。不过我还是恳请殿下，能够恩准我这么做，请相信，我的这些手下和我一样，都是您最忠心的部下。”“爱卿多虑了，我又怎会有责怪你之意呢？只不过你有此番美意，应该直接告知我啊！我又怎会不愿成人之美呢？既然你要赏赐你的几位部下，那我现在就增加赏赐，这样你和你的部下都可以得到奖赏了。”

之后，英军在接下来的行程当中还经过了普瓦图和圣通吉，不过都是直接绕过，没有发动一兵一卒前去攻打，这样一直来到布莱城，并在此渡过了吉特伦河，到达了波尔多。当英国大军进入波尔多城的时候，其所受到的欢迎和欢呼简直无法用语言来描述，人们都兴奋地叫着、笑着、跳着，热情地欢迎王子殿下凯旋。英王子将菲利普父子带进了修道院，然后将他俩分开关押起来。这一次，法国众多主要的勋爵、骑士、军官、伯爵都被生擒，光是赎金，都得好大一笔。不过几位加斯科因的骑士和军官却因为菲利普应该作为谁的俘虏而发生了激烈的争执。其中争执得最厉害的有两位，一位是丹尼斯军官，他认为自己在擒获菲利普的过程中，是主要力量，现在手里又握着的强大兵权，所以菲利普应当作为他的战俘；另外一位则是伯纳德军官，他认为自己在波蒂埃战斗中才是功不可没，而且自己的部队还俘获了那么多的敌军将领，理应获得菲利普的俘虏权。这样一来，两人各执一词，争吵便升级成了激烈的冲突，最后甚至打了起来。英国王子见状，立即上前阻止，并且提出，菲利普的俘虏权现在暂时不宣布，直到回到英格兰，再由英国国王亲自定夺。不过从菲利普国王自身来讲，他更加愿意做丹尼斯的俘虏，因为他的儿子——法国王子，之前就和丹尼斯秘密达成协议，用贵族两千作为交换条件，就可以保住菲利普父子俩的地位。

就在英国王子到达波尔多不久，佩里戈尔的主教也匆匆赶来了，据说他还是从教皇的使馆直接赶过来的。不过因为之前他的手下查特莱兰曾经在波蒂埃战役中帮着法军打英军，英国王子并不欢迎他，所以，佩里戈尔主教只得耐着性子等了半个多月，这才等到了英国王子召见的命令。实际上，英国王子现在之所以愿意召见佩里戈尔主教，是因为他觉得佩里戈尔主教此行定是受科蒙勋爵和布赫首领——蒙菲尔德勋爵（他也是佩里戈尔主教的表兄）的差遣，如此一来，听听他要说些什么也不无裨益。佩里戈尔主教一见到英国王子就立刻恳请王子原谅他，王子见他言辞恳切，便接受了他的道歉。佩里戈尔主教紧接着就提出希望能赎回他的部下，王子答应了他，于是，佩里戈尔主教支付了一大笔赎金，这才将查特莱兰和其他属下一同赎了回去。最后，佩里戈尔主教还提到了菲利普国王，不过因为涉及菲利普的要求都被英国王子回绝了，细节部分我在此不再多讲。在接下来的日子里，英国王子及其部下就在波尔多驻扎下来，夜夜笙歌，酒池肉林，尽情地挥霍着从波蒂埃战役中得来的金银珠宝和俘虏们的赎金。同时，在英格兰本土，大家听说在波蒂埃一役中英军打败法军，就连法国国王都被生擒的消息后，也是举国欢庆、烟花满天，就连教堂里面也在举行仪式庆祝英军大获全胜。而那些回到英格兰的骑士和军官们，更是受到了英国人民的热烈欢迎和敬仰，全都成了人们眼中的大英雄！

瓦特·泰勒的暴动

英格兰平民暴动——反抗贵族

就在英格兰签署条约的时候，英格兰内部也爆发了一场佃农百姓的大暴动，而这场暴动给英格兰带来的破坏，可以说是无法恢复的。事实上，在这个时期，没有哪个国家曾遭受到如同英格兰这般惨重的破坏，而英格兰人民之所以会爆发这次动乱，是因为他们被严重地剥削和压榨，生活极其艰难困苦，实在是活不下去了。这和之前法国人民暴乱的原因大致相同，不过与法国的暴乱比起来，英格兰这场暴乱的规模更大，破坏力也更强。

这场暴动首先发生在英格兰，恐怕是所有人都始料未及的。而这场暴动顿时让其他地方的人民似乎也找到了反抗的方法，至于其他地方的动乱，我后面会提及。那时，在英格兰及周边国家，都有这种制度：贵族把田地租给佃农，佃农们在贵族的土地上耕种，把玉米等农作物收割回家进行脱粒，还得收集干草、砍柴等，而所有这一切，都要被贵族剥去一大半，这种贫民叫做佃农。当时，在英格兰，这样的佃农比周围其他任何一个国家都要多得多，佃农生活困苦，而贵族则骑在他们头上作威作福，当时这种情况在英格兰的肯特、埃塞克斯、苏塞克斯和贝德福德尤为突出。这些佃农们被压榨得实在活不下去了，于是他们便开始制造动乱，同时他们提出：

在上帝创世之初，根本就没有“奴仆”这一说法，所以，他们不应该生来就当奴仆，也不应该一辈子就这么受贵族的压迫！既然贵族不是天使，也不是幽冥，那凭什么他们就得像路西弗伺候上帝那样去伺候这些贵族！既然都是一样的人类，凭什么贵族可以像对待猪狗一般来对待他们！他们不会再继续忍耐下去，现在，他们将联合起来，形成一个整体。只要他们为贵族劳动或者服务，就必须得索要劳动报酬！

提出这一异想天开的说法的是一名肯特州的牧师，名叫约翰·波尔，他之前被关押在坎特伯雷主教的监狱里时，就曾三次提出过这一平等论。他利用佃农们周末到寺院听道的时候给他们灌输平等的思想，让他们团结起来反抗贵族的压迫。他是这样宣传的：“啊，善良的人们，在一切归于正常之前，英格兰永远不会有平等。这世上原本就没有好人坏人之分，只要我们团结起来，就一定能够战胜那些贵族。我们凭什么就得受压迫受剥削？我们要明白我们自己到底想要什么！我们都是亚当和夏娃的后代，凭什么那些贵族就要高我们一等，就可以骑在我们头上？凭什么他们就可以锦罗绸缎，而我们却衣不蔽体？他们可以美酒佳肴，而我们却食不果腹？他们可以豪宅宽床，而我们却只能房漏床破？他们可以骄奢淫逸，而我们却只能累死累活？我们每天奔命般地劳作，却让他们坐享其成。不仅如此，我们还被他们称作‘奴仆’，他们稍有不如意，就对我们拳脚相加。现在我们有两个选择，要么就继续忍气吞声，要么就站起来维护我们自己的权利！让我们一起去晋见国王吧，让这位年轻的国王看看我们过着怎样水深火热的生活，他必须为我们所遭受的苦难作出补偿！只要我们能团结起来，那就可以让所有的佃农都连成一线，到时候众志成城，一定可以得到自由！只要能见到国王，哪怕不能得到补偿，那也一定能得到平等，或者是其他的权利！”

听道的佃农们就把约翰·波尔在教堂里的这一番言论带到村子里散播。久而久之，拥护他的人越来越多，大家都认为他是带来真理的人，是拯救大家的。大家甚至在干活的时候也会在田间地头悄悄议论约翰·波尔，说他的言论才是真理。

当坎特伯雷的主教听到约翰·波尔这番言论后，立即下令，将其收监关押两到三个月，以示惩戒。虽然这一次略施惩戒，但是似乎并没有什么效果，看来主教没有一开始就把他处死，实在是犯了个大错，因为约翰·波尔出狱之后仍然执迷不悟，照旧四处散播他那套言论。

而约翰·波尔的这一言论正好被一些早就对贵族和富人们妒火中烧的人利用，他们开始在伦敦的大街小巷四处传言，说英格兰是一个被邪恶统治的国家，所有的金银都被贵族们搜刮而去。如此一来，伦敦的佃农们便渐渐地开始动乱起来，他们联合到了一起，同时还向周围的国家也发出信息，让其他国家的佃农们也联合起来，聚集到伦敦城外，到时候他们再极力协助他们进入伦敦，大家一起去逼迫国王取消英格兰的贵族佃农制度。

他们这一煽动，肯特、埃塞克斯、苏塞克斯和贝德福德各地的佃农们即刻揭竿而起，还有周边国家的佃农也顺势发难，遥相呼应。最后他们号召了大概六万人，聚集到了伦敦城。这伙人的头子名叫瓦特·泰勒，伙同他一起的还有杰克·斯多和约翰·波尔。其中，主要带头人是瓦特·泰勒——一名泥瓦匠，名副其实的底层劳动者，而杰克·斯多和约翰·波尔则是协同领导人。这伙人刚开始在伦敦聚集起来闹事的时候，确实搞得伦敦的贵族们不得安宁，不过他们之间很快也联合了起来，开始讨论如何对付四面八方拥入伦敦的暴乱者们。然后他们便即刻关闭城门，防止后面还有暴乱者拥入。可是后来一想，这么一来，可能暴乱者们就会把城周围的郊区抢个精光，所以又赶紧把城门打开了。这门一开，暴乱者们由开始几十人一组到后来几百人一堆，全部涌入城里。入城以后，他们便四处找地驻扎下来。但实际上，这里有四分之三的人都不知道自己到底为什么要来，他们只是盲目地跟着来闹事而已。就像以前牧羊人们干过的那样，叫嚣着要占领荷兰，最后怎样？还不是什么都没干成！现在这些佃农也一样，他们来自不同的地方，远至几百英里以外，近到几英里以内，不过大多数都是来自肯特、埃塞克斯、苏塞克斯和贝德福德。他们聚集在伦敦，无非就是想要国王给他们补偿而已。话说回来，当这些人真的开始暴动时，那些骑士和军官们还真是担心起来，不过好在现在这种暴乱还只是处于初级阶段，所以他们也迅速集结到了一起，准备镇压暴乱。

就在肯特的佃农们聚集在伦敦的当天，国王的母后和威尔士公主也朝圣完毕，从坎特伯雷出发，踏上返回伦敦的路程。不过在路上，她们居然迷路了，然后就不断有暴动者跑到她们的马车周围骚扰她们，这些人对她们可是一点都不客气，这可把王后和公主吓坏了，生怕他们会对自己做出什么过分的事来，于是一路上不敢停留半分，马不停蹄地赶路。最后，多亏上帝保佑，她们在一天之内就毫发无损地回到了伦敦。与此同时，理查德国王的儿子也在伦敦塔里面，当他的母后找到他时，他正和索尔兹伯里伯爵、坎特伯雷主教、那慕尔的罗伯特军官、戈门里斯勋爵，还有其他一些军官躲在塔里，他们担心这些盲目的暴动者最后会干出什么事来。这次暴动给皇廷带来的震动也不小，皇宫里的人们也都骚乱起来，不过尽管如此，国王和议员们都没有因此而决定给这些暴乱者们一些补偿，以示安抚，这真是一个奇迹。而接下来，这些贵族们又会怎么办，这场暴动又会如何发展，请让我详细为大家道来。

暴动者目标直指皇宫——派出骑士和国王谈判

就在我们的主神——科珀斯克里斯蒂诞辰1380年的前一天，也就是周一的时候，这些暴动者都离开了各自的家，涌入伦敦城，要求国王给予他们自由，希望英格兰从此不再有奴仆。这些人首先来到了坎特伯雷的圣托马斯，约翰·波尔本来希望在此能见到坎特伯雷的主教，可是没想到他早就跑到伦敦，躲到国王那儿去了。随后，瓦特·泰勒和杰克·斯多也抵达了坎特伯雷，他们一进城就受到了所有暴乱者的热烈欢迎和盛宴款待，因为此时所有的暴乱者都已经是他们的信徒了。约翰·波尔、瓦特·泰勒和杰克·斯多汇聚于此，经过商议，决定前往伦敦，直接找国王，同时派出部分人马，渡过托马斯河，分别前往埃塞克斯、苏塞克斯以及斯塔福德和贝德福德各地，号召当地百姓一同前往伦敦，在主神诞辰当天发动暴乱。于是，这些人就闯进了托马斯的教堂里，肆意砸抢，还闯进主教的房间，把能抢的全都抢了出来堆放到一起，大声欢呼：“啊哈，没想到这个家伙自从国王六世加冕以来，搜刮了如此多的民脂民膏，这正好可以用作我们前往伦敦暴动的路费！”这些人打砸抢完之后，趁着天色尚早，便全队离开了坎特伯雷，向罗彻斯特出发。在前行的路上，泰勒等人派出了一队人马先行探查，这些负责探查的人马只要见到国王追随者的房子和物件，便直接进去洗劫一空，一点儿都不手软。等大家到达罗彻斯特的时候，当地的百姓早就在等着他们了——他们也要一起参加暴动，这让大家顿时欢呼雀跃。这支庞大的队伍围住了罗彻斯特城堡，并生擒了驻守于此的约翰·牛顿骑士。他们对这位骑士说：“军官，只要你愿意和我们一起去伦敦，我们愿意让你做我们的头儿。”约翰·牛顿听完，声称自己是忠臣，还叫部下们也不要叛变。但是他的手下此时没一个人听他的，因为暴乱者们还补充了一句：“约翰长官，倘若你不肯听从我们的话，我们就宰了你！”此时，约翰的叛军如此众多，自己反抗只是以卵击石，于是只得答应了他们的要求。至此，来自埃塞克斯、苏塞克斯以及斯塔福德、贝德福德和沃瑞克甚至还有林肯等地的暴乱者们会聚在一起，带着他们降服的约翰骑士和一些贵族，例如莫雷勋爵、史蒂芬军官、托马斯军官等人，一同上路了。

实际上，有了现在这个实力，只要愿意，这支暴乱队伍可以直接摧毁英格兰的贵族阶层，而其他国家的平民们也会纷纷效仿，揭竿而起，反抗贵族阶层。就在同一年，巴黎人民中也有两万多人发动了暴乱，此事我后面再详细讲述，现在还是看看英格兰暴动的情况。

驻扎在曼彻斯特的那部分暴动者在此停留不久，便动身出发，渡河来到了布伦特福德，这一路上，他们照旧是遇到国王那边的人就抓，看到他们的房子就捣毁，边走边破坏，很快便到了距离伦敦只有四英里[①]远的一座名为“荒原”的小山上，在这儿停下前进的步伐，驻扎下来。这一路行来，这些暴乱者一直对外声称，自己是贵族们的奴仆，是国王的队伍。而现在，眼看着伦敦就近在咫尺，而且城里面还有不少于三万的暴乱者，唯一不利

① 1 英里=1609.344 米。

的就是现在城门和进城的各路通道都被市长和其他贵族率军堵住了，而这些守军又是国王的人。

一番审时度势之后，这支驻扎在荒原山上的队伍决定派出骑士进城和国王交涉，并向国王表明，他们现在所做的这一切，其实都是为了国王的声誉和利益着想的，同时还要让国王看清楚，他的那些国亲国戚和大臣们根本没有帮他管理好这个国家，特别是坎特伯雷的主教。按照大家的计划，这位被派出的骑士只能从托马斯河进入塔里面。而此时躲在塔里的国王正派人到外面探查情况，然后就得到消息说乱军派了一个骑士过来，于是便命人将这个骑士带到了塔里的会议厅里，并带着王子、母后、两位兄弟、肯特伯爵、约翰勋爵、索尔兹伯里伯爵、沃瑞克伯爵、牛津伯爵、坎特伯雷主教、圣·约翰勋爵、罗伯特军官、维塔利勋爵、柯暮里勋爵等一大帮人前来接见这位乱军的代表。这位被派去见国王的骑士名叫约翰·牛顿（之前我们提到过他如何被乱军擒住的）实际上是非常有名气的，因为他之前是国王禁卫军中的一员大将。现在他一见到国王，赶紧诚惶诚恐地双膝下跪说道："我最崇敬的国王陛下，请您原谅我竟然做出如此大逆不道的行径，但是请您相信我，我也是被逼无奈的。""约翰军官，我接受你的道歉。""陛下，您的那些子民们现在就驻扎在荒原山上，他们派我来请您前往荒原山和他们见上一面，而且要求您单独去，不能率领军队和随从。不过请陛下放心，您的那些子民绝对不会伤害您的，因为他们一直视您为他们最崇敬的国王，他们这次见您的目的，只是想建议您做出一些必要的、对您和您的国家都有利的改革措施。陛下，我要说的就这些了，我能否恳请您给我一个答复，好让我回去向他们交差，表明我此次是真的见到了您，并告知了您一切。我的孩子们还在他们手里，如果我不回去，他们会杀了我的孩子们的。"

国王听完，便回答道："我会尽快给你答复的。"之后便找来众议员，商议对策。大家一直讨论到中午才决定，国王于次日早晨出发，沿河坐船往下，到达荒原山，与对方交涉。约翰·牛顿得到国王这一回复后，便一言不发，急匆匆地赶回了荒原山，那里有六万暴乱者正等着他的消息呢。回到荒原山后，约翰·牛顿便告知大家，派出交涉人员，第二天早上到托马斯河边迎接国王。国王肯前来接见他们，这一消息可是让大家顿时精神倍增啊，要知道，这些人当中，至少有五分之四的人是因为没有粮食吃，快活不下去了才参加暴乱的，这下能见到国王，就可以对此进行交涉了。

在暴乱期间，另外一个人——住在威尔士的白金汉伯爵（他之所以住在威尔士，是因为他和他的妻子在此地继承了一大笔遗产，因为他的岳父是诺森伯兰和赫里福德两地的伯爵）也被传言参加了此次暴动，甚至有人还声称亲眼看到他和乱军们在一起。实际上，之所以会有这样的传言，是因为在乱军中有一名来自剑桥、名叫托马斯的人实在和白金汉伯爵长得太像了。另外一边，从普利茅斯乘船前往葡萄牙的勋爵们在得知英格兰发生暴乱且参加暴乱的人数正在急剧增加的情况后，十分害怕自己乘坐的船只也会受到乱军们的攻击，特别是汉普顿、温彻斯特、阿伦德尔的乱军最有可能袭击他们。因此，他们便迅速组织起了弓箭护卫队。同时，因为此时他们是逆风而行，为了加快船速，他们不得不忍痛将船上许多物资扔下了海。此外，当发生在莫雷和罗克斯堡的暴乱迅速蔓延到苏格兰的时候，当地的兰开斯特公爵也坐不住了，暴乱的消息让他寝食难安，因为他心里明白，他一直都不受那些佃农的爱戴。虽然他心里很慌乱，但是在和那些暴乱的苏格兰人签订条约的时候，他还是强作镇定。和兰开斯特公爵一同前去签署条约的还有道格拉斯伯爵、莫瑞伯爵、萨瑟兰伯爵、托马斯伯爵，而对方则是那些已经得知英格兰正在发生暴乱，并且世界各地的佃农已经联合起来起义的佃农。依照现在的形势来看，英格兰很可能会被暴乱者们攻陷，而苏格兰的这些佃农正好瞅准了这一点，所以他们所拟定的条约中每一条都气势汹汹。

现在我们再回过头来看看英格兰的暴乱是什么情况吧！

英格兰乱军进入伦敦后的恶行——坎特伯雷主教及众军官之死

到了主神诞辰那天，理查德国王和他的那些勋爵们一大早就在伦敦塔里听到外面一片嘈杂声，于是国王便带着沃瑞克伯爵、索尔兹伯里伯爵、牛津伯爵和一些骑士，乘船沿着托马斯河顺流而下到了诺布莱——乱军早就派了一万人马在此等候国王前来交涉，一看到国王的船只到达，所有人都开始大吼大叫，那场面，真是像极了群魔乱舞。实际上，他们已经作好了两手准备，就是把约翰·牛顿骑士也一同带到交涉地点，倘若国王没有像约翰·牛顿骑士之前保证的那样如约而至，他们就要把他千刀万剐，剁成肉酱。国王和勋爵们以前哪见过这等阵势，即使是他们中所谓最勇敢的人，现在也吓得瑟瑟发抖。众臣更是赶紧劝诫国王陛下千万不要在此登陆，倒不如就在船上布置好队伍，作好防御准备，既然国王现在已经按照那些乱军的要求前来交涉了，就应该让他们自己上前来谈。可是国王这一要求一提出来，就听众乱军一致吼道："国王倘若不上岸来，我们就拒绝和他谈判!"于是，索尔兹伯里伯爵只得替国王回答道："你们这些乱军还没有资格让国王亲自和你们谈判!"如此看来，双方是无法达成一致意见了，所以国王便率领大臣们乘船返回了伦敦塔。

国王的这一行径彻底惹恼了叛军们，他们返回到大部队所在的荒原山，将情况如实回报，于是整个叛军开始狂怒起来，他们一边高声吼着"攻进伦敦"一边向伦敦方向挺进。一路上，叛军们将沿途的那些贵族们的房屋烧得片甲不留，很快就到达了伦敦近郊。在这片近郊区域，叛军门同样毫不留情地烧毁了这里贵族和军官们的房屋财产，甚至把关在监狱里的囚犯全部放了出来，然后一把火把监狱烧得干干净净。不过因为伦敦城门已经被国王的大军关闭，所以叛军只能来到护城河前，大声叫嚣着要把伦敦城周围夷为平地，再强行攻陷伦敦城，以此为那些被残害的佃农报仇雪恨。而此时的伦敦城中还有很多叛军，他们听到了城外叛军的吼叫声，立刻回应道："他们可是和我们一伙的，我们干嘛不帮助他们进城来呢?"于是打开了城门，霎时，城外的叛军犹如洪水一般涌入城中，而城中的百姓也很欢迎他们，纷纷拿出酒肉，让他们吃喝。

叛军涌入城中之后，约翰·波尔、杰克·斯多和瓦特·泰勒三位叛军头子带着两万人马横穿伦敦城来到了萨沃伊，并准备由萨沃伊出发前往威斯敏斯特——此地乃是兰开斯特的领域，有大片奢华的房屋。众叛军到达威斯敏斯特城后，当即将城中守卫全部杀死，洗劫了城中财物，然后一把火将威斯敏斯特烧得只剩灰烬。干完这些罪恶的勾当，叛军们还不肯罢休，又来到了罗德城的公立医院——圣约翰医院，将整个医院也毁得面目全非。这样似乎还意犹未尽，他们又一条街一街地挨着搜查，不管是在教堂里还是在大街上，只要搜出弗兰芒人，皆杀无赦。大屠杀之后，他们又来到伦巴第，将此地所有贵族和军官的财物抢个精光，然后将他们的房屋烧成灰烬。而他们屠杀的这些贵族当中，有一个名叫理查德·里昂的富商，正是瓦特·泰勒之前在法国伺候过的主人。瓦特·泰勒在做他的奴仆的时候，他经常对瓦特又打又骂，这笔账，泰勒一直牢牢记在心里，这次经过里昂的领地，他第一个带头冲进去，割下了理查德的脑袋，将其插在长矛尖上，悬于城门之外示众。事实上，这群乱军就像一群发狂的野兽，完全杀红了眼，把伦敦搞得满目疮痍。

叛军肆掠了一整天，直到天黑，才返回伦敦塔前的圣凯瑟琳营地，并叫嚣着，只要国王不答应他们的所有条件，他们便绝不会离开。而他们所要求的，就是英格兰所有的大臣贵族们，以后在没有瓦特等人的同意前，都不得再对佃农们进行征收！

现在国王和他的大臣们在伦敦塔里面所面临的危险或许会让我们感到非常惋惜，那些叛军在城里干尽了坏事，而且还敢在国王面前大声叫嚣。于是，国王即刻召集了众议员前来商议对策。一番讨论之后，大家一致建议国王应该在今晚趁那些乱军睡觉之时，派出大军偷偷潜出塔去，偷袭他们，杀它个措手不及。现在那些叛军大多醉得如一摊烂泥，毫无防备，而且他们因为缺少马匹，都是二十人为一组进行扎营的，所以现在偷袭应该可以各个击破，事半功倍。而与之相反，国王这边，罗伯特军官和普多卡斯特军官两员大将现在都有大队人马集结待命，而且全军现在士气振奋、兵强马壮。尽管如此，国王最后还是没有下令偷袭，因为伦敦城里面还有大量的叛军，而且现在叛军的人数正在急剧增加，贸然进攻，恐怕会弄巧成拙。正在国王头疼之际，索尔兹伯里伯爵献上一计："陛下，倘若我们能暂时满足他们的所有要求，平息他们的怒火，也许对我们来说是最有利的解决办法。因为这些要求虽然我们无法完全满足，但是我们的后代是可以满足他们的。这样我们就可以要求他们以后不得再叛乱了。”索尔兹伯里伯爵提出这一建议后，在场的十二位议员中有九位同意，三位反对，而反对的这三位，据说早就已经被叛军收买了。

第二天早上，围在城外的叛军又开始在城门外大声叫嚷，说是国王不出来谈判，他们就要强行攻进塔里面去，把里面的人全部杀光。国王听到叛军要攻进来，顿时恐慌起来，赶紧召集议员和大臣们商议，一番讨论之后，国王便派人通知叛军，谈判没问题，国王也可以答应他们的要求，但是双方必须到一个名叫“英里坡”的平地进行谈判——这个地方，是伦敦城里的贵族们在夏天进行体育锻炼的地方。同时国王还保证，只要叛军肯到英里坡谈判，国王就一定会去。叛军收到消息后便出发了，一同出发的还有很多普通老百姓，不过当这些人会聚到一起时，却都不往前行进了，因为这些人实际上并不是真正意义上的一支队伍，他们各自有各自的目的，有的只是想要财富，而有的则是想完全占领伦敦城，推翻国王的统治。这个内部矛盾实际上在他们发动暴乱之初就已经初显端倪了。另一边，国王此时也带着许多大臣出发了，一同随行的有他的两位兄弟，还有索尔兹伯里伯爵、沃瑞克伯爵、牛津伯爵、罗伯特军官、维克多勋爵、柯梅狄勋爵，还有很多护卫。结果国王前脚刚走，瓦特·泰勒、杰克·斯多、约翰·波尔便率领四百余人冲进了伦敦塔里，一个房间一个房间挨个搜了个遍，最后终于将坎特伯雷的主教搜了出来，并砍下了他的脑袋。这位教主名叫西蒙，是一个英勇而机智的人，同时也是一名英格兰重臣。同时，叛军们还将圣·约翰勋爵、一名修士和一位名叫约翰·勒格的武装军官的头也砍掉了。另外还有医药处负责人，就因为他的上司是兰彻斯特公爵，所以也被叛军屠杀了。叛军将这四个人的头都插在矛尖上，游街之后，还挂在一座大桥上示众，搞得好像他们才是背叛国王、背叛国家的人一样。叛军的恶行不仅如此，他们还闯进了王后的房间，把她的床烧了，这使王后非常愤怒，甚至因此而一度昏厥过去。叛军可不管这些，他们把公主押出了城，放到船上，运到了一个名叫“王后之衣橱”的地方软禁了起来。据说，公主被软禁在此地之后，被摧残得犹如半死之人，一直到后来国王，也就是她的亲生儿子前来解救她，她才得以解脱。

英格兰贵族一度陷入危难！叛军最终受到处罚并被遣送回家

国王如约来到英里坡后，便命令他的两位兄弟、肯特伯爵、约翰·霍兰德军官和柯梅狄勋爵原地待命——因为这几个人都不敢在叛军面前露面。国王带着其他勋爵和军官，还有六万大军前去谈判。到达叛军面前后，国王十分委婉地说道：“啊哈，善良的人们，我是你们的国王，你们想要什么就说吧，没关系。”然后就听到叛军中有人说道：“我们要你给予我们和我们的子孙后代永远的自由，还要给我们土地，让我们从此不再做奴仆。”“子民们，我答应你们的要求，不过你们现在得回到各自的家乡，同时你们回撤的时候，在每个村子留下两三个人，我会尽快写下诏书，将你们所有的要求写于诏书之上，盖上我的玉玺。我保证可以让你们都过上好日子，为此，我会让我的王旗在每一个郡县、每一个辖区、每一片国土上飘扬。”

国王这一番话，让那些不明真相，只是跟着大堆叛军前来浑水摸鱼的佃农们高兴极了。他们都开心地说道：“要真能这样，那我们真是别无所求了。”然后便按照国王的要求，开开心心地回撤了。不仅如此，国王还有一句话更是能打动叛军们的心，他说：“子民们，你们都很出色，我正需要几个人分别管辖肯特、埃塞克斯、苏塞克斯、贝德福德、剑桥、雅茅斯、斯塔福德，现在我就从你们当中来挑选。你们之前所做的一切，我都不会再计较，你们只需要归顺我，然后放心回家去就好了。”大家一听，便满口答应下来了，不过他们离开英里坡后并没有各自回家乡，而是径直进入了伦敦城。另一方面，国王谈判完毕，便立刻命令四名文书将叛军所有要求写成诏书，并加盖了国王的玉玺，然后发送给了叛军。叛乱者们接到国王的诏书后，都如约回到了各自的家乡，不过有三个大魔头可没这么容易打发，他们就是瓦特·泰勒、杰克·斯多和约翰·波尔，正如他们自己所说的那样：“虽然大家都满足了，我们也不会撤离！”现在他们三人身边还有三万人马，所以他们才不管国王的什么诏书，什么玉玺，他们留在伦敦城里面，最终目的就是要在城里大肆破坏，屠杀贵族，洗劫他们的财产，烧毁他们的房屋，把整个伦敦城搅个底朝天。他们赖着不走，这可让伦敦城里面的贵族们恐慌起来，他们只得整天和自己的奴仆和妻儿老小们躲在家里，惶惶不可终日。不过之前已经得到满足的那部分叛军倒是按照约定，如约各自回家乡去了，他们走之后，理查德国王紧跟着就进入了皇宫——这可是他的母后一直居住的地方——然后在宫里惬意地安住下来。

在此，我还有一个小插曲要讲，即叛军在诺威治所经历的一次冒险。当时，这支在诺威治的叛军的头子名叫古廉姆·利斯特。就在主神诞辰那天，这支叛军入侵了伦敦城，就和其他叛军一样，无恶不作，他们烧毁了兰彻斯特公爵的宅子（这所宅子被取名为萨沃伊），还有圣·约翰的住所，国王的监狱也被他们烧得面目全非。同时，来自斯塔福德、剑桥、贝德福德和雅茅斯的几支叛军也会聚到了一起，浩浩荡荡地朝着伦敦行进而去，这支混合大军的头子的名字就叫古廉姆·利斯特。这支队伍在行进过程中，但凡遇到一个人，就让其参加自己的叛乱，这样一路来到了诺威治城前，在此扎营休息，至于为什么他们要选择在诺威治城前面安营扎寨，我下面就告诉你原因。诺威治城的城主是一个名叫罗伯特·希尔的骑士，此人虽然出生卑贱，但是在许多战斗中屡立奇功，所以被爱德华国王任命为骑士，而且他现在还是英格兰最为高大强壮的骑士。所以利斯特这支叛军就打算把罗伯特·希尔拉拢过来，然后让他当主要领帅，怀着这种又恨又爱的心情，叛军派人进城告知罗伯特·希尔骑士，请他出城当面谈判，否则便杀进城去。罗伯特·希尔接到消息后，为了避免叛军血洗本城，便答应出城谈判，他骑上战马，独自一人出城去了。叛军见罗伯特·希尔出城来，皆是欢呼雀跃，对这位骑士表现出极大的敬重，叛军要求他下马来，双方好好谈谈，罗伯特·希尔便翻身下马。可是他这一举动并不明智，因为他刚下得马来，叛军们立刻走到他的面前说道：“罗伯特骑士，您可是这个国家里面备受尊敬的骑士，因为您是如此的英勇不凡。不过我们也很清楚您的底细，您虽然非常英勇，但是您和我们一样，都是草莽出身。所以我们诚信邀请您和我们共同起事，只要您答应，我们即刻让您当我们的头儿，并且在起义成功之后，将英格兰四分之一的领土划分给您。”罗伯特听完，心里十分愤慨，他可从来没想过去干这么大逆不道的事情，于是便狂怒地回答道："你们这些乱军，趁早给我滚一边去，不要在此假仁假义，你们以为我会和你们一样，背叛自己崇高的国王吗？看我怎么把你们剿灭！”说完便准备上马回城，可是叛军们哪会让他回去啊，一下子围了上去，嘴里还大叫着："宰了这个家伙！”罗伯特见势不对，迅速从马背上抽出战剑，让战马跑回去，自己顺势找了一个有利的地势，与冲上来的叛军厮杀起来。霎时，只见刀光剑影，罗伯特勇猛异常，叛军一旦近身，便被砍得手脚乱飞，几个回合下来，叛军们都不敢再冲上去拼杀了，只得保持距离，将罗伯特围在中间。虽然罗伯特的勇猛一时间震慑住了叛军，怎奈双拳难敌四手，更何况是四千大军，这些乱军虽然一时不得近身，但是在远处用弓箭一起射杀罗伯特，可怜这位勇士最终倒在了敌军箭下。叛军们杀了他还不解恨，又一起冲上去，将他的尸体砍得支离破碎，这才罢休。就这样，罗伯特·希尔含恨结束了自己英勇的一生，这一噩耗后来传到了国王耳朵里，让国王一度龙颜大怒。

现在让我们再回过头来看看国王这边吧，周六，国王便从沃瑞布皇宫出发，来到了威斯敏斯特皇宫。他刚到达威斯敏斯特，便听到教堂里传来阵阵嘈杂声，不仅是他，随行的大臣们也听得清清楚楚。国王应声望去，只见教堂旁边还有一个小教堂，小教堂顶上还有圣母玛利亚的雕像。这个雕像对国王本人来讲可真是个奇迹，因为他以前信仰的就是圣母玛利亚，于是他走到雕像面前，虔诚地膜拜了一番，膜拜完圣母，这才骑上战马，和大臣们一起向伦敦行去，不过刚走出不远，就看到通往伦敦的大道左边还有一条岔路，也不知道到底是通往哪里。

就在周六的早上，瓦特·泰勒、杰克·斯多、约翰·波尔三人领导的队伍也终于在斯密斯菲尔德会合到了一起，他们选择此地汇聚，是因为此地每周五都有马市。另一方面，斯密斯菲尔德城里有两万多守军，此时他们大多数还在酒馆里喝霸王酒寻开心。他们的头儿煽动他们说：“兄弟们！国王做出的些许改革根本就没有给我们多大的实惠，所以我们现在要做的就是团结起来，抢到更多的财富，现在埃塞克斯、苏塞克斯、剑桥、贝德福德、牛津、雅茅斯等城市的队伍也在向伦敦进发，还有贝克和利斯特也马上就赶到伦敦了。如果我们能第一个赶到伦敦，就可以抢到大量的钱财，如果落在别人后面，那我们可是什么都抢不到了。”

再看国王这一边，他现在还不知道叛军的具体情况，所以便率领四十名骑兵走前面提到的那条岔路，很快便达到了圣巴塞罗缪城前面的一所僧院，结果远远就看见了泰勒的队伍，于是国王便停下来说：“在没搞清楚前面那些人到底在干什么之前，我绝对不会再往前走了，如果那些人是遇到什么麻烦了，我们可以帮他们。”和国王一同行进的勋爵们看到前面的国王突然停止前进了，随即也跟着停了下来。而泰勒这边此时也看到了对面国王的队伍，于是泰勒便对手下说道：“兄弟们，对面那支队伍是国王的，我现在过去和国王谈判，你们在原地待命，没有我的命令，千万不要轻举妄动，待会儿，一旦我发出信号，你们就要冲过去，把他们全部干掉，只留下国王一人。只要我们放过这位年轻的国王，然后让他领导我们统治英格兰，到时候，大家封侯拜相自然都不在话下了。”还有一个伦敦人，名叫约翰·提克，是一个造盔甲的，他给叛军打造了六十套盔甲，并向叛军索要盔甲钱。结果泰勒却说：“伙计，别着急，钱会在今晚给你的。现在你可不要离开我呀，我可是你的债务人哦。”说完便策马向国王奔去，一直冲到了国王面前，这才冒出第一句话：“尊敬的国王陛下，您看到对面的队伍了吗？”“当然！你现在跑过来，想说什么？”“那些人全部是我的追随者，他们对我忠心耿耿，我叫他们干什么他们就干什么。陛下，这些人比进入敦伦城的起义者还要多得多，他们没有得到您发的诏书，所以都跟着我到了此地。”“诏书已经发出去了，只不过是一个地方一个地方地发，可能还没有发到你们那儿吧！所以你还是叫你那些手下都冷静下来，撤回去吧。我向你保证，诏书绝对会送到你们那儿的。”

在谈话间，瓦特·泰勒偷偷瞄了一下站在国王旁边，为国王背剑的护卫，这个护卫之前出言不逊，泰勒早就看他不顺眼了，于是泰勒对这名护卫说：“啊？怎么你也在？把你的剑给我！”“我凭什么要给你！”护卫刚回答完，国王对护卫说：“把剑给他吧！”于是护卫只得极不情愿地把剑给了泰勒。泰勒接过剑来，拿在手里把玩了几下，突然又开口说要护卫把另外一把剑也给他。“哼！这可是国王的佩剑，你这个流氓，根本不配碰它！如果这儿只有我和你两个人，我看你还敢不敢口出狂言！”“是吗？我发誓，从现在起，一日不取你的项上人头，我就一日不吃肉！”

在泰勒和护卫打舌战时，伦敦城主也带着十二匹全副武装的战马赶到了，他正好听到泰勒的那番狂傲的话，于是说道：“啊哈，你一个流氓，也敢在国王面前口出狂言?！我看你是活腻了吧！”国王见状，顺势对城主说：“你上去教训他一下！”泰勒也不甘示弱：“啊哈？怎么？我的话惹恼你了？”“你个痞子，今天若不好好教训你一下，你就不知道天高地厚！”城主说完便拔出剑朝着瓦特的头狠狠地砍了过去，这一下来得太快，泰勒还没来得及准备，便被砍落下马，他刚落地，众多士兵便即刻将他团团围住，泰勒想给对面的手下发信号已经来不及。国王手下一个名叫约翰·斯坦迪什的骑士拔出战剑，一剑刺向泰勒的心脏，这家伙没有哼一声，就见上帝去了。

这时候，泰勒的手下们知道了自己的头儿被杀掉了，便商议着要把国王的军队全部干掉，给老大报仇，于是他们排兵列阵，将弓箭手放在队伍的最前面，准备冲杀过去。而此时国王也是恼怒万分，泰勒一倒在地上，他就离开自己的队伍，骑马向叛军方向奔去，嘴里还大声吼着：“你们谁也不准跟着我来！”来到这群准备给老大报仇的叛军面前后，他又对这些叛军们说：“子民们，你们为何如此躁动？我才是你们唯一的领导者，因为我是你们的国王。请你们现在都冷静下来！”

众叛军听得王国这一席话，不禁面面相觑，很多人开始放下武器，转身离开了，不过还是有一部分顽固又心怀不轨的人仍然在那里虚张声势，叫嚣着要为老大报仇。

国王见此情景，只得骑马返回军队，和大臣商议对策，结果大家都建议国王正面迎战，就连伦敦城主也上前说道：“依臣之见，理应开战，因为我们在伦敦城中还有大量装备精良的军队，如果需要，他们可以在短时间内就赶过来进行协助。”就在这时，伦敦城也传来消息，说伦敦城中的叛军也想杀死国王和斯密斯菲尔德的城主。与此同时，国王的部下们也集结了七八千装备精良的士兵，兵分两路，朝着斯密斯菲尔德城和国王所在地急速行进。第一批赶到国王所在地的军队是由罗伯特·淖尔斯、卜多卡·道格拉和伦敦城的议员们所率领的队伍，共有骑兵六千名，还有驻守于伦敦城中的大量护卫队，这支队伍一赶到国王所在地，立即布置好战斗队形，只等国王下令开战。而另一方面，叛军也集结在一起，还把抢来的国王旗帜交给护卫拿着，随时准备开战。国王就在此地当场封了三名骑士：伦敦城主尼古拉斯·沃尔沃思、约翰·史丹尼、尼古拉斯·布兰博。任命完之后，国王便在他们面前大声说道：“我们现在该怎么办？敌人就在我们面前，如果我们战败，他们就会把我们全部杀掉！”国王的话音刚落，罗伯特·淖尔斯军官立刻上前请战，并许诺要把叛军全部消灭。国王没有同意，说：“暂时不要轻举妄动，待我先派人过去命令他们将我的旗帜交还与我，看看他们作何反应，再做打算。”索尔兹伯里伯爵听完国王这一想法，也觉得很有道理。于是国王便派出刚刚任命的那几位骑士前去和叛军进行和平谈判。这几位骑士领命之后，骑马来到叛军前面，说道：“国王已经下令，只要你们肯自动交出国王的王旗，国王就会对你们网开一面。”叛军早就吓得屁滚尿流了，一听这话，赶紧把王旗交了出来。同时，很多叛军为了保命，纷纷表示要重新归顺国王，不过还有一些即使到了现在这个地步，仍然执迷不悟，于是国王下令，将这些执迷不悟者一律杀掉。剩下的叛军阵形大乱，纷纷放下武器投降，开始向伦敦回撤。这让罗伯特骑士大为不爽，因为叛军投降，意味着他就不能把这些叛军杀个干净，怎奈国王已经下令不准赶尽杀绝，复仇之事，日后再作打算，他也只能作罢。

这些回撤的叛军因为阵形大乱，所以早就是你朝这边跑，我朝那边跑。总之就是自己顾自己，这让国王省了不少力气，他率领军队，十分顺利地到达了伦敦城。国王达到伦敦后，第一件事就是去见他的母亲，也就是王后，此时的王后已经在“王后之衣柜”城堡里担惊受怕地躲了整整两天两夜了，一见到国王立刻满脸委屈地说道：“哦，我亲爱的儿子，你知不知道这几天我替你遭了多大的罪啊！”“这些我都清楚，不过现在你不用再受罪了，开心一点吧，现在是我收回王土，重振雄风的时候了！”当天晚上，国王就在此住了下来，诸位大臣和爵士们也难得太太平平地睡了一晚。同时，国王还命人当街宣布：凡在伦敦居住时间未满一年者，必须于天亮之前离开伦敦，违令者照杀不误。此令一下，所有居住未满一年的人都赶紧离开了伦敦，各自回自己的老家去了。约翰·波尔和杰克·斯多两人却没走，他们躲在了一所旧房子里，原本打算蒙混过去，没想到他们的手下跑去告密，揭发了他们，结果两人被军队抓住，砍了脑袋，还有瓦特·泰勒，也于星期四之前，在伦敦大桥上，被砍了头。三位乱军头子一死，剩下的流寇残余便是树倒猢狲散，各自逃回自己的家乡去了。

奥特伯恩战役

泰恩河城堡之战——道格拉斯伯爵大败亨利·珀西军官；苏格兰人烧毁伯特兰城堡；亨利·珀西两兄弟追赶苏格兰人，收回斯密西的失土

英格兰勋爵们为了随时探查苏格兰人的动向，派出了大量的侦察兵，在所有苏格兰人可能出现的地方都安插了眼线，可是，当他们发现派出去的探军们一个都没回来，而且也不知道那些苏格兰人干过什么，有什么目的时，他们想，派出去的那些探军多半是被苏格兰人抓住了。

现在我来讲讲道格拉斯和其他伯爵吧，比起卡莱尔，这几位伯爵可是要活跃得多。当道格拉斯伯爵、莫瑞伯爵、玛奇伯爵、邓巴伯爵一行人离开大部队后，他们准备从水路进入达勒姆的主教区，然后骑马进入城镇中，进行烧杀抢掠后，再前往纽卡斯尔，并在此安营扎寨（尽管这个地方全是英格兰人）。他们打定主意后，便开始行动了，为了不暴露自己，他们一路潜行，完全没有袭击任何沿途的村镇和城堡，这样很快便进入了佩尔西勋爵的领土，又从此地渡过泰恩河并阻止纽卡斯尔的所有部队靠近布兰斯伯斯地界，最后进入了达勒姆的主教区，他们把最终目的地定为达勒姆，因

为这里很富饶。当他们来到达勒姆的主教区之后，便开始发动侵略战争，疯狂地烧杀抢掠并乐此不疲。

在达勒姆主教区被战火波及的时候，达勒姆的诺森伯兰和其他勋爵，还有骑士们，对于此种情况毫不知情，直到战火已经遍及纽卡斯尔和达勒姆，眼前已是硝烟弥漫的时候，这些达勒姆的勋爵和骑士才如梦初醒，诺森伯兰伯爵即刻派他的两个儿子和大批部队前往纽卡斯尔进行反攻。两位儿子临行前，诺森伯兰伯爵对他们说："你们即将前往纽卡斯尔，届时，全国的军队都将会聚于此地进行护国战。而我，将前往阿尼克进行驻守，那是敌军的必经要道。如果我们能够成功将敌军围困住，那就胜利在望了。"听完父亲的话，亨利·佩尔西军官和他的哥哥——拉尔夫军官一起出发了。另一方面，那些苏格兰人一路铁蹄践踏到了纽卡斯尔。来到达勒姆大门之后，这些苏格兰人开始在城门口大声叫嚣，不过城里没什么回应，所以他们并未在此逗留很久，很快便按照预先的安排，折道而回了，他们在返回的路上，又到处肆掠。在达勒姆和纽卡斯尔之间，一共有十二个英格兰同盟国和另外一个富饶的国家。这十三个国家无一例外，全部被苏格兰人烧得精光，然后苏格兰人又按照原路渡过泰恩河，到达纽卡斯尔，并在此停留下来。同时，所有的英格兰骑士、纽约和达勒姆主教区的护卫们也先后赶到了纽卡斯尔。不仅如此，汇集于此的还有纽约的城主、拉尔夫·拉姆利军官、马修·雷德曼军官、贝克里的统帅、罗伯特·欧戈尔军官、约翰·格瑞军官、托马斯·霍尔顿军官、约翰·费尔顿军官、约翰·科普雷迪克军官，还有很多士官也汇集到了此地。如此一来，造成纽卡斯尔瞬间人满为患的局面，后来的队伍甚至连安营扎寨的地方都找不到了。

再来看看苏格兰队伍，作为这支队伍的统帅，三位伯爵入侵达勒姆主教区后，便返回了纽卡斯尔并在此逗留了两天，这两天他们可没消停过，每天都在城里面叫嚣。另一方面，诺森伯兰伯爵的两个儿子现在正值壮年，正是身强力强、精力充沛的年龄。混战开始了：首先是道格拉斯军官、亨利军官和其他队伍之间的混战，然后是道格拉斯大败亨利军官。而这个结果惹恼了所有的英格兰人。道格拉斯伯爵对亨利军官说道："军官，我要把你的战旗插在苏格兰境内，而且是高高地插在我的达尔基斯城堡上，让所有的人在很远就能看到。”“军官，我绝对不会让你拿着我的战旗离开英格兰地界。”“哦？那这样吧，我今晚就把你的战旗插在我的营帐外面，我看看你有没有胆量过来把它取走。”苏格兰军队便撤回营地休息了。当晚，苏格兰军队的营地里面守卫森严，士兵们也休息得很好，因为他们觉得亨利肯定不敢来拿他的战旗。

第二天，苏格兰军队便开始朝自己国家回撤，在回撤的路上，他们来到了一个名叫伯特兰的镇子，镇子里面还有一个城堡，他们就在这个镇子里面停下来稍作休息后，开始向城堡靠拢，因为他们料定驻守城堡的骑士此刻就在城堡里面待着。紧接着，苏格兰军队就开始对这个城堡发起了猛烈的攻击，很快便将城堡拿下，擒住了城堡里面驻守的骑士。接下来，苏格兰军队自然是对这个镇子烧杀抢夺了一番之后，才满意离开。他们到达的第二个镇子是距离纽卡斯尔八英里远的奥特镇，抵达此镇后，苏格兰军队便安营休整。当天，他们并没有袭击奥特镇，但是到了第二天，他们又吹响了冲锋号，对镇子里的城堡发动了突袭，因为这个城堡是修建在沼泽里的，十分坚固，所以苏格兰军队攻打了整整一天，直到累得筋疲力尽，也没能把城堡给攻下来。无奈，他们只得鸣金收兵，暂时先撤回军营。回到营地后，道格拉斯伯爵火速召集手下，共同商议对策，其间，大部分军官认为第二天应该直接撤离此地，不要再做无谓的进攻。这样就可以保存实力，直接到达卡莱尔。但是道格拉斯一听这个建议，立刻就否决了：“尽管亨利说过他一定会回来取回他的战旗，但是我认为我们至少应该在此待上个两三天再离开。我认为我们应该继续攻打这个城堡，它虽然固若金汤，但是只要我们能够把它拿下，那对于我们来说，就是无比荣耀的战绩。我倒要看看，到底他能守到几时！”处于对道格拉斯的崇敬以及对荣耀的向往，军官们最终都点头同意了道格拉斯伯爵的意见。当晚，苏格兰军队全军都十分放松，安安心心在营地里休息。他们用树枝和藤草在沼泽边上搭建了很多顶帐篷，所有物资装备也都放在沼泽入口处，就连马匹牲口都拴在沼泽边缘。所有人都一心盘算着好好休息一下，明天再次攻打城堡。

现在我们再来看看亨利·佩尔西军官和拉尔夫军官兄弟俩的情况吧。之前苏格兰人打败了他们，还夺走了他们的战旗，这让他们十分恼怒。如果他们不能像先前宣布的那样把战旗抢回来，这对他们来说可真是莫大的耻辱，而且他之前可是在纽卡斯尔当着那么多的骑士、爵士、军官和士兵们说的这话。而英格兰人则认为道格拉斯伯爵的队伍是苏格兰人的先锋队，他们的大部队肯定还在后面。因此，亨利·佩尔西军官军中一位作战经验丰富的军官便说道："长官，胜败乃兵家常事，虽然道格拉斯夺取了您的战旗，但是他必将为此付出巨大的代价，只要他敢率军来到城门之前，就必定会被我们打败，但那时，你就可以将现在所受的耻辱加倍奉还给他了。长官，我之所以这么说，是因为我们现在都很清楚，苏格兰所有的兵力都被调往国外战场了，我们现在出城和他们对战，恐怕兵力不足以战胜他们，而他们之所以会在城外叫嚣，其目的可能正是想引我们出城。敌军现在有不下四万的兵力，倘若我们中计出城，恐怕会被他们包围，到时候，我们就成了他们囊中之物了，我们完全没有必要为了一面战旗而将全军置于危险之中。"这一番话让亨利两兄弟茅塞顿开，于是他们不再提进攻的事了。正在此时，他们派出去的探军也回来禀报了苏格兰军队现在的所在地和具体情况。

亨利·佩尔西两兄弟率领众精兵和弓箭手追击苏格兰军队，并趁机夺回之前被道格拉斯抢去的战旗，且看亨利·佩尔西兄弟俩是如何突袭苏格兰军队营地的

探军回来禀报了苏格兰军队目前的具体情况，另外，他还对亨利·佩尔西两兄弟说道："我们一直暗中跟踪苏格兰军队，几乎跑遍了所有地方。苏格兰人攻陷了卜德兰的城堡，并俘获了城堡的主人——埃德蒙·阿费尔军官，然后他们抵达了奥特城，并在此屠杀了埃德蒙·阿费尔军官。但是他们明天会干什么，目前我们还没有查清楚，看样子他们打算暂时守在奥特城，不过大部队肯定没有和他们一起，因为他们的兵力最多不超过三千。"亨利

一听敌军大部队不在，顿时高兴万分，迫不及待地说道：“将士们，我们现在就立刻整队出发，这一次，我以上帝和我父亲的名义发誓，我一定要夺回战旗，一雪前耻！”他的部下们听到这个消息也是异常兴奋，纷纷表示同意即刻出军攻打道格拉斯。

另一方面，达勒姆的主教听说苏格兰人已经抵达了纽卡斯尔城，而且亨利·佩尔西两兄弟正准备和苏格兰军队大干一场。所以在亨利·佩尔西两兄弟率队出征当晚，他也率领了大队人马，向纽卡斯尔挺进，准备协同亨利·佩尔西两兄弟击退苏格兰人。不过亨利·佩尔西两兄弟可没有打算等达勒姆主教的队伍前来会合，因为他们觉得自己现在有六千名长矛兵、八千名步兵，还有众多骑士和军官，而苏格兰人只有三千名长矛兵和其他兵种三千人，这样看来，他们完全可以独自干掉苏格兰队伍，所以晚饭后佩尔西兄弟俩就匆匆带上部队，沿着苏格兰人的踪迹，快速赶到了奥特城，不过他们行进得太快，以至于他们还有七支小规模的同盟队完全追不上他们，因为这几支同盟队全是步兵，跟不上他们骑马的行进速度。此时，苏格兰军队中几乎所有的官兵都在呼呼大睡，他们白天一直在行进和突袭沿途的城堡，现在早已经疲惫不堪，现在都想睡个好觉，打算第二天趁着早上凉快，起个大早，继续发动突袭，结果没想到英格兰人趁他们呼呼大睡的时候突然袭击营地，他们原本打算进入苏格兰头子的帐篷将之擒住。可是没想到他们误把仆人的帐篷当成了他们首领的帐篷，结果他们刚闯进帐篷，整个营地就炸开了锅。然后苏格兰士兵们就发现英格兰人闯进来了，于是赶紧拿上武器，排兵列阵，准备开打。此时已经是午夜时分了，可是天上的月亮照得整个大地犹如白昼一般，英格兰人和苏格兰人的战斗一触即发。

此时，苏格兰人已经做好了战斗准备，他们悄悄地潜行到了一座小山上，占据了有利地形。这个地方可是他们前一天就已经物色好的，当时他们就已经作好打算，如果英格兰人晚上突然来袭击，他们就利用这座小山，对抗英格兰军队。而英格兰人此时已经打败了上前阻挡的苏格兰士兵，攻入了苏格兰人的营地，不料苏格兰人却突然从旁边的小山上冲了下来，英格兰军队也不甘示弱，见到对方冲过来，便开始大声喊着口号，顺势迎了上去。此时，只听得英格兰人口里大喊着："佩尔西！"而苏格兰人则高呼着："道格拉斯！"双方厮杀在一起，场面十分混乱。

这场战斗异常惨烈，一开始，双方都各有死伤，渐渐的，英格兰人凭借着数量的优势和必胜的决心，开始占据了主动权，眼看苏格兰人就要被打败。此时，英军中的詹姆斯·道格拉斯伯爵为了能够在此战中一举成名，扬名立万，更是显得英勇非常，只见他举着自己的战旗，率领队伍，口里高喊着："道格拉斯！"在敌军当中杀得酣畅淋漓。而佩尔西两兄弟就更不用说了，他们的战旗被道格拉斯抢了去，现在正是一雪前耻的大好机会，他们怎肯放过。如此一来，英军是越战越勇，苏格兰人抵挡不住英军的猛烈攻势，渐渐败下阵来。不过苏格兰军队里有两位将军仍然在英勇地抵抗着英军的进攻，一位是帕特里克军官，另一位则是他的儿子。这父子俩在这场战斗中的英勇表现和获得的赫赫战绩，完全可以载入史册，让他们所有的子孙后代都引以为荣。

实际上，关于这场战争的所有情节都是我在富瓦伯爵家里的时候，从英苏双方的骑士和官兵那打听来的。当时这场战斗刚结束不久，我就在奥尔特遇到了两位英格兰的军官，一位是来自新堡的约翰军官，另一名是来自卡戴尔的军官，也叫约翰。之后我回到了亚维农，在这儿又遇到了苏格兰的一名骑士和一名军官。我之前到过英格兰，也到过苏格兰，当时为了为本书收集素材，我跑遍了两国的各个城镇，遇到的这几位骑士和军官，全都认识我。不仅如此，此后我还在威廉姆·道格拉斯伯爵家里住了十五天，威廉姆·道格拉斯伯爵是詹姆斯伯爵的父亲（我后来还在达尔基斯的城堡里遇到了来自爱丁堡的五支同盟军，其中就有詹姆斯伯爵），然后我和他聊了聊天，不仅如此，我在这个城堡里还见到了詹姆斯伯爵，那会儿他还是个小孩子，和他一起的还有他的姐姐，名叫布兰奇。我从双方官兵口中得知这场战斗和同规模的战斗比起来，要激烈数十倍，而我对此深信不疑，因为我知道，在这场战斗中，双方官兵都十分骁勇善战，而且正好双方都是长矛兵，强者相遇，又是短兵相接，自然是一场惊世狂战，在这场战斗中获胜的英格兰军队建立了显赫的战功，获得了无上的荣耀，而败退的苏格兰军队只能逃离战场、无功而返，但无论是哪一方，其在这场战斗中所表现出来的英勇都值得敬佩。

苏格兰军队节节败退，詹姆斯·道格拉斯伯爵身先士卒，其部下士气大振，怎料他本人最后却战死沙场

在之前提到的那场英格兰和苏格兰的战斗中，双方的骑士和士兵都表现出了非凡的英勇，而懦夫在这场战斗中是绝对没法生存下去的。而且这场战斗完全是短兵相接的肉搏战，因为双方都没有弓箭手。从苏格兰军队这边来看，他们这次为了能够获得胜利的荣耀，所有人都是以死相搏。虽然英格兰军队这次人数是苏格兰军队的三倍，但是我并不认为他们这次战斗就打得比较轻松，因为英格兰人一直都是宁愿战死沙场，也绝不会弃甲逃命的。正因为两支军队都如此看重战场上的荣耀，所以这场战斗才会变得如此惨烈。一开始，英格兰军队就占据了上风，把苏格兰人逼退了一大截，甚至连苏格兰军队的首领——道格拉斯都身受重伤，即便如此，当他看到自己的军队被打得节节败退时，他还是双手拿着战斧，冲入敌军之中英勇厮杀，其气势让敌军都不敢靠近他，再加上他有精甲护身，所以更是越战越勇，他希望能够凭借这股气势，鼓舞士气，将敌军压制回去。虽然如此，怎奈孤军难敌众人，最后他身上同时被三根长矛刺中，一根刺在肩膀，一根刺在腹部下方的腰间，还有一根刺在了大腿上，如此重伤，终于让他难以支撑，滚落在地上，爬不起来了。虽然当时他后面跟了一些骑士和官兵，但是并不是全部，因为当时已经是深夜，又没有月光，整片大地都是漆黑一片，而英格兰这边因为看不清楚，所以虽然知道敌军中有一人被刺中，但是不知道到底是谁，否则的话，恐怕他们当时要高兴得跳起来了。同样，苏格兰军队此时也不知道他们的首领已经被敌军杀死了，否则恐怕他们立刻就会全军崩溃，四散逃亡。同时，在另一边，乔治·德拉·玛奇伯爵还在英勇杀敌，只见他一边厮杀，一边还大喊着："跟着道格拉斯冲啊！"给对方也造成了不小的损失，还有莫瑞伯爵也是杀红了眼，在敌军

当中来回疯狂地砍杀。

形势扭转，苏军渐占上风；拉尔夫·珀西身受重伤并被一名苏格兰骑士所俘

在我之前提到过的所有大小战役中，我相信，这场战役最为惨烈，所有的骑士和官兵都是面对面地肉搏。和贝切诺战役一样，在这场战役中，所有的将士和士兵都表现出了非凡的勇气。诺森伯兰的两个儿子——亨利军官和拉尔夫·珀西军官作为主要的君主首领，在这场战斗中表现出了贵族应有的勇猛，不过拉尔夫·珀西军官冲得太靠前，后来被敌军围困并受了重伤，连呼吸都快接不上了，最后，苏格兰军队中一名名叫约翰·麦克斯威尔的骑士擒住了他。约翰·麦克斯威尔擒住拉尔夫·珀西后，由于天黑，他并不知道自己俘获的人是谁，于是便问他的俘虏，临死之前还有什么遗愿，可惜此时的拉尔夫·珀西受伤太重，只得奄奄一息地说道："我就是拉尔夫·珀西！""拉尔夫？不管你最后是死是活，我都要把你作为我的俘虏带回去！我的名字叫做麦克斯威尔！""我现在身受重伤，身上到处都在流血，能否找人帮我治疗？"麦克斯威尔便将拉尔夫·珀西带到了莫瑞伯爵面前，说道："长官，我为您带来了一名俘虏，他是拉尔夫·珀西，不过您能否找人好好照顾他一下，他现在伤得很重。"莫瑞一听，高兴极了："麦克斯维尔，你干得好极了！"接着便将拉尔夫·珀西交给了一名部下，找人帮他止住了血，包扎好了伤口。总之，这场战争中没有输家，因为大家都已经竭尽全力，而且都伤亡无数。

现在让我再来讲讲在这次战斗中吃了败仗的年轻的詹姆斯·道格拉斯伯爵吧。当他被推翻时，周围的敌军就把他团团围住，要逃跑是绝对不可能的了，更何况他当时身上还有一处致命的斧伤。一起被围困在内的还有那些紧跟在他后面的部下们，包括他的表兄——詹姆斯·林赛军官，还有约翰军官、沃尔特·辛克莱军官以及其他的骑士和将士们。离他最近的是一名对他忠心耿耿的骑士，这名骑士一整天都紧跟着他作战，还有一名牧师，这

家伙打起仗来可一点儿都不像牧师，倒是像极了一位战斗勇士，他也是一整天都紧跟在道格拉斯后面作战，武器是一把锋利的战斧，别看他是牧师，可是照样砍杀了无数的敌人，勇猛极了。事实上，这一仗也让他一举成名，当大家发现他居然也是跟在统帅后面英勇作战的时候，大家对他的勇气赞赏有加，而且他也因此在同一年被提任为艾伯丁的副主教。这位牧师就是北贝里克的威廉姆军官，是个高个子男人，在这场战斗中，他也受了重伤，当后面的骑士们赶到他面前的时候，他的情况已经十分危急了，而躺在他旁边的名叫罗伯特·哈特的军官身上也有十五处伤口。见此情景，一名名叫约翰·辛克莱的军官赶忙上前询问情况。道格拉斯说道："感谢上帝，我的祖先没几个能有我那么幸运，能死在床上的，但是，我的表兄啊，你可一定要为我报仇雪恨啊，因为我想我这次是真的难逃一死了，我现在自己都能感觉到我的心跳快要停止了。我的表兄，还有沃尔特，我希望你们能够把我倒在地上的战旗再次举起来，之前举战旗的戴维·克莱姆军官已经战死了，要是让敌军知道现在我快死掉了，他们肯定会高兴得跳起来的，而我们也会军心大乱。所以，你们绝对不能告诉别人我目前的情况。"辛克莱军官和戴维军官听罢，即刻按照道格拉斯的吩咐，将倒在地上的战旗再次举了起来，口里还高喊着道格拉斯的名字，这样，后面的官兵们听到他们的喊声，就会以为他们的首领还在前面杀敌，自然也就会英勇地向前冲了。这样一来，苏格兰军队很快就打得英格兰军队往后撤退，不过当苏格兰士兵们冲到道格拉斯躺着的地方时，他早就已经一命呜呼了，即便如此，此时约翰·辛克莱军官手里还高高地举着战旗，身边跟着一群官兵，大家嘴里面还高喊着道格拉斯的名字向前冲，又和莫瑞军官、德拉·玛奇军官会合到了一起。这下，几股兵力一会合，力量迅速大增，把英格兰军队打得够呛。

苏格兰军队在奥特伯恩边境打败英格兰军队，亨利两兄弟被俘；苏英两军各有一名将领在相互对抗时阵亡；达勒姆主教的队伍疲倦不堪

说实话，英格兰军队其实要比苏格兰军队艰辛得多，因为他们之前为了追上苏军，刚从六英里之外的纽卡斯尔一路疾行而来，到追上苏军的时候，所有人早就累得气喘吁吁了，而此时的苏军则相反，早就休养得精力充沛了，所以两军交战的时候，苏格兰军队一开始在体力上就已经占尽了优势。不过幸运的是，交战之时，亨利·佩尔西在和苏格兰军队的一名骑士(这名骑士是蒙哥马利的勋爵）进行肉搏战的时候，双方都没有人过来掺和(实际上，这会双方的士兵都各自打得不可开交，也顾不上去帮忙了)。不过遗憾的是，一阵较量过后，亨利还是败下阵来，活生生地被对方给擒住了。再看看其他人，此时苏格兰军队里面，一百多位骑士、军官们为了各自的荣耀，在厮杀中，那可是越战越勇，而英军这边似乎也不甘示弱，就在亨利被俘前后这一段时间里面，英军将士和骑士们同样表现得勇猛非常。但是整个战斗持续的时间实在是太长了，所以我只能简而言之：这次战斗真是太激烈了！而且这个具体的过程也实在是太曲折了，开始时英军以人数优势逼退了苏军，然后苏军反戈一击，扭转了局势，俘虏了英军上百名军官。

就在战斗接近尾声的时候，英军这边有一名军官，还在英勇坚守在战场上，顽强地抵抗着敌军的进攻，不肯逃走，此人名叫托马斯·沃尔瑟姆。他虽然是第一次参加英苏两军之间的战争，但是他之前在英格兰的时候就曾经立下誓言，将以自己的生命和荣耀来捍卫自己的故乡，即使是断头于战场，也绝不会弃甲逃亡。正因为此，所以他被誉为莫瑞麾下最为英勇的骑士。遗憾的是，他最后还是被苏军屠杀了。本来苏军是打算活捉他的，怎奈他实在是太过于刚烈，即使是战死，也不愿意被生擒，这逼得苏军最后只好杀了他。而苏军这边，特别要一提的就是一名名叫西蒙·格兰多瑞的军官，此人是苏格兰国王的堂兄，也在此次战役中阵亡，这足足让苏格兰

国王悲痛了好一阵子。

这场惨烈的战斗打到最后，英军开始纷纷投降，苏军兵将们见状，即刻对这些表示投降的敌军大声吼道：“卸下武装！现在我就是你们的主人了！”然后上前抓住他们的俘虏，开始高声欢呼起来，好像他们自己根本就没有遭受敌军的重创一样。处置好战俘之后，苏军又对英军的残余势力进行了长达五英里的追击，要不是因为苏军人手不足，恐怕英军最后一个人都逃不出去。就现在这情况，都有大部分的英军被追上，屠杀掉了。当时如果费伦郡的奥翔柏·道格拉斯伯爵、萨瑟兰伯爵和其他几名伯爵能一同率领大军赶到卡莱尔的话，那达勒姆的主教很有可能会被他们俘虏，而且纽卡斯尔也极有可能会被他们占领。据我先前打听到的细节，当时达勒姆主教率领部下来到纽卡斯尔后，吃晚饭时，他坐在桌子旁边开始担心自己待在城里，可能英军打过来了，他还不知道，这样一想，他立刻待不住了，随即吩咐手下撤去饭桌，准备好他的马，同时下令全军集合，骑着马来到兵将们面前，下令所有人马即刻跟随他离开。当他们全军离开这个镇子的时候，整支队伍的兵力配置是骑兵五千名、步兵两千名，共七千人。主教率领着队伍急匆匆地向奥特伯恩，也就是后来英苏大战爆发的地方赶去。达勒姆主教率领军队疾行了两英里后，停下来稍事休息，又开始赶路，并要求军队加快行军速度，赶到目的地时，所有官兵早已经累得上气不接下气了。此时，前方传来消息称，现在苏格兰军队正在英格兰军队后面紧追不舍，于是，这些人只得再一次奔命似的往前赶路。可是在行军途中，整支队伍渐渐散乱起来，最后达勒姆主教根本没办法集中所有兵力了。再加上又是晚上，他们根本无法预测前面到底有多少苏格兰军队。他只是揣测，英军之前放弃的城镇此时肯定已经被苏军完全占领了。

此时的达勒姆主教，心里面非常想尽力帮助英格兰军队并且让自己的部下也不要那么痛苦，但是形势所逼，他只能眼睁睁看着自己的部下在路上没命似地跑着。为了针对目前的严峻形势拟定一个最好的计划，达勒姆主教不得不找来了威廉姆·露西军官、托马斯·克利福德军官和一些骑士共商对策。但是这些骑士似乎都不愿意发表意见，因为他们觉得，如果什么都还没干就撤退，那简直没脸回去。但是如果前进，他们又怕被苏军打。所以这群人就这么站着，你看我，我看你，谁也不说话，有的骑士开始悄悄溜走了，而且耗得时间越久，溜走的人越多。最后，主教不得不亲自发话说："现在综合各方面的情况来看，我们是骑虎难下，打也不是，不打也不是。我也明白，现在我们的士兵们都已经累得不行了，但是我没办法下令让他们停下来休息，因为我们根本无法预测敌军的数量以及我们什么时候会遇到他们。所以今天晚上我们还是返回纽卡斯尔，明天一早在集合兵力跟敌军干上一仗吧！"众人一听，纷纷点头表示同意，于是这支队伍便返回了纽卡斯尔。实际上，后来的事实证明，他们这个决定真是大错特错，如果他们当时能够继续前进，尽快赶上苏军的话，他们是完全可以打败对方的，而现在，正因为达勒姆主教这个错误的决定，他们延误了战机，最终将胜利的机会拱手送给了苏格兰人。

马太·瑞德曼军官为保命逃离战场；詹姆斯·林赛军官被达勒姆主教俘获

接下来我给大家讲讲马太·瑞德军官为了保命，独自骑马逃离战场的细节吧！说实话，当时即使他不逃，单凭他一己之力，也绝对无法扭转局面。在马太·瑞德军官逃离战场的时候，苏格兰军队里的詹姆斯·林赛军官离他并不远，所以当他发现马太居然想弃甲逃命时，为了战士的荣耀，他立刻策马上前追赶马太。此时的詹姆斯愤怒至极，他打算一旦追上马太，就用手中的长矛亲自结束这个懦夫的性命。于是他一边追一边大喊："你这个懦夫，给我回来！临阵脱逃你不觉得耻辱吗？我是詹姆斯·林赛，要是你再不调转马头，我就用手中的长矛逼你回来，到时候我会让你死得更难看！"他们两人就这么一跑一追，足足跑出了三英里远，突然，马太的马一甩，将马太甩到了地上。没办法，马太只得硬着头皮拔出佩剑，准备上前自卫。此时詹姆斯也骑着马，举着长矛直刺过来，这下，詹姆斯以为刺中了马太的胸部，但其实马太已经闪过去了，所以詹姆斯的矛头直接戳进了土里。

马太见状，顺势一个转身，剑尖一挑，将詹姆斯手中的长矛挑落在地。詹姆斯见势不妙，赶紧策马向后退了一段距离，然后跳下马来，顺手操起身上携带的战斧朝马太砍去，马太立刻反应过来，举起手中长剑，挡住了詹姆斯这一砍，然后两人就开始近身混战起来，一人单手持斧，一人单手拿剑，实力不相上下，杀得天翻地覆，难分难解。两人就这么耗了很久，最后马太终于体力不支，难以抵挡詹姆斯的进攻，于是赶紧大声求饶："詹姆斯军官，别打了，我认输了！""好吧！我接受你的投降！""非常感激你饶我不死。"马太说完，便双手举起战剑，说道："长官，我现在是您的俘虏了，您打算如何处置我？能否允许我回到纽卡斯尔。我保证，只要您准许我回去，十五天之后我一定再回来找您，到时候我任由您处置。""既然你都以你的名誉发誓了，那我就同意你回去。记着，十五天之后必须得回来，你现在可是我的俘虏了！"两人达成一致意见后，便各自骑马离开了——马太返回纽卡斯尔，詹姆斯返回军营。

可是詹姆斯在返程途中，因为天色太暗，他竟然找不到来时的路了，就这么不知不觉地走偏了，碰巧，他在路上和达勒姆主教的队伍撞了个面对面。其实这个时候，詹姆斯如果即刻逃跑，是可以躲开的，可是他看不清楚对面到底是谁，只是自以为是地认为是自己人，所以他根本就没躲，直接迎了上去。只听得对面有人问道："前方何人？""我是詹姆斯·林赛军官！"

达勒姆主教一听，高兴极了，马上吼道："林赛！你已经被我的队伍包围了，还不赶快跪地求饶！""你是何人？""我就是达勒姆的主教！""你来此地所为何事？""废话！当然是来打仗的！只不过我一路赶来都没遇到敌军，现在既然遇到了你，那就抓你回纽卡斯尔！""看来我是别无选择了，不过我也有一名俘虏！""是谁？""马太·瑞德军官！""那他现在何处？""他现在已经返回纽卡斯尔了，你带我回纽卡斯尔，让他和我当面对质，你就知道我没有撒谎了！"达勒姆主教便率领着队伍，押着詹姆斯朝着纽卡斯尔的方向前进。

邓巴郡的德拉·玛奇伯爵麾下有一名大将，名叫约翰，而在莫瑞伯爵麾下也有这位约翰军官的同伴，名叫约翰·德·坎顿。再回过头来看看战场上吧，战斗结束后，苏格兰军队又派出了一些士兵四处搜寻英军残余，以保证没有敌军余党趁着天黑前来军营突袭。另一方面，达勒姆主教也回到了纽卡斯尔，现在的他正在营中休息，但是他看起来似乎有点无所适从，漫无目的。一阵沉思后，他便将纽卡斯尔城中所有的骑士和将领召集到了一起，商议下一步行动。等大家都到齐了，达勒姆主教便说道："各位将士，我们此次出军，根本没有遇到敌军，一仗都没打就这样返回纽卡斯尔，这对我们来说是极大的耻辱！"说完，便直接下令，全军于第二天早上日出之时，整装出发，向奥特伯恩行进，一定要和苏格兰军队好好地大干一场！第二天早上，只听到达勒姆大军号声嘹亮，所有士兵都在大桥前集合完毕，达勒姆一声令下，一万大军便朝着奥特伯恩快速前进。达勒姆大军刚从纽卡斯尔出发，走了差不多两英里，苏格兰军队便从安插在战场前方的探军口中得到了消息，说达勒姆主教正率军奔他们而来，准备和他们大干一场。

再看看马太·瑞德吧，当他返回到纽卡斯尔后，便将他被詹姆斯军官俘获的详细过程讲给了城中军官们，而城中的军官们也同时告诉他，詹姆斯军官被达勒姆主教生擒的消息。所以达勒姆主教前脚刚率领大军离开纽卡斯尔，马太后脚便跑进了监狱，去探望詹姆斯军官。马太来到詹姆斯的牢房前面，见到詹姆斯正倚在窗户边上沉思，便上前一步问道："詹姆斯军官，你怎么会被抓到这儿来了？"马太的问话将詹姆斯从沉思当中拉了回来，他转过头来，看到问话的居然是马太，赶紧上前几步，说道："马太，见到你真是太好了，当日我和你分手之后，本想回到军营中，不想走偏了路，在途中遇到了达勒姆主教率领的大军，结果就被他抓到这儿来了。既然现在我也是俘虏，我想你以后也不用特地跑去爱丁堡做我的俘虏了，我相信，达勒姆主教肯定很乐意用你和我进行一对一的交换。""话虽如此，不过现在达勒姆主教已经率领大军前去和你们的队伍打仗去了，所以只有等他打完仗回来后再作打算了。现在，你愿意和我一起共进晚餐吗？""我当然愿意啦！"于是这两位不同阵营的骑士，就在纽卡斯尔城里共进了晚餐。

当苏格兰军队得知达勒姆主教率领一万大军正奔他们而来后，即刻召开了紧急会议商议对策，看是正面迎击好，还是即刻撤军好。一番激烈的讨论后，大家认为，以苏军现在的情况，要想及时逃跑是不可能的，因为他们现在有很多俘虏，而且经过之前的一战，现在苏军已经元气大伤，伤兵无数，要是跑起来，根本就没办法加快速度。现在看来，唯一的办法就是一方面将所有俘虏集中到一起，一方面让军中所有的艺人都吹奏起来，能搞出多大动静就搞出多大的动静来。决定之后，苏格兰人便开始忙活起来，他们将军中所有的乐器全都利用了起来，甚至连士兵脖子上也挂着乐器，大家一起使劲地吹奏，这一下动静确实够大的，四英里以外都能听到苏格兰人搞出来的声音，实际上，他们是想通过这种方式恐吓敌军，同时给自己加油鼓劲。当达勒姆主教的大军出现于眼前时，苏格兰人开始更加卖力地吹响手中的号角，这一下，弄出的声音简直恐怖极了，就好像苏格兰军队是来自地狱一样，不知情的人完全感觉不到这支军队现在是遭受重创的队伍。就这样，一边是蓄势待发的达勒姆大军，一边是拼了老命在那搞出大动静的苏格兰军队，整个场面真是诡异至极。这样僵持了一段时间，达勒姆主教似乎也被这声响弄蒙了，他审视了半天，认为自己现在贸然进攻恐怕也占不到什么便宜，于是便打消了突袭的念头，率领军队返回了。

苏格兰人一见达勒姆大军撤去了，都欢呼着回到了营地，然后迅速收拾好一切闪人。拉尔夫·珀西伯爵因为伤势严重，所以他要求俘获他的人能够带他返回纽卡斯尔或者其他能够让他疗伤的地方，同时他还保证，只要他伤势恢复到能够骑马，到时候安排他去哪他就去哪，不管是苏格兰还是爱丁堡，他都毫无怨言。还有玛奇伯爵，俘虏他的军官也同意给他一匹马，让他先回去。而其他的俘虏，要么就是让人送来赎金交换自己的自由，要么就是被苏格兰人抓走了。总之，据我后来得知，这场发生在纽卡斯尔和奥特伯恩之间的苏格兰——英格兰大战，最后以苏格兰军队胜利而告终。双方的伤亡情况是：英军有一千零四十人被俘，有一千八百四十人阵亡，重伤人数在一千人以上。苏军阵亡人数在一百人以上，有两百余人前往各处追赶英军残余兵力。最终战果是双方皆遭受重创！

苏格兰人携带道格拉斯的尸体离开战场并将其埋葬于梅尔罗斯僧院；奥翔柏·道格拉斯伯爵率军离开卡莱尔，返回苏格兰

这场英苏大战结束后，所有人都踏上了回国的路途，而道格拉斯伯爵的尸体也被他的部下们放到了一张椅子上，由罗伯特·哈特军官和西蒙·格兰多瑞军官带领着，向梅尔罗斯僧院出发了。和这支队伍一同上路的还有英格兰军队的一些战俘，包括亨利·珀西伯爵和四十多位骑士，他们正式上路的时候，还不忘记一把火把营地烧了个精光。这一行人骑马疾行了整整一天，直到天黑才不得不停下行进的脚步，极不情愿地在英格兰的国土上歇了一晚，到了第二天一早，又迫不及待地出发了，因此，他们仅用两天的时间就赶到了梅尔罗斯——位于英格兰和苏格兰两国交界处的一个僧院，然后他们便将道格拉斯伯爵的尸体埋葬在了此地。大家用石头给他垒好了坟墓，然后将他的战旗插在坟墓上面。至于后来，苏格兰还会不会出现像道格拉斯伯爵一样的将士，我也不得而知了。我——约翰·弗瑞萨德军官，作为本书的作者，在苏格兰逗留期间，就住在达尔基斯伯爵的城堡里面，这个城堡的堡主名叫威廉姆，他膝下有子嗣两名，儿子女儿各一名。然后在皇宫里面，道格拉斯姓氏一族变得非常兴旺。其中一名就是名叫詹姆斯·道格拉斯的军官，此人当时非常有权势。还有奥翔柏·道格拉斯伯爵，也是一名相当英勇的骑士，在英苏大战中，他可是立下了赫赫战功，我后来还和他聊过天呢。

再回过头来看看当时埋葬道格拉斯伯爵的那支苏格兰队伍吧！他们当时埋葬完道格拉斯伯爵之后，便回到了英格兰。他们抓住的那些战俘，有的被直接带回了英格兰，有的则因为派人交来了赎金，所以在半路上就被放掉了。这些事都是我后来待在英格兰期间，从一名名叫德贝阿恩的骑士口中得知的，他就是此次战役中被俘虏的英军骑士中的一名。当时俘虏他的是苏军的玛奇伯爵麾下的一员大将，名叫约翰。德贝阿恩骑士在讲述这段被俘虏的经历时，还不忘对俘虏他的约翰骑士大加赞赏了一番。

后来，据我所知，苏格兰军队在战后的回国旅途中，逐次逐批地释放

战俘，到了最后，他们释放的战俘数量达到了两百人之多。在战争后期，苏格兰军队里面的罗伯特·布鲁斯军官、威廉姆·道格拉斯军官、罗伯特·伍西军官、西蒙·弗雷泽军官，还有其他一些苏格兰官兵，一路追赶英军的残余兵力，整整追了三天三夜都不肯放弃，因为对于他们来说，这次战争是大好的立功机会，而且他们之前从来没有经历过如此激烈的战斗，所以大家都杀得热血沸腾。当其他地方的苏格兰队伍赶到卡莱尔，遇到早已到此的苏格兰队伍时，大家互通了自己的战绩，并为本次大战的胜利高兴地欢呼了一番后，便各自回营地睡觉了，他们打算好好休息一晚上，第二天一大早启程回国。

接下来，让我们暂时忘记这些苏格兰人和英格兰人，去看看年轻的法国国王查理斯吧，他此时也带着葛雷多公爵，率领了大批的军队赶到了艾眠并从默塞桥上渡过了默滋河，然后又沿着前面军队走过的途径，一路披荆斩棘，向前迅速行进着。另一方面，尤利尔公爵得知查理斯率军朝着自己的领域行进过来，顿时变得坐立不安起来，生怕查理斯此行就是专门来攻打他的。所以他决定，查理斯一旦接近他的领土，他就得来个先下手为强，因为他很清楚，自己的领土地势平坦，如果自己不取得先机，速战速决，一旦战斗时间拉长，对自己是非常不利的。但是查理斯进入卢森堡后，径直来到了一所僧院里面（这所僧院正是埋葬布拉班特公爵的地方）。查理斯在这所僧院里足足停留了两天，才动身出发，取道巴斯托尼，来到了巴拉班特伯爵夫人的住地，这才又停下了前行的脚步。巴拉班特伯爵夫人眼见查理斯到自己的住地就不往前走了，赶紧派人秘密前去通知伯戈因公爵，然后伯戈因公爵将巴拉班特伯爵夫人带到了查理斯国王面前。查理斯国王热情地接待了他们，随后公爵夫人又返回了巴斯托尼，并在此会见了约翰军官和盖尔军官。第二天查理斯国王又上路了，他一路前进，很快便踏入了敌军的领土　　艾眠，这里也是朱里亚公爵领地的边缘。查理斯一路行来，阿诺德主教都跟随其后，现在看着查理斯到了朱里亚公爵的领土，他便不停地替朱里亚公爵向查理斯国王求情，这让查理斯对他十分不满（即使阿诺德主教是古尔德公爵的父亲）。因为阿诺德主教在替朱里亚公爵求情时，一直找借口说朱里亚公爵并不是存心想要藐视查理斯国王的，现在由他来替朱里亚公爵向国王道歉，然而国王及其大臣对这种说法非常不满意，在他们看来，即使没有朱里亚公爵这件事情，阿诺德主教肯定也会找别的借口来干扰他们的事情。阿诺德主教和赫市班林的勋爵们，还有周围城镇的议员们，一起赔付了查理斯国王此次行军的所有费用，同时还向查理斯保证，只要他乐意，他想带领大军在此停留多久就停留多久。查理斯国王和他的大臣们倒是一点儿都不客气，爽快地接受了赔付金。这样一来，查理斯一下就得到了满足，甚至都不知道接下来自己到底还有什么想要的了。

圣　杯

The Holy Grail

〔英〕 托马斯·马洛里

主编序言

关于圣杯的故事最早存在于1175年克雷蒂·安德·托拉斯所写的“珀西瓦尔”和“金帝杜格拉尔”格律浪漫诗中。克雷蒂有生之年并未完成这首诗，其又被后来的三位诗人编撰直至成为63000行的鸿篇巨制。圣杯的宗教意义应该早在13世纪就已被罗伯特·硼涉及，在稍晚的法国散文《圣杯的任务》中也有体现。加拉哈德取代了珀西瓦尔成为故事的主人公。后来历史中所出现的各式各样的关于这部传奇的版本都十分复杂，并且在很多方面都不明确。我们今天重新再出版的由托马斯·马洛里所编写的《莫提·亚瑟》一书就是源自圣杯的一种形式，这种形式在法国散文《兰斯洛特》中被体现，而这一版本不仅超出了以前更早的版本而且还融入了现代英语诗歌的形式。直到几年前，马洛里稍有名气的时候，我们关于他的信息还仅仅局限于卡克斯顿所描述的他是《莫提·亚瑟》一书的作者这一声明。现在看来，托马斯·马洛里爵士似乎是公元1400年出生在一个古老沃里克郡家庭的一名英国骑士。他效力于沃里克伯爵理查德·比彻姆，并在其领导下参加了法国战争。在那个被所有欧洲人所认可的最能体现骑士精神的典范时代，托马斯·马洛里爵士与这个卓著的贵族一起把他的热情倾注于骑士精神上，他最终卒于公元1471年。

马洛里的书是对法国和英国根源故事的汇编。这些内容的摘录没有太多区分，在安排布局上也没有高超的技巧，但是作者全心全意地将骑士典范的热情与他散文中高贵简洁和优美的韵律结合在一起，使他的作品在英国文坛中独树一帜。在这个时代里，骑士气概得以号召和终止。毫无疑问，将它在1485年被卡克斯顿出版的这一日期作为英格兰中世纪结束的标志应该能被普遍接受，在印刷机下，传奇已经过去，一个新的时代已经开始。

源自亚瑟王和他的圆桌骑士中的第八、九、十、十一和十二章

查尔斯·艾略特

第十三卷

第一章

在五旬节的前夕，在虔诚守夜的时候，有一位小姐怎样进入大厅走到亚瑟王的面前，要求兰斯洛特骑士赐封一位骑士，他又怎样陪她同去的。

在五旬节的前夕，全体圆桌社成员聚集在加美乐城的宫中聆听讲道，当安排好桌椅，大家正准备就餐之际，一位容颜非常瑞丽的贵妇人，骑在马上径直走了进来。因为马跑得太急，马身满是汗水。她在大厅前下了马，来到国王面前，躬身施礼。国王说："小姐，愿上帝祝福您。"这女子启口问道："陛下，看在上帝的份儿上，请告诉我兰斯洛特骑士在哪里？"国王用手一指说："你看，他就在那里。"她立刻走到兰斯洛特骑士面前说："兰斯洛特骑士，我谨以伯莱斯王的名义向您致敬，在这附近有一片森林，我请求您陪我一起去一趟。"兰斯洛特骑士问她和谁同在一处，她说和伯莱斯王住在一处。兰斯洛特又问她："您要我做什么？"她说："您到那里就知道了。"他随即答应了："我很愿意同您一道去。"于是兰斯洛特骑士吩咐他的侍从备好马匹，并将武器拿来，侍从听后，立即按照吩咐办理去了。

这时王后走来对兰斯洛特说："您真打算在这重要的宴会上就此离我们而去？"那位贵妇人说："王后，您放心，在明天中饭时，他就能同您相聚了。”王后说：“如果明天你不能保证他与我们相聚的话，那么现在我就不能放他跟你走了。”就这样，兰斯洛特骑士告别了王后，陪着那位贵妇一同上马，径直向森林里走去。他们来到了一个很深的幽谷中，只见那里有一座尼姑庵，尼姑庵前站着一个侍从，待侍从开门之后，他们进入庵内，下了马。这时又进来一大群态度和蔼的人，围着兰斯洛特骑士，大家都热情地欢迎他，并且都为他的到来而高兴。大家带着他走进了主持的室内，解去武器，他看见当时睡在那张床上的正是他的两个表兄弟：一个是卜尔斯骑士，另一个是梁纳斯骑士。他走过去唤醒了他们，兄弟重逢，大家都高兴万分。卜尔斯骑士向兰斯洛特骑士说：“是什么重要的事情把您请到这里来了？我原以为要等到明天我们才能在加美乐宫相见呢。”兰斯洛特骑士说：“上帝保佑，是一位贵妇人带我来的，可是我还不知道她带我前来所为何事。”

正在他们谈话之际，忽有十二个尼姑陪着高朗翰走了过来。这位高朗翰生得非常俊美，身体更是健壮，看来这世界上能够和他相比的人确实不易见了。在这些人进来之后，只见那一群贵妇们皆喜极而泣，又听她们同声说道：“骑士呀，我们抚养的这个孩子，现在带来了，我们恳求您封他做一个骑士。说到加封他的爵位，我们认为除您以外，再找不出比您更适当的人了。”兰斯洛特骑士对他面前的这位年轻侍从上下打量了一番，觉得他活泼坚实、纯洁凝重，仪表上各方面的优美都具备了，兰斯洛特认为这么英俊挺拔的男子绝无仅有。于是兰斯洛特骑士问道：“这是他自己要求的吗？”这孩子与众人都异口同声地回答：“是的！”兰斯洛特骑士又说：“明天要举行重要宴会，依照骑士制度的最高法典举行加封，他直接过来就好。”当夜，兰斯洛特骑士享受了一次丰盛的晚宴。第二天早晨依照高朗翰的愿望，兰斯洛特骑士赐封他做了骑士，并说道：“愿上帝指点他去做一个善良的人，因为世上没有人像他这样秀美聪明。”

第二章

在危险座上怎样找到镌刻的字句，石上宝剑的奇妙冒险是怎样一回事。

兰斯洛特骑士说道："好骑士，你愿意跟随我进宫觐见亚瑟王吗？"高朗翰说："对不起，唯独今日不行。"兰斯洛特骑士遂带着两个表兄弟离开他们，在降灵节的九点钟到达加美乐。此时，国王和王后正在教堂里听道，听说卜尔斯和梁纳斯两位骑士前来觐见，他们和所有的圆桌社同伴们顿时高兴极了。等国王和全体骑士们听道回来，这些爵爷们见圆桌四围的席位上都写着金字，全是："某某某之席位"。很多席位就像这样安排好了，最后轮到危险座，他们发现上面有新写不久的金字："我们的主耶稣基督受难成全之后，经过了四百五十四年，这个座位才得以完全实现。"众人看到这行字，不禁惊异地说道："这是一件多么神奇而富有冒险性的事啊！"兰斯洛特骑士见状，暗自算了一下从主诞生至今一共有多久，然后走上前来说道："以上帝之名，照我看来，今天这个座位应当实现了，因为今天正是四百五十四年后的五旬节，如果大家都同意的话，我建议让我们等待那位应验这个奇迹的人。在他未来之前，我想这些金字不能让任何一个人看见。"于是他们令侍从取来一方丝绸，盖在危险座上，将金字遮住。

他刚做罢这些，国王便吩咐快些开饭，家宰凯骑士见状，立即说道："陛下，您如果现在就吃饭，朝廷里的老规矩便被破坏了。以前在这一天，您向来是若不遇到奇迹，从不坐下吃饭的。"国王答道："这倒是，因为我看见兰斯洛特骑士同他的表兄弟们一起回到朝廷，大家团圆而且都很健康，竟高兴得忘记之前的那些规矩了。"这时候，一个侍从进来禀报说："陛下，我给您带来了一个奇妙的消息。"国王问："是什么消息？""陛下，我看见一块大石头沿着河道漂流下来，石头上面还插着一把宝剑。"国王立刻说："真有这事？我倒要去看看。"于是全体骑士跟随国王，满怀好奇地来到了河边，果然发现了那块漂在水面上的大石头。只见这块石头很像红色的大理石，上面插了一把精美绝伦的宝剑，剑柄上嵌满了宝石，还镌刻着清晰的金字，一些爵爷读出上面的金字："无人能令我走动，取我者即佩我在身侧之人，此人便为天下最优秀之骑士。”国王看过了这些金字，对兰斯洛特骑士说：“好骑士，这把剑非你莫属，因为我肯定你就是这世界上最优秀的骑士。”兰斯洛特骑士赶忙以异常严肃的态度回答道：“陛下，这把剑绝不是我的；而且，陛下，您十分清楚，我也没有胆量把手放上去，何况它并不希望系在我的身旁。另外，凡是妄想拿起这宝剑而又失败的人，必将为剑所伤且长期不能痊愈。所以，我要奉告诸位，圣杯的奇迹就在今天这时开始显示了。”

第三章

卡文英骑士怎样试将宝剑抽出，又怎样有一老人把高朗翰引来。

国王听罢，又转向卡文英骑士说：“好外甥，现在权当是为了我，你去试试吧！”卡文英骑士回答道：“陛下，若非您下令，我是断然不愿一试的。”没想到国王立即说道：“骑士，我命令你前去拔剑！”卡文英无可奈何地说：“陛下，卑职谨遵王令！”说完便上前来，伸手握住剑柄，虽用尽气力，可是剑身却纹丝未动。国王只有无奈地对卡文英骑士说：“好吧，谢谢你的尝试。”兰斯洛特骑士向卡文英骑士说：“我的爵爷，卡文英骑士，现在您要明白，若是被这剑碰到了，您定会疼痛不堪的，所以纵然把国内最好的堡寨送给您，您也永远不可再去碰它。”“骑士，我不能违抗我舅父的旨意和命令呀！”国王在一旁听了这一席话，心里很是懊悔，接着又请薄希华骑士上前拔剑。“我很高兴和卡文英骑士一样，前去一试。”说罢他便将手放在剑柄上，用力向外拉出，但此剑依然未动分毫。两人失败之后，便再也没有人胆敢放手去尝试了。这时，家宰凯骑士对国王禀道：“大家既然已经看见了奇迹，现在是否可以回去吃饭了？”于是国王率领众人到皇宫中，所有骑士都不等青年骑士前来侍奉，便各自找到自己的位子坐了下来。

此时，除了危险座以外，所有座位都已坐满，大家开始享受晚宴。不一会儿，最令人惊异的奇迹发生了。这时宫中所有门和全部的窗户都突然无人动手而自己关闭起来。虽然如此，大厅里并不显得太暗，只是大家总觉得有点儿心慌，面面相觑。亚瑟王首先开口说道："请上帝为证，诸位好朋友们和爵爷们，我今天已见到奇迹了，我猜想到了晚间，我们将要看见更伟大的奇迹。"

正在这当儿，突然有两个人徒步闯进了大厅，其中一位是面容和善的长者，发须皓白，年事已高，全身衣冠皆为白色，与老人同行的是一位身着红色甲胄的青年骑士，既未佩剑，也无盾牌，只有一只剑鞘悬在腰际，厅中无人知道他们到底是从哪儿、是怎么闯进来的。年轻人说道："爵爷们，愿你们平安。"而那老人则对亚瑟王说道："我领来的这位年青骑士，乃是一国之王的直系，又是亚利马太的约瑟的亲属，从此这朝廷内，以及异邦中种种奇迹，都将要完满地一一显示了。"

第四章

这位老者怎样带高朗翰坐上危险座，全体骑士们又怎样地表示惊奇。

国王听了老者这一席话，高兴地说道："老人家，我非常欢迎你和你带来的这位年轻的骑士。"老者随即吩咐这年轻人卸下了武装，只见他身穿一件红绸外衣，肩头上披了一件银鼠镶边的外套。又见这位老者对年青骑士说："跟我来。"不一刻，已领着他来到了危险座旁，在这旁边正坐着兰斯洛特骑士。这位和善的老人一手揭去了遮在上面的丝绸，看到上面"此乃高贵太子高朗翰之座位"的字迹后，对年轻骑士说道："你知道吗？这位子是属于你的。"然后，便请他在这座位上坐定。这年轻人刚坐下，便对老人说："先生，您吩咐我做的事情都已经做好，现在您可以走了，请您问候我的祖父伯莱斯王，以及我的爵爷白巧利，还请您当面禀明，待我得空，必亲自回去向他们请安。"老人听罢，便转身离开，另有二十个豪华侍从在旁侍候，一同乘马上路而去。

这时，所有圆桌骑士们见到如此年轻的高朗翰居然敢坐上危险座，都为之惊奇不已，因为他的来历，除上帝以外，绝无一人得知分毫。众人开始纷纷揣测他的身世来历，有人说，圣杯非他莫属；也有人说，此座位只有他配坐，其他的人坐上会受到伤害的。而此时的兰斯洛特骑士面对出现在自己面前的这位年轻人（实际上是他的儿子），自是欣喜万分。卜尔斯告诉他的同伴说："我敢拿性命打赌，这位青年骑士将来一定能为众人所热烈爱戴。"欢声雷动，响彻整个朝廷，也传到了王后的耳中。什么样的骑士竟敢贸然坐在危险座上，对于这件事，她也不禁万分惊异。当时有许多人对王后说，这年轻人的相貌举止酷似兰斯洛特骑士。王后听后，略有不快之色，说道："我可以猜想到兰斯洛特骑士是受了妖术才生下他的，也就是他投胎到伯莱斯王的女儿生下来的，他的名字叫高朗翰，这大概不会错的。"接着，王后又说："我倒也愿意看看他，想来他一定是个贵人了，因为他的父亲是一个贵人呀，这件事，我定要讲给所有圆桌社员们听听。"

晚宴结束后，国王率领众人走到危险座前，一揭开那幅绸幔，便看到高朗翰的名字写在那里，于是国王指给卡文英骑士看过后，说道："好外甥，现在我们当中有了高朗翰骑士，我们全体都要受到尊敬了，我敢以性命担保，将来他一定能得到圣杯，这一切都应验了兰斯洛特骑士适才讲的那些话，我们想不信都不行啊。"然后，亚瑟王又向高朗翰走来，边走边说道："骑士，您能感动诸多良善的骑士前去寻找圣杯，这种事，其他骑士皆无法做到，您却能成功完成，所以您必受到众人拥护。"随后，国王便携着高朗翰的手，由宫中一同下到河边，让他看那石头的奇迹。

第五章

亚瑟王怎样把显示在水面上的石头指给高朗翰看，并且高朗翰怎样从石头上拔出这把宝剑。

关于这个石头的奇迹，王后也已有耳闻，因此，她也带领了好多宫女赶来观看浮现在水面上的石块。这时，国王对高朗翰骑士说："骑士，此地有一个不可思议的奇迹，是我生平绝未见过的，您瞧那水面上浮着的一块巨石，上面插着一口宝剑，以前有些厉害的骑士都欲将剑拔出，可是都失败了。”高朗翰说：“陛下，他们拔不出来一点儿也不奇怪。因为能拔出此剑者，除我之外，别无他人。我虽没带着剑来，瞧这里，我身边却挂着一支剑鞘，只为装此剑而用。”随后，他伸手按在剑上只一提，便很轻快地把剑从石块里拔了出来，接着把剑收入鞘里，又向国王说道：“这剑鞘有了剑，比空着好多了。”国王心中大喜，说道：“骑士，上帝会再赐给您一面盾牌。”高朗翰说道：“我现在得到的这把剑，原是沙法吉·巴令的佩剑，那是一位非常了不起的骑士，武功极高，只为他用这把剑杀死了他的弟弟巴兰，那也是一位优秀的骑士，所以令人感到莫大的沉痛，当年他们弟兄斗得十分残酷，最后沙法吉·巴令发出的致命一击导致双方同归于尽，还击伤了我的外祖父伯莱斯王，其伤口至今不愈，须等我亲自去为他医治，才能愈合。”

正当国王和众人在这里交谈的时候，沿着河岸来了一匹白马，上面坐着一位贵妇，径直向他们走来。那贵妇一见国王和王后，便顶礼致敬，然后又问兰斯洛特：“骑士是不是也在此地？”兰斯洛特在旁回答说：“我在这里，夫人，您有什么事吗？”那女子转向他泣诉道：“从今天早晨起，您就像变了个人似的，您的一身本领哪里去了？”兰斯洛特骑士问道：“夫人，您这话是什么意思？”那女子答道：“说实话，世界上最优秀的骑士原本是您，但是今天，还有谁能这样说呢？现在已另有了一位能手，比您更优秀，谁再那样说，他便是言不由衷了。关于那把神奇的剑，你连碰都不敢碰，这就足以证明这一点。因此，您那往日英名从此改变，也从此一去不返了。我要请您记住，从这时起，世界最优秀的骑士已不再是您啦。”兰斯洛特怃然有间，然后说道：“说到优秀这个词，我向来心知肚明，我是绝对配不上的。”那女子接着说道：“是的，您以前是，现在也还是，不过在罪人世界中算是最好的罢了。”说完，她又转向国王道：“陛下，南显隐士叫我带口信给您，说您还会有享有更大的尊荣、威望、超乎历代的不列颠王之上，因此我相信，今天这圣杯将在您家里显现，并且还要以圣餐赐给您以及圆桌社全体的同伴们。”说完这话，她便循着原路驰马而去。

第六章

亚瑟王在各骑士星散之前，怎样在加美乐宫旁的草场上聚合他们全体，举行了比武大会。

亚瑟王对大众说道："现在，圆桌社的骑士，我相信你们都一心在寻找圣杯，不久以后，大家就分道扬镳，各自天涯了，我同你们全体团聚一堂的机缘也永远不会再有了，所以请大家到加美乐宫草场上来举行一次比武大会，让我再看一次诸位欢聚的盛况，并使后世的人在你们死后，都会提及某年某月有一群英勇骑士在此聚会，留下了一段佳话。"大家对国王这一提议都非常赞同，于是大家全身武装，等着入场比赛。其实，国王举行这次大会的用意，原是要看看高朗翰的真正本领如何，因为国王想到高朗翰这次离开，不会很快再返回朝廷中来，所以他们才在草场上聚会一次，并不计较人多人少。当下，高朗翰接受了国王和王后的请求，穿上精贵的盔甲，戴上头盔，但国王再请他拿起盾牌时，他却坚持不肯，随后，又经卡文英骑士和其他骑士的再三请求，才勉强拿起一支长矛。这时，王后偕同众宫女们登上高塔观战。高朗翰骑士在草场中将自己披戴好，一入场，便一气打败了众多持矛之士。在短短的时间中，除了兰斯洛特和薄希华两骑士以外，圆桌社大多数的优秀骑士都败在他的手中，其气势霎时震惊四座，显然，较其他骑士而言，高朗翰已经是技高一筹了。

第七章

王后怎样约见高朗翰；各骑士怎样由圣杯满足之后，都为了找它而发下心愿。

随后，国王依了王后的请求，让高朗翰骑上下了坐骑，解下头盔，好让她仔细看一看高朗翰的面貌。等她看过以后，方才说道："说他是兰斯洛特骑士所生的儿子，我完全相信了。否则两人的相貌绝不会像到这种地步，所以他有一身大好武艺也就不足为奇了。"这时，有一位贵妇站在王后旁边插嘴说道："王后，以上帝之名，成为一位如此高尚的骑士，他真应该有这权力吗？"王后说："是的，当然应该，因为他在一切世系中，是出自世上最优秀的骑士，也出自最崇高的世族，兰斯洛特骑士乃为我主耶稣基督后第八世，而高朗翰就是我主耶稣基督的第九世。因此我敢说，他们乃是这世界中最伟大的人物。"

国王和爵爷们转回了加美乐的宫中，然后又到大教堂做晚祷。晚祷完毕，大家同赴晚餐，每位骑士都按照以前的秩序走到自己的席位上坐定。没过多久，他们忽听得雷声大作，响彻大地，大家都以为这地方势将变成废墟了。不料在这霹雳声中，忽有一线阳光从阴暗中透将出来，照得满堂光明，丝毫毕现，比之白昼太阳的光亮还要清晰数倍，于是大家各自思忖必有圣灵恩赐降下。当时每个骑士互相顾盼，都觉得每人的神色从未如现在这样丰满可爱。过了许久，都没有一人敢说出半个字，大家只是面面相觑，沉默得犹若哑巴一般。正在这时，只见半空中一只圣杯冉冉地进入了大厅，上面用白色绸遮盖住，但是没有人能够看见它，更不知道是什么捧持着它。片刻之间，满厅中充溢着一种非兰非麝的香气，同时每一个骑士都闻到佳馔美酒的味道，那种味道胜于他们平日最喜爱的酒肉的味道。这圣杯在大厅中周行了一遍，方才突然隐去，也不知道飞到哪里去了，大家此时才敢喘一口气，说出几句话来。国王于是虔诚地感谢上帝赐给了他们恩典。他说："我们今天应当深深地感谢主耶稣基督，因为他在这逾越节的圣日里，将这至宝显示给我们看到了。"

卡文英骑士当下站起来接着说道："我们希望的美酒佳肴，如今都吃过了，但有一个遗憾，就是这尊圣杯遮盖得过度周密，没能看到。所以我现在要立誓做到这件事，从明天起，不再耽搁，我要用大概一年的工夫，努力去寻觅这只圣杯。若是日子必须更多，我亦愿意，我要清清楚楚地瞻仰它一番。如若还不及在这里看到的，我决不再返回朝廷，我下了决心非达到我的愿望不可，这样做不致违反主耶稣基督的旨意吧？"

众人听完卡文英骑士的这一番话，其中大半都不约而同起身表示愿和卡文英骑士一样，前去寻找这只神秘的圣杯。亚瑟王一听，心中十分不悦，觉得大家不应当这样立誓，于是他便对卡文英骑士说道：“天啊，你立下此等誓言，正是把我害苦了，在全世界不论哪一国家，我想你能找得出像这样一个最强的团体吗？这样一个真正的骑士组织吗？你们一旦离开此地，今后在寻找圣杯的时候，不免要有伤亡，那么大家便永远不能再相见了。正因为这些，我更有点儿感触。向来我爱诸位骑士正同爱我自己的性命一样，如今和你们一旦别离，我怎能抑制心中的万分伤感和悲痛啊。我和你们相处已久，相知已深，团聚的生活对于我来讲，早已经成了老习惯。”

第八章

国王、王后和宫内贵妇怎样为了各骑士的别离而感到悲伤，以及他们怎样离去。

话至此处，国王已是泪湿衣襟。接着他又说道：“卡文英啊卡文英，你真使我陷进极大的悲伤之中。我非常害怕，不知这些真诚无间的同伴会不会永远不能在此相会了。”兰斯洛特骑士心中也很难受，只能安慰道：“哎，陛下尽请宽心，为追寻圣杯而死，这件事对我们来讲是无限的光荣，即使不幸死在追寻途中，亦是荣耀万分，因为我们迟早总要死的。”国王答道：“哎，兰斯洛特啊，想我这一生，均是以真正的友爱对待你们的，因此我才说出这些伤心的话，世界上从没一个基督徒的君王，其左右所围绕的品质高贵的人，有今天在这圆桌上的这么多，那也是我所以悲伤的原因。”

当王后、宫女和贵妇们听说众骑士要前去寻找圣杯，她们那种悲伤烦郁，那种痛苦的心情，更是不能用言语形容，因为那些骑士对待她们全是怀着又敬重又爱护的心意，各人情愫都很深。而在这些人中，尤以桂乃芬王后的忧伤最为沉重。她独自寻思道：“我真想不通，陛下怎肯让他们都离开呢？”当时，满朝上下，无不为这些骑士们的离别而感到依依不舍、痛苦万分。更有甚者，很多深爱着骑士们的宫女都真心真意地愿意伴随着他们的情人一路同行。不过，一位身穿宗教礼服的老年骑士从众人中挺身而出，向这些人高声地说了一番话，这才止住了宫女们的冲动。他说：“诸位爵爷们，南显修士传给诸位一句话，凡是立愿要去寻找圣杯的人，凡是自愿献身于这样高贵使命的人，都不可以随身携带宫女或贵妇同行，我明确警告你们，不能过洁净生活而有罪行的人，一定不能看到主耶稣基督的奥秘。”众人听罢，只得留下他们的宫女和贵妇们，独自上路。

随后，王后走到高朗翰身边，问他是从哪里来的。他告诉了她，说了自己是从哪里来的。接着，她试探着问他是不是兰斯洛特的儿子。关于这一点，他既不承认，也不否认。

王后见他黯然不答，于是说：“我愿向上帝立誓，决不说谎，你的父亲于你而言，绝对不会辱没你半点身份。因为他本人的确是一位了不起的骑士，他坚毅、勇敢，出身于世界上最上等的世族，各方的亲属都是王室，因此，你，在他的权力上，他的行为上，应当成为一个最优秀、最高尚的人。”她又说：“确实，你和他实在太像了。”高朗翰骑士听了这些话，显出有点儿难为情的样子，说道：“王后，您既然知道我的底细，又何必再来问我呢？至于谁是我的父亲，在适当时候，我自会公之于众的。”随后，他们便分别安睡去了，王后为了对高贵的高朗翰表示优礼有加，特地把他引到亚瑟王的卧房，请他睡在国王的床上。

国王在这一夜里，怀着无限的愁烦惜别的情绪，辗转反侧，彻夜未眠，天一亮，便起身前去看望卡文英和兰斯洛特两位骑士，恰好他们也已起身，正打算做弥撒。国王一见面就说道：“哎，卡文英啊，卡文英你出卖了我啦，由于你，我的朝廷从此再不能恢复旧观了，而你呢，对我的关切，也永不会像我关心你那样呀。”说话间，两行热泪早已从其脸颊上滑落下来。接着国王又带着恳求的口吻说道：“啊，兰斯洛特骑士，爵爷呀，我请你指教我，如若是可以的话，我希望您把这追寻圣杯的事停止了吧！”兰斯洛特骑士答道：“陛下，您在昨天已经看见了，那么多品德高超的骑士都立了誓，我想无论如何他们是不会放下的。”国王又忧愁地说道：“说到那一点，我很明白，可是一旦他们走了，我一定会郁郁寡欢、愁闷欲死，恐怕再没有什么办法可以使我重拾欢乐了。”说毕，国王和王后同往教堂去了。兰斯洛特和卡文英两人也吩咐侍从取来武器，除盾牌和头盔外，其他都穿备齐全，然后找来同伴，看他们也披挂好武装，方才一齐来到教堂里听道。

礼拜完了，国王想要知道有多少人已经许愿去寻找圣杯，记下详细的人数，可以专为他们祈祷。数过以后，方知他们一共是一百五十名，都是圆桌骑士。这些骑士戴上头盔，在启程之前，皆来向桂乃芬王后致敬，于是瞬时悲伤的哭泣声不绝于耳，依依惜别之情更是蔓延期间。王后恐众人见其泪颜，便独自回到房内，悄悄地伤心流泪。兰斯洛特骑士发现王后不见了，随即匆匆寻至王后房内，王后一看他来了，立即高声嚷道："啊，兰斯洛特骑士呀，你这样离开我的国王，就是背弃了我，也是害死了我。"兰斯洛特骑士走近一步说道："啊，王后，我恳求您不要伤感了，用不着多久，我得到成功，一定尽早赶回来。"他又听她凄然说道："天可怜我，我还能再见到你吗，但愿耶稣真神能保佑您以及你们全体人员，能引导你们回来。"话别之后，兰斯洛特骑士即刻动身了，他的同伴们此刻都在外面等着他，见他出来，便一同上马，行经加美乐城的街市，一路上，只见满城平民不论贫富贵贱，无不在流泪，国王本人更是转过了脸，哭得不能成声了。不一刻，他们到了一个城，又进入一处名叫法岗的堡内。大家走进这堡，堡主的名字也叫做法岗，他是一位老者，人品很好，也很有名，当时他听见有客人来了，便开门迎宾，尽情招待。第二天一大早，他们一致同意从这里各自分路而行，因此第二天早晨，大家挥泪告别，每一位骑士都循着自己最喜欢的路走了。

第九章

高朗翰如何得到一面神奇盾牌。

高朗翰一路前行，走了四天，也不曾发现任何踪迹，一直到第四天做完了晚祷告，方才发现前方有一座白色的修道院。高朗翰走进其中，那院中的人便毕恭毕敬地迎接他，领他进房，为他卸下武装。这时，他发现另外两个圆桌武士也在此，一个是巴吉马伽斯王，另一个是卡文英骑士。故人相聚于此，自要开怀畅聊一番，谈笑风生间，彼此都感到大为快慰。聊罢，三人又一同前去吃晚餐，其间，高朗翰问道：“什么风把你们俩给吹到这里来了？”两人答道：“有人告诉我们，此地附近有一面盾牌，无论何人，皆不能携带其于身上，敢有违者，三天之内必定非死即伤。”巴吉马伽斯王又说：“嗯，骑士，不过我明天偏要去带起它试试，看看究竟有没有这样怪诞的事情。”高朗翰骑士听罢神情肃然地说：“以上帝之名。”接着，巴吉马伽斯王又说：“关于这盾牌之事，倘若我不能成功，您就应该去试试，我敢断定您不会失败的。”高朗翰说：“那好吧，正好我身边还没有盾牌呢。”翌晨，他们起身以后，大家都做过了弥撒。巴吉马伽斯王便问那面奇怪的盾牌在哪里。不多时，来了一位修道士，领着他到一座祭坛的后面，在那里挂着一只像雪一样白的盾牌，正中有一个红色十字。只听那修道士说道：“只有全世界品行最高的骑士，才配携带这面盾牌，平庸之人绝无半点儿机会，所以你们一定要特别当心才行。”巴吉马伽斯王回答说：“好的，我自己也知道我不是世上最优秀的骑士，但是我想试戴一下，请允许我把盾牌拿到修道院外面试戴。”然后他又对高朗翰骑士说：“您如果高兴，就请您在此地看看我能不能够成功吧。”高朗翰答应：“我就在这里等候你。”于是，巴吉马伽斯王背着盾牌驰行而去，并带了一个侍从，好使他把成功的消息传给高朗翰骑士。

巴吉马伽斯王驰马奔行了两里左右，来到了一个风景清幽的山谷，远远望去，只见谷中有一幢精舍，舍前有一位容貌英俊的骑士，正骑着白色战马，身披白色盔甲，手持长矛，迎着他疾驰而来。巴吉马伽斯王见状，赶紧举矛防御敌人，哪知刚一交手，手中的长矛便被白马骑士所持的盾牌折为两段。对方紧接着就是奋力一击，这一击力又快又狠，巴吉马伽斯王根本来不及举盾招架，就被打落马背，只见那白骑士也紧跟着跳下马来，从他手中夺过白色盾牌，说道：“骑士，您做了一件蠢事。要知道，这面盾牌只有所向无敌的人物才配使用。”随后他走到巴吉马伽斯王的侍从那边吩咐他：“您把这面盾牌带给高尚骑士高朗翰，他就住在你们借宿的修道院里，好好地替我伺候他。”侍从说道：“骑士先生，敢问尊姓大名？”骑士答道：“不必管我的姓名，不用说你，世间上谁也不知道。”那侍从又问道："善良的骑士先生，我心怀对耶稣基督的敬意，恳请您告诉我，为什么凡是使用这面盾牌的人都要受伤呢？"那骑士说："既然你求我，那我就告诉你吧，这盾牌非高朗翰莫属，其他人就不用痴心妄想了！"侍从走到巴吉马伽斯王面前，问他是不是受了重伤？他说："是的，确实受了伤，我怕很难活下去了。"侍从听罢，赶紧把他的马牵来，只见他带着极大的痛楚，由侍从照应着返回到修道院里。抵达以后，侍从又赶紧扶着他缓缓地下了马背，代他卸去武装，再把他放在床上，小心地照料他的枪伤。据史书记载，他在那里睡了很久，方才逃过一死。

第十章

高朗翰怎样拿了盾牌走出去的，艾佛莱克王怎样收到了约瑟·亚利马太的盾牌。

然后，那侍从捧着盾牌向高朗翰骑士说道："高朗翰骑士，那位打伤巴吉马伽斯王的骑士向您问候，并且说这面盾牌一定请您携带，有了它您才可以做出许多惊天动地的大事。"高朗翰说："但愿上帝赐福并且赐予好运。"说完，就叫人取来武器，骑上了马，把这面白色盾牌佩于身上，祈求上帝保佑之后，便离此向那谷中去了。临走之际，卡文英骑士表示如若高朗翰喜欢的话，他情愿与他结伴同行，但高朗翰骑士婉言谢绝道："骑士先生，这样不行，除了这个侍从以外，我只能单身一个人去。"卡文英听罢，便未一同前往。

不一会儿，高朗翰来到了山谷，只见那位白衣骑士正在舍旁等候，两人见面，彼此施礼问候之后，高朗翰便开口问道："骑士先生，我想，这面盾牌已显示了不少奇迹了吧？"那骑士答道："自从基督耶稣受难后三十二年，就是那位仁慈的骑士亚利马太，以前他曾从十字架上取下耶稣的圣体，后来他带领了一大群和他有亲属关系的人们离开了耶路撒冷。他们一路上辛苦地做工，一直走到了一座名叫沙拉斯的城里。当约瑟到达沙拉斯时，有一个名叫艾佛莱克的君王正在和沙拉森人交战，在这里同他作对的是一个沙拉克人，他是艾佛莱克王的表亲，名叫陶来穆·拉·凡滋，这人是一个财多权大的君王。有一天，他们两人碰了面，就此大战起来。约瑟·亚利马太的儿子小约瑟曾对艾佛莱克王说过，除非艾佛莱克王肯摒弃这里的旧律法，信奉新律法，才不会被人打败并杀死。当时，他指给他看，信奉神圣三位一体的人才是对的。艾佛莱克王对于这一点全心全意地接受了，那时他奉了死在十字架上的基督的圣名，而为艾佛莱克王专门做了这面盾牌。因为他有了虔诚的信仰，所以战胜了陶来穆王。当艾佛莱克王平常交战的时候，那盾牌上总是蒙着一块布，只有到了最危险的时候，他才将这块布拉去，那么从前死在十字架上的一个人的形象就显现在盾牌上，敌人一见，立即败退。那时艾佛莱克王的部下中曾有一个人，他的手被砍断了，另一只手就拿着那只被砍下的手。约瑟看见了这种情形，就吩咐那人虔心诚意地去碰一碰盾牌上的十字架。等他碰过之后，那断下的手立刻恢复了从前的样子。在这不久以后，又有一桩极为惊奇的事情发生了，盾牌上的十字架忽然隐去不见了，而且没有任何人能够知道它到哪里去了。随后，艾佛莱克王就同全城中大半的百姓接受了洗礼。又过了不久，约瑟离开此地，不管他同意还是不同意，艾佛莱克王一直跟随约瑟同行。恰巧他们来到此地，这个地方当时被人称作大不列颠，他们在这里遇到一个大恶的外邦人，他把约瑟卷进了监狱。这一消息恰巧传到了一位名叫孟强斯的大人物的耳朵里，他之前对约瑟之名早有耳闻，所以一听到这消息，立即聚集了他的百姓赶到大不列颠，将那个险恶的外邦人消灭，又剥夺了那些人的承继权，将约瑟从牢里搭救出来。从此以后，大家就信仰了基督教。”

第十一章

约瑟怎样用他自己的血在白色盾牌上绘出一个十字架；高朗翰怎样被一个修道士送进墓里。

此后不多久，约瑟便重病卧床，艾佛莱克王看到这种情况，心中极为忧伤，因而说道：“我一心为了您的爱抛下了我的祖国，到处追随您。现在我看您将要和这个世界永别了，所以求您能留给我一点儿作为纪念的东西，好使我时时能够想念着您。”约瑟答道：“好的，我很乐意这样做，你从前同陶来穆王决战的时候，我给你的那只盾牌，现在请你给我拿过来。”待约瑟将盾接到手里，他就把自己的鼻子刺伤，让血流不止。接着他用自己的血在盾牌上画了一个十字架，然后说道：“现在您可以看看这纪念品了，它表示我永远爱着你。这面盾牌，不论什么人，绝不要想戴在颈上，否则一定会后悔莫及，到了进修自有一个名叫高朗翰的善良骑士能够戴上它，也只有他才能佩戴上，这人是耶稣最后一代子孙，他有了这面盾牌之后，将会干出一番轰轰烈烈的事业。”艾佛莱克王又问道：“我应当把这面盾牌放在什么地方，方能让那高贵的骑士可以取得？”“您可以放在隐士南显那里，等他死后会再安排一个地方。而那位善良的骑士，在接受骑士爵位后的第十五天就会到达那里，又在那同一天，他将在隐士南显放置尸体的礼拜堂里，唯有这时候，他才会得到这面盾牌。”那白衣骑士说完，便倏然不见，踪影皆无了。

侍从在旁听完了这些话，立即跳下马，跪在高朗翰的脚前请求跟随他同行，并且恳求赐封他做骑士。高朗翰说：“好吧，我不会拒绝你。”这侍从又说：“那么，您肯封我做骑士吗？上帝保佑，我会尽力做好。”高朗翰骑士自然也答应了他，然后两人再转回到原来住的教堂中，这时堂里已有许多人都以极大的热忱欢迎高朗翰。等高朗翰下了马，有一个修道士上前引导，但是他的声音如此可怕，足令任何人听了都能发狂或是精力脱虚。众人纷纷说道：“骑士，我们想这一定是魔鬼在里面作祟。”

第十二章

高朗翰骑士在坟墓里听到和看见的怪事；他怎样封麦烈斯为骑士。

高朗翰说：“领我到那里去吧。”他们就照顾他去了，高朗翰这时全身武装，只不曾戴头盔。那人领着高朗翰来到一处墓地后，说道：“现在您到坟地去，把墓打开。”当他照着这话做完，忽然间听到一个极大的声音，悲惨惨地在说话。其声响之大使所有在场的人都能听到。那声音说："高朗翰骑士啊，您这耶稣基督的仆人，请不要靠近我，不然的话，您就要逼迫我又得回我的老家去了。"但高朗翰毫不惧怯，伸手掀起了那块石盖，里面有一阵浓浊污秽的黑烟袅袅而出，跟着还有一个污浊不堪、略似人形的虚影跳了出来。高朗翰忙替自己画了一个十字，用以辟邪，他知道那出来的显然是一个魔鬼。这时又听见有声音在说道："高朗翰呀，我看您的周围有许多天使在保护着您，我的力量不够触犯您。"正在这时，高朗翰又看见一个尸体睡在那古墓里，全副武装，身旁还放了一口剑。高朗翰大声嚷道："好弟兄们，现在来让我们把这尸体搬开吧，他是一个伪基督徒，他是不配睡在这教堂墓地的。"于是他们一起离开了墓地，共同来到教堂里。高朗翰卸下武装还没多久，来了一个善人靠近他坐下，并对他说道："骑士，我要告诉您，您在坟墓里所看见的那一切象征着什么，那遮盖着的身体乃是象征世上的困难和大罪孽，也就是基督在世上所寻找的。因为那时世上有了这样的悲惨痛苦，甚至父不爱其子，子不孝其父；又因为那时我们的罪孽很大，几乎充满了邪恶。为此，基督成了血肉的身体，由处女怀胎出世。"高朗翰说："确实，您这些话我完全相信。"

高朗翰骑士就在那里住了一夜，第二天早上他封了他的侍从做骑士，问过他的姓名，又问了他的祖上来历。那侍从答道："骑士先生，我是丹麦王的儿子，人家称我麦烈斯·得·礼耳。"高朗翰骑士对他说："善良的骑士，你既是国王和王后的后代，你理应得到骑士的爵位，可是你还应当去做所有武士们的一面镜子。"麦烈斯说："骑士先生，您说得对，但是骑士先生，您既然封了我做骑士，您就有权赐给我第一个合情合理的愿望。"高朗翰骑士说："把你的愿望说给我听听吧。"麦烈斯说道："那么，您可以允许我随您一同去寻求圣杯吗？我誓死追随。"高朗翰骑士道："我答应你。"

当下便有人将盔甲、长矛和马匹等都带给了麦烈斯。于是他们一同骑行而去，路上走了一个星期，并不曾碰到什么奇闻异事。又是一个星期一，那天早晨，他们行到一个岔路口，看到路口竖了一个十字架，由此路分两条，在十字架上有这样几句话："尔等游侠骑士，如存心寻求奇迹，务要注意两条大路，一条阻止尔等前进，否则将无法走出，唯有善人及正直骑士方为例外；倘若走左边那条路，便不能轻易获得成功，因为在这条路上将要很快遭到考验。”当下，麦烈斯对高朗翰说：“倘使您愿意让我走左边的那条路，在那里我就可以明白我的力量了。”高朗翰说：“我想您还是不要走那条路吧！我想面对危险，我比你容易逃脱一些。”麦烈斯恳求地说道：“我的爵爷，请您让我冒这险吧！”高朗翰说：“奉上帝之名，您照您的意思做好了。”

第十三章

麦烈斯参与的冒险，高朗翰怎样为他复仇，以及麦烈斯怎样被带入教堂。

话说麦烈斯一路前行，进入了一座古林，沿途又走了两天多，方才到了一片草原，一幢用树枝编成的茅舍立在那里，颇为精致。近前一看，屋内有一把椅子，上面放置着一顶精工制成的金冠。地上铺着布，布上陈列着许多精巧可口的肉食。麦烈斯骑士当时见到这种奇迹，觉得很是惊异，只因尚不饥饿，就只注意那顶金冠罢了。他于是停下来，弯腰拿起了金冠，便放马循路而去。走了不一会儿，他发觉从后面追来了一个骑士，只听他边追边喊道：“骑士，那不是你的金冠，给我赶紧放下，吃我一击！”麦烈斯骑士这时一面在额上画了一个十字，一面祈祷：“天主啊，请求您帮助我，救救我这新封的骑士吧。”两人身体临近，两匹马奋力前冲，不料那追来的骑士一矛捌来，早打破了麦烈斯的铠甲，那矛尖也从他身体的左面刺进了，麦烈斯随即倒下，伤重得差不多快要死去。再看那人已拿起金冠扬长而去，只剩麦烈斯骑士一人躺在当地，气息微微，已没了动弹的气力。

恰在这时，高朗翰来了，一见麦烈斯危在旦夕，就向他问道：“麦烈斯啊，是谁将你打伤的？我想您要是走另外那条路就好了。”等麦烈斯骑士听清了他讲话的声音，便勉强挣扎着说道：“骑士，请看在上帝面上，不要让我死在这树林里，求您带我到附近的教堂里，好让我认罪，使我求得安慰。”高朗翰骑士说：“这个好办。但是，那打伤你的人在哪里呢？”话才说完，高朗翰忽听见那边树丛中有声音在叫道：“骑士，小心着我吧！”麦烈斯赶紧说道：“啊，骑士，请留心，那个就是杀我的人呀！”高朗翰扬声答道：“骑士先生，只要您不怕死，您来好了。”两人随即放马相对奔来，冲在一起，高朗翰手持一矛刺入那骑士的肩头，只见那人应声栽倒，高朗翰的矛也因此而折断了。

立时，忽又有另一骑士也从树林内冲将出来，趁高朗翰还没调转马头，他便刺出一矛，不想正击在他的盾牌上，矛顿时裂成两段。高朗翰随手拔出宝剑，将他一只左臂砍落在地。这人一受伤，慌忙转头就逃，高朗翰骑士从后面紧追了一阵，然后又回到麦烈斯骑士躺着的地方下了马，将麦烈斯轻轻地抱上马背，因为那支矛柄还在他身体里未曾拉出，高朗翰骑士便坐在他的后面，伸出两只手搂着他，一同走到一个教堂，为他卸下了武装，又放在一间房里让他睡下。麦烈斯随即恳求救主。等礼节完毕，他对高朗翰说：“骑士，让死神来好了，我一点儿也不怕了。”说完了这话，他握紧矛柄奋力地将其从身上拔出，血如泉涌，人即昏倒了。

这时，恰好从外面进来了一个老修道士，以前他也是一位骑士，此人一见麦烈斯的情况，立时替他仔细地检查了伤口，并且向高朗翰骑士说：“他的矛伤，靠上帝的恩典，我可以在七周之内把他医好。”高朗翰骑士听了这话，十分欣喜，便也卸下武装，说要在那里停留三天。后来他问麦烈斯骑士感觉怎么样，麦烈斯说他感谢上帝让他此次能够大难不死。

第十四章

高朗翰骑士是如何离开的，他又是怎样奉命到美女堡去消灭那里的邪恶力量的。

三天过去了，高朗翰骑士对那位老修道士说：“因为我还有很多事等着做，所以我要离开了，为了追求那只圣杯，很多杰出的骑士们都致力于此，我和这位骑士也正为这事而来。”那位善良的人说道：“骑士阁下，因为他有罪，所以他才受了伤。”随又转向麦烈斯说：“我很奇怪是什么样的道理使您这样幸运，您并不承认犯过罪，为什么还能得到骑士这一爵位？也正因为如此，你才遭到这次的重伤。那两条路，在右面的一条是代表我主基督，那是专门为真诚善良的人而开的路。另一条则是给罪人和不信仰基督的人设立的。当魔鬼看见你因寻求圣杯而趾高气扬的时候，他们就把你打倒了，唯有那些恪守道德的人，方能追求得到。再说，十字架上写的字，是天上功绩的一种显示，也是骑士为上帝工作的事迹，而不是骑士在人间的功业。骄傲是恶的来源，就因为骄傲才使得这个骑士离开了高朗翰。而且在你拿金冠的那一瞬间，你就已犯了贪婪和偷盗的罪行了，所有这些，全不是骑士应有的行为。和这位有圣者之德的高朗翰相斗的两个骑士，代表的就是麦烈斯身上的两种罪孽。”接着他又对高朗翰说道：“正因为您没有那两种致命的罪孽，所以那两个罪恶的勇士才不能将您打败。”

现在高朗翰将他们的一切交托在上帝手里，然后走开。分手时，麦烈斯骑士恳求道：“我尊贵的高朗翰阁下啊，只要我能骑得上马，就回来找您。”高朗翰说：“愿上帝保佑你健康。”说罢骑马而去。自此他一个人，也不知经过了多少地方，无拘无束，并具有侠士一样的心肠。随后，他从一个名叫阿白拉苏堡的地方出来，在离开那堡以前，但却未曾先去望过弥撒。依照他的习惯，每当离开一个地方或城堡的时候，他总要望一次弥撒的。因此高朗翰骑士向一座山旁走去，在那里，他找到了一座已经荒废、又老又破的小教堂，他走进里面，却不见一人。于是高郎翰骑士跪在祭台前面，恳求上帝指点他的方向。正在他祈祷之际，只听见一个声音说道：“喜欢冒险的骑士啊，现在快到美女堡去吧，去把那里的万恶风俗和邪恶力量给扫除掉。”

第十五章

高朗翰骑士是怎样与堡内的骑士决斗，又是如何毁掉堡内的邪恶风俗的。

当高朗翰骑士听到这些话以后，随即感谢了上帝，骑马而去，走了不到半里路程，来到一个山谷，看见谷中有一座建筑得很坚固的城堡，四周围绕着深沟，旁边有一条河流过，他在路上遇见一位老人，彼此相互打过招呼后，高朗翰便问老人这座城堡的名字。老人说道："骑士阁下，这就是美女堡。"高朗翰骑士接着说道："原来这就是那座受诅咒的城堡呀，据说接近它的人，都毫没有怜恤的心肠，都是些险诈恶毒、毫无情意的人。""我劝您还是回去吧！"老人说道。高朗翰骑士说："先生，我既然来了，就不愿再转回去的。"高朗翰骑士把自己的武器检查了一番后，拿起盾牌，挡在自己胸前，继续向前走去。没多远他就遇着了七位少女，她们开口向他问道："骑士阁下，您骑着马到此地来，真是一件顶大的傻事，您瞧前面那条河怎样渡得过去呢。"高朗翰说："我为什么不能渡过那条河呢？"说着，高朗翰骑士离开了这几位少女，向前走去，接着又碰见了一个侍从，这个侍从对他说："骑士先生，您不能再往前走了，除非您把来这里的用意明明白白地告诉他们，否则城内的骑士们会向您挑战的。"高朗翰骑士答道："先生，我的来意就是要把这城里的邪恶坏风俗改变一下。"侍从说："骑士，您如果执意要按您自己的想法做事的话，您会遇到很大的麻烦。"高朗翰说："现在你就快去把我要做的事告诉他们吧！"

侍从立即回城堡里去了。过了一会儿，城里果然冲出了七个骑士。他们一见高朗翰，同声大喝道："你这骑士，站住。我们想你是自寻死路来的吧！"高朗翰说道："什么，你们打算七个人一起上吗？"他们说："当然，还有假的不成。"高朗翰听罢，将矛向前刺去，那七个骑士中的第一个人应声跌倒在地，只差一点儿就把头颈骨折断了。同时对方其余的人奋力打来，正撞在高朗翰的盾上，因为用力太猛，结果两支矛一齐折断。这时高朗翰骑士拔出了剑，冲上去向其他几个人刺去，由于他的武艺精湛，变化莫测，令人目眩神迷，叹为观止。又因为其力量奇大，逼得那些人纷纷后退，一个个落荒而逃。高朗翰骑马紧追其后，把他们都赶出了城外，自己则赶忙从另外一道城门飞奔而去。

在刚追到城门时，高朗翰骑士看见有一位老者披着宗教法衣，站立在城门中间，口中说道：“骑士先生，这是城门的钥匙。”高朗翰骑士接过来打开了城门，进去一看，街道上的百姓多得数不胜数，这些人见了他都说：“先生，我们热烈地欢迎您，我们在这里已等待太久了，等候有人来营救我们。”随后，又有一个和善的妇人走来向他说道：“那几个骑士现在已逃跑了。但是今天晚上，他们还是要回来再搞那种万恶的勾当。”高朗翰骑士问道：“你们需要我做点什么呢？”那位和善的妇人说：“先生，我们希望您能把那几个占领了我们城堡的万恶的骑士叫来立誓不在作恶，恢复我们古时候所流行的风俗习惯。”高朗翰骑士说：“好吧，我很乐意这样做。”那位妇人于是拿出来一只用象牙做成的号筒，它四面镶金，十分精美，同时又说道：“先生，请您吹一下，这样在两里之内的人都能听到。”高朗翰骑士吹了以后，便坐在一张床上。

稍后，一个祭司走近了高朗翰告诉他说：“阁下，七年之前，这七个人来到这城里，先藏匿在这城主家里，城主名字叫李安农公爵，也是这一国的首领。这七个人看见公爵的女儿貌美如花，都垂涎欲滴，便施出一些阴谋诡计，彼此间钩心斗角，后来公爵想远离他们，但是不幸的是他和他的长子被这七人杀死。而且他们还玷污了公爵的女儿，又抢夺了全城的财宝。此外他们又用武力迫令全城的骑士服从他们，侍奉他们，就是平民的衣物也被他们抢劫一空。有一天那公爵的女儿向他们说道：‘你们如此凶狠地迫害我，杀了我的父兄，占领了我的土地，尽管如此，可是，你们却不能永远占据这座城堡，若干年后，有一位骑士将会到来，到那时他自然会来收拾你们。’这是她七年前的预言。当时那七个骑士说：‘好的，只要他不顾性命或是不怕死，等他来了，我们就把这城让给他好了。’因此这座城特地取名叫美女城，因为他们已毒害过许多年轻女子了。”高朗翰骑士说：“那位公爵的女儿现在还在这儿么？”这位祭司说：“为了不再被他们的强迫，她过了三夜就死了，自那时起他们又抓住了比她年轻的她的妹妹，因此她的妹妹和其他少女们都受了极大的痛苦。”

号角声响后，当地全部的骑士都来了，高朗翰叫他们一齐对君王的公主表示敬意与忠诚，并使他们放松心情不必怕那些恶毒的人。第二天早晨来了一个人告诉高朗翰说："那七个邪恶的骑士已被卡文英、卡力兹和乌文英三人杀死了。"高朗翰骑士说："我想这样很好。"说完，他拿起盔甲，乘马告别而去。

第十六章

卡文英骑士怎样为追赶高朗翰而来到一所寺院之内，以及他怎样对一个修道士忏悔。

自从卡文英骑士离去以后，他一人骑马踏上旅途，往来无定，已走过了不少路程。最后，他来到一所修道院，这就是高朗翰骑士之前获得白色盾牌的地方，同时他在这儿打听到了追寻高朗翰骑士的线索。原来卡文英进了寺院，发现麦烈斯正因伤重而卧病不起，麦烈斯骑士这时便把高朗翰所经历的一些英勇冒险的故事都告诉了卡文英。卡文英骑士听了兴奋地说道："高朗翰骑士已完成了如此多惊奇冒险的旅途，可惜我没法找到他，只要我能遇着他，绝对不会再轻易地和他分开。"修道士中有一位说道："骑士，他并不想要与你做旅伴呀。"卡文英骑士问道："为什么呢？"那修道士说："骑士，你是做了恶又犯了罪的，而他所做的一切都是造福他人的。"正当他们站着讲话之际，卡力兹骑士下马进来，彼此相见，他们互相都感到欣喜。第二天清早，大家做过弥撒就告别而去。在路上，他们又遇见了乌文英骑士，乌文英骑士告诉卡文英骑士说，自从离开亚瑟王以来，他从没碰到过任何奇迹。卡文英骑士答道："我们也是如此。"于是他们三人互相商量了一番，觉得彼此都是为了追求圣杯，大可不必分离，如果真的碰上什么运气不好的事再作决定也不迟。

他们商量好了之后就离开了，一同来到美女城，恰好被这里的七个同伙作恶的人窥见了，七人知道他们三个人一道，便计议道："高朗翰那个骑士把我们从城堡里逐出来，如果我们能先打败这三个人，然后把亚瑟王朝的全部骑士斩尽杀绝，便可出这口气了。"说完之后，那七个骑士就和这三个骑士大战起来，幸而运气好，卡文英骑士不费力地把这七个中的一个骑士杀死。卡文英骑士的同伴又杀了另外两个，余下的也都被杀了。当时，他们走的是城堡正面的一条路，因此和高朗翰所走的那条路正好相反。在这个地方，他们三人又彼此分开了。先是卡文英骑士骑马而行，直行到一个修士的住所，在这里找到一个善人，正在对圣母晚祷。卡文英骑士就向他请求住宿一夜，那善人欣然答应了。

后来，那善人问他是什么人，卡文英骑士告诉他说："先生，我是亚瑟王部下的一名骑士，为追求圣杯而来的，我的名字叫卡文英骑士。"那善人又问他说："骑士阁下，您和上帝之间的关系怎样，我想知道一二。"卡文英骑士道："先生，我非常乐意将我所遇到的事讲给您听。"于是他就告诉这个修士说："曾经在一个修道院里有一位修道士，称我是一个罪恶的骑士。"那修士听后说道："他这样叫你是可以的。在你刚被封作骑士以后，就理当做些骑士的事业，并且过着道德严肃的生活，可是你的行为恰好相反，这么多年以来你都在放纵自己，并且生活丑恶。而高朗翰骑士却是一个保持童贞的人，他永不犯罪，因为这个缘故，所以不论到什么地方，他都能够做很多善事，但你却不能得到这样的成就。而且你的同伴中也没有一个人能够成功，因为你们所过的生活，在我所知的骑士中，是一种最虚伪的生活。如果你们不像现在这样恶，那七个骑士就永远不会被你和你那两个同伴所杀掉。因为在前一天，高朗翰骑士已经打败了这七个人，但是他一生绝不会这样随便去杀一人的。同时，我可以告诉你，在耶稣化身以前，有些善良的灵魂曾经被囚禁在美女城。而那七个骑士就象征了七种滔天的罪孽，统治着当时的整个世界，我也可以说纯洁善良的高朗翰则是象征上帝的儿子，把所有人从奴隶身份里释放出来，正如高朗翰骑士从悲惨的城堡中救出妇女时所做的一样。"

接着，善心的人又说："卡文英骑士呀，对你的罪过，你必须痛加忏悔。"卡文英答道："我应当怎样悔改呢？"那善心的人说："只要你肯依照我的话。"卡文英骑士说："不，我不要悔改，因为我们冒险的骑士，时常要遭到无限的悲哀与困苦。"于是善心的人只说了一句："好吧！"于是他就不再开口了。第二天清晨，卡文英告别了那修道士。在路途中，他适巧和阿各娄发骑士及各利夫莱骑士不期而遇，这两位也是圆桌骑士，原来他们两人已经骑马走了四日，都没有碰到什么奇特的事，到了第五天，大家才各自分开。从那以后他们都打算凭借运气，去看一看前方有什么事正等着他们。在这里，我们暂时不讲述卡文英骑士和他的同伴的故事，还是说一说说高朗翰骑士的事情。

第十七章

高朗翰骑士如何遇到兰斯洛特骑士和薄希华骑士，在把他们打倒之后，又怎样离开了他们。

高朗翰骑士自从离开了美女堡，骑马一路行来，这天到了一个荒凉枯败的树林里面，而兰斯洛特骑士同薄希华骑士也正在这里，因为高朗翰已换了新装，所以他们都不认识他了。他的父亲兰斯洛特骑士一见他走来，立即摆动长矛对着他打去，才一击那支矛柄就立刻断在高朗翰骑士的身上，紧跟着高朗翰还了一击，将他连人带马一起打翻在地。高朗翰又拔剑出鞘，对准薄希华骑士一剑刺来，直穿进了钢盔，如果不是剑身偏了一些，薄希华应该已被刺死了。但在剧烈的震动作用下，他也从马鞍上跌了下来。他们这次打斗的地点，正好在一座修女院的门口。当时有一个修女看见了高朗翰骑在马上，便向他说道："愿上帝与您同在，您真是世界上了不起的骑士呀！"因为她这一大声说话，声音嘹亮，都被兰斯洛特和薄希华听到了，只听她又说道："啊！当然，如果前面那两位骑士认识您并且同我一样的熟悉的话，他们绝对不会同您打了。"当高朗翰骑士听她如此一说，害怕被别人认出了是他，所以赶忙用马刺蹬了一下马，让马大踏步地飞奔向前。可是他们这时都已看出来他就是高朗翰，便也跨上马，快步追了上去。追了一会儿，他早走得看不见了。这两人见赶不上，闷闷不乐，只得再行转回。薄希华骑士提议说道："让我们去问一声前面这位修女，看看她能不能告诉我们点什么。"兰斯洛特骑士无可奈何地答道："随您的便吧！"当薄希华骑士向那修女走来的时候，那修女原来非常清楚了解他，而且也认识兰斯洛特骑士。但是兰斯洛特骑士掉转头进入对面一片荒凉的树林中去了，树林中杂树丛生，找不到一条路，他只有随着自己的感觉往前艰难地行走。最后，他来在一个石锅的十字架旁边，这个十字架分开了两条路，通向一片荒地，在十字架旁边，又有一块大理石做的东西，但因为夜色已晚，天太黑，兰斯洛特看不清楚这到底是什么。兰斯洛特骑士又向四周望去，看见附近还有一个古老的小教堂，他想在那里一定能够找得着人，于是兰斯洛特骑士将他的马拴在树上，又放下盾牌挂在树上，走到那教堂门前，只见那教堂早已塌倒，荒芜不堪。他走进去后发现里面竟然有一座很好的祭台，装修得非常富丽，上面挂着丝绸做成的帘幕，台上放着一只又精致又洁净的银蜡台，蜡台上点着六支蜡烛。兰斯洛特看见这烛光，满心高兴地想再走进里面看看，可是却找不到进去的路，心里便感到十分郁闷和不安，而且还有点儿害怕。这时，他又回到拴马的地方，解下了马的嚼铁，放它吃草，他自己也脱下了头盔，把剑放下，躺在他的盾牌上，在十字架旁边睡了下来。

第十八章

兰斯洛特骑士怎样在半睡半醒之中看见一个病人睡在担架上，并且后来被圣杯治愈。

兰斯洛特骑士就这样睡下了，在他半醒半睡的时候，他看见来了两匹白马，马上驮着担架，里面睡着一个有病的骑士，当这个病人走近十字架的近旁，马上停了下来。这时，兰斯洛特骑士并没真的睡着，因此他把所有事情都看得一清二楚。他听到那骑士喃喃地祷告说："亲爱的主，这个愁闷什么时候才能远离我呢？我什么时候才能取到您的圣杯呢？我在什么时候才能得到您的保佑呢？只因为犯了一点小的罪过，我已经受了很久的苦难了。"那个骑士这样一直在诉着苦，兰斯洛特都听到了。正在这个时候，兰斯洛特骑士突然看见那点燃着六根蜡烛的烛台缓缓来到了十字架的前面，但是并没有任何人捧着它，与此同时，一只银制的台子也出现在眼帘，上面放着一只圣杯，这只圣杯就是兰斯洛特从前在伯奇王的家中看见的那只。在很短的时间内，那位有病的骑士坐了起来，举起双手，颤抖地说道："亲爱的主，现在在这圣杯中，求您施恩给我，让我的病可以获得痊愈。"说完这番话之后他匍匐着伸出双手，跪着向前爬去，在碰到了圣杯后，用嘴吻了一下。这骑士马上就变得同健康人一样，他又说道："上帝，我感谢您，您把我的病都医好了。"

圣杯又停在这里一阵后，才连同那烛台带着光明一起慢慢地进入小教堂里，又马上不见踪影。从那以后兰斯洛特就再也不知道它到哪里去了，因为他此时已经沉沦在罪恶之中，不能控制自己，以致在圣杯面前连站起来的力量都没有了，所以后来有许多人说到他这事，都认为是令人羞愧的，但他从此以后不断忏悔。当时，那个病愈了的骑士穿上衣服，站起来，又吻了十字架一次。他的侍从随即给他拿来了武器和衣物并且问他感觉怎么样。那骑士说道："当然，我十分感谢上帝，因为圣杯我才得以痊愈。但是，令我奇怪的是那睡着的骑士，在圣杯连同烛台的光明出现的时候都没有醒过来的力量。"那个侍从又说道："我敢说他一定是沉沦到了万恶的罪孽中去了，他一定从来没有坦白忏悔过。"那骑士答道："其实，不论他是什么人，他一定不会快乐，我猜想他可能是圆桌骑士中的一名骑士，大概已参加了寻求圣杯的任务。"侍从说道："阁下，除了您的头盔和剑以外的其余武器，我都给您带来了，现在我劝您不妨借这骑士的头盔和剑用一用。"于是，他也就这样做了。在穿戴完衣物武器之后，那位骑士看见兰斯洛特的那匹马比自己的马好，便又骑上了他的马，离开了十字架，扬长而去。

第十九章

有一个声音对兰斯洛特进行解说；他发现自己的头盔与马匹都不见之后，他步行离开。

不久，兰斯洛特骑士完全醒了过来，翻身坐了起来想着刚刚看到的事情，究竟是真的还是梦呢。正当他思考的时候，突然听到有一个声音对他说道："兰斯洛特骑士啊，你比石头更硬，比苦艾还苦，比无花果树叶还赤裸，因此您必须离开此地，从这圣地上滚出去！"当兰斯洛特听了这声音以后，心中更加郁闷不知道该怎么做，只有在痛哭了一场之后起身离开，并且一直抱怨着自己的运气不好。他又想着，从此他不配再受到别人的尊敬了。而且，刚刚那个声音说的这几句话说到了他内心深处，这些话也对他启发不少。后来兰斯洛特走到十字架的旁边，发现他的头盔、宝剑以及马匹都被那人拿走了。那时候，他只有自嘲自己的可怜，并认为自己是全体骑士中间最不幸的那一个，接着他又思考了一会儿，才说道："我的罪孽和我的恶迹给我带来了多么巨大的耻辱啊，就因为争夺世间的荣华，人间的欲望，所以我才在这些污浊的事情中逞能，独显本领，不论是对的错的，善良还是邪恶的事物，我每次都能获得成功、获得胜利，从未受过任何挫折。可是现如今呢，为了要追寻神圣的宝物，我不管有多么的辛苦，都要去冒险，去尝试。今天我看清而且认识到我旧日的罪孽会阻挠我的成功，甚至让我遭受耻辱。最后当神圣的圣杯显现在我的面前的时候，我竟然毫无力量不能动一动、不能讲出一句话来。"这样的悲伤懊恼使他熬了通宵不能入睡，直到黎明出现，听见鸟在枝头歌唱之后，兰斯洛特骑士好像才得到了一点儿安慰。而这时兰斯洛特寻遍了周围都没有发现他的马具和剑，所以他更加坚定地认为上帝已不再喜欢他了。

随后他离开了这座十字架，步行走进了树林，大约在早晨9点的时候，他在山麓上找到了一间精美的房子，这里面住着一位修士，他正在做弥撒。兰斯洛特看见他之后，立即远远地跪了下来，大声哀求主能怜悯他这个可怜的人，宽恕他的一切恶迹。等到修道士做完弥撒之后，兰斯洛特向那位修士喊叫，恳求他大发慈悲，能够坐下来听一下他一生所行所为的事情。那位善心的人说道："您有了善念了，您有了善念了。"接着又说，"骑士，您是不是亚瑟王亲自挑选的？您是不是圆桌骑士中的一员？"兰斯洛特恭谨地答道："确实是的，我的名字叫兰斯洛特·莱克骑士，这名字一向是受人称道的，可是现在呢，不幸的是我的命运变了，我已经成为世间上最可怜的人了。”修道士听到之后，对他上下打量了一番，觉得非常奇怪，不知为什么他会这样颓废不堪。于是，那隐士说道：“骑士，你比其他骑士应当更加感谢上帝，因为上帝已经使您得到世人的尊敬，远过于所有其他在世的那些骑士。只是你的骄傲让你犯了死罪，你用浊世的眼光，一定看不见主。而且，上帝决不会在这种地方显现，好让罪大恶极的人也能看见。但是，假若他显示给这种人看见了，这就会使他遭受到更大的痛苦和更大的耻辱。说到目前活着的骑士中，没有任何一个人比你更应该感激上帝，因为他赐给你的健美、大方、骁勇，全都高出其他骑士，所以你应当比别人更敬仰上帝，你要爱主，敬畏主。如果上帝真要制裁你，不论你有多么大的能力，也是枉然的。”

第二十章

兰斯洛特骑士怎样忏悔与忧伤，又有什么样的榜样显示给他看。

这时兰斯洛特骑士精神颓废，十分悲痛，他哭着说道：“现在我知道您讲的全是真话。”那位善人说：“骑士，往日任何罪过，你都不要隐瞒。”兰斯洛特骑士答道：“说真话，我真的很害怕把所有的事情都说出来。因为这十四年以来，我的所做所为从没暴露过一件，我害怕在我坦白之后我的羞耻与灾难会增加，但是现在……”接着，他就把自己一生中所做的事毫无掩饰地告诉了那位善人。于是，他说出他怎样爱上了一位王后，他说：“我所有的伟大战绩，绝大部分都是为了这位王后。为了她，不管是对是错我都全力以赴，我参加过很多次战争，但却没有一次是专为了上帝而打的，只不过为了获得尊荣，和赢得她更多的爱而已，以致我很少甚至不曾感激过上帝。”兰斯洛特骑士又说：“我恳求您指引我。”那修士道：“我是很乐意引导你的，只要你能向我保证，从今天起，此后你永远不再同那位王后交往，你必须尽量忍耐一切。”兰斯洛特骑士随即发誓，答应他这样去做。那善人又说：“要察看你的心和你的口是不是一致，我才可以保证你以后能否比以前得到更大的尊敬。”

兰斯洛特骑士马上跪下来大声地说："圣洁的主啊，我对那个向我讲过那么奇妙的话的声音感到十分惊奇，就像我刚才告诉您的那样。"善人又说道："你不必惊奇，看来上帝是喜欢你的，因为世上的人都知道石头是很硬的东西，但还有一种比石头更硬的，兰斯洛特骑士啊，你也应当明白，无论上帝赏赐你怎样好的东西，你总不肯脱离罪孽，所以你比任何石头都硬，无论用水或火，都不能把你变为柔软的东西，因此那圣灵便没法进入你的体内了。现在你要注意，在一切尘世的人中，上帝所赐给你的恩典比任何人都要多，因为主已赐给你美好的仪表，主已赐给你智能，并且还有辨别善恶的能力，主已赏赐你勇敢与刚毅。现在，我们的主不再让你这样下去，不管你情愿与否，一定要去认识主的。为什么那声音说你比苦艾还苦呢？因为一个地方有了太多的罪孽，那个地方的甜蜜也就随之减少了，所以它把你比作一棵老而腐朽的树。"

"现在我已经给你讲明白你为什么比石头还硬，比苦艾还苦。现在，我还要指给你看，你为什么要比无花果树还赤裸，因为有一次，我们的主在棕榈主日那天来到耶路撒冷讲道，主发现那里的百姓的心肠都是狠毒的，全城的人没有一个愿意款待他。主立即走到城外，在半途中看见一棵长满了茂盛叶子的无花果树，但是树上没有一只果子，我主因为它不能结出果实便诅咒了那棵树。所以你，兰斯洛特骑士啊，当圣杯来到你面前的时候，主发现你没有果子，没有好的思想，没有善意，而且被淫荡所玷污了。"兰斯洛特骑士说："的确，您说的都是真的，从今以后，我要依靠上帝的恩典洗净过去所犯下的罪孽，遵循骑士身份做出英勇的事业。"

于是那善人告诉兰斯洛特应该如何悔改，追求骑士的精神，才能得到赦免，他要求兰斯洛特骑士整天和他一起不能离开。兰斯洛特骑士答应道："我一切遵命，可是我没有头盔、马匹，又没有宝剑啊。"那善人说："关于这些事，在明天傍晚，凡是武装你的东西，我都可以给你准备好。"这时兰斯洛特骑士对自己的罪孽有说不出的悔恨。

兰斯洛特骑士的事迹在此告一段落。薄希华骑士的事迹从此开始，下接第十四卷。

第十四卷

第一章

薄希华骑士遇到一名修士并向其求教，没想到此修士却是他的姑姑。

在我面之前讲述的冒险中，兰斯洛特骑士一直都是骑着马跟在高朗翰骑士后面，两人形影不离。而薄希华骑士此时也原路返回找到了之前遇到的修士，然后跪在修士屋子的窗户前面，这一举动打动了修士，于是她走出屋来，问薄希华想要干什么。“修士，我是国王宫廷中的一名骑士，名叫薄希华·德·盖利斯。”修士一听，顿时满脸笑容，显得极为高兴，因为在那么多骑士当中，她最疼爱的就是薄希华了，当然，她如此疼爱薄希华是有原因的，因为这位修士实际上就是薄希华的姑姑。稍作寒暄之后，修士便带着薄希华走进了屋里，他一进去，便受到了大家的热烈欢迎。然而薄希华可没心情理会别人的欢迎，只是一个劲地向他的姑姑追问白盾骑士的下落。“你怎么那么心急啊，一点儿都不风趣！”“修士，您不知道，在没有追寻到白盾骑士的下落之前，我真的是寝食难安啊。我是绝对不会让他轻易逃脱的，我一定要找到他，和他决一胜负，一雪前耻！”“啊哈？你想和那个白盾骑士决斗？看来你和你父亲一样，都希望能够英勇地战死沙场啊！”“照你的话来看，难道你认识我？”“我当然认识你，你别看我现在是身在修道院，但实际上，我可是你的姑姑呢！我以前的身份是韦斯特的王后，那个时候，大多数富豪可都得对我俯首帖耳，恭恭敬敬地叫我一声王后呢！不过即使如此，当时我的财富所给予我的快乐也没有比现在贫穷所给予我的快乐多。”薄希华一听，眼前这个修士居然是自己的姑姑，顿时潸然泪下。修士见状，便转移话题道：“啊哈，我的好侄子，你现在有你母亲的消息了吗?”“我已经完全找不到关于她的任何一点儿线索了，不过我现在还会经常梦见她。也不知道她现在到底是死是活啊。”“亲爱的侄子，我不得不告诉你，你的母亲已经过世了，在你离开她之后，她独自一人忧郁成疾，最后终于不治身亡了。不过上帝在天堂一定会保佑你母亲的灵魂的。”“这个消息真是太让我痛心了，不过我们现在都得改变自己目前的状态！姑姑，您现在给我讲讲骑士的事情吧，我认为在圣灵节那天拿着红色武器现身的那个人肯定就是他！”“你真聪明，那天那个骑士确实就是你要找的人，但是此人恐怕世上无人能敌啊。”

第二章

梅林将世界比喻成圆桌，骑士将如何找到圣杯。

修士接着讲道：“当初梅林将这个圆的世界比喻成了一个圆桌，而无论是主宰圆桌的人还是统治这个世界的人，都毫无疑问是最有权势的人。其中两股强劲的势力就是基督教徒和异教徒。当这两种人选择成为圆桌武士的时候，这就意味着他们自认为他们将会变得比以前更加有权势。正如你所见到的那样，这些人为了追求所谓的信仰，会不惜离开他们的父母和妻儿。你要明白，一旦你为了追求这种信仰而离开了你的亲人，那你可能就永远无法再见到他们了。梅林在提到圆桌的时候曾说过，只要人们搞清楚追寻圆桌信仰的真谛，那么关于圣杯的秘密就会真相大白了。然后世人就追问他，到底如何才能搞清楚自己应该如何做，才能解开圣杯的奥秘呢?而梅林的回答是：要想找到圣杯，首先就必须找到三个人，其中两个必须是处女，另外一个人则必须是童男。并且这个童男必须在力量和防御上远远超过他的父亲，至少要让他和他父亲比起来，感觉像是狮子和豹子之间的差距。大家听完，即刻提议道：‘可以制作一个笼子，把你挑选出的所有强悍的骑士都关在里面，让他们互相搏斗，最后胜出的那个骑士就是最佳的人选！’梅林听完，觉得此法可行，便依照计划制作了一个笼子，让骑士们进去搏斗，而在这场搏斗中获得最后胜利的，便是高朗翰骑士。”“姑姑，听完您这一席话，我决定以后一定要和高朗翰骑士交上朋友，绝对不会和他做敌人！现在，看在上帝的份儿上，姑姑您能否告诉我，怎样才能找到他吗？我实在是迫不及待地想要见到这个伙伴了！”“侄子，你若想找到他，首先就应该骑马去古斯城堡，此城堡中住着高朗翰骑士的堂兄，到时候你可以在城堡中住上一晚，如果高朗翰的堂兄愿意告诉你他的下落，那你就要骑马尽快找到他，如果他的堂兄不愿意告诉你他的消息，那你就到卡本来克城堡，这个城堡里可住着国王呢，你从国王口中绝对可以打听到高朗翰的行踪。”

第三章

薄希华骑士在僧院遇到伊莱克国王，发现他只是一个老头子。

薄希华挥泪告别他的姑姑后，日夜兼程，一路疾行，突然听到一阵钟声，他循声望去，只见前方不远处竟有一座僧院。此时，远远望去，只见院墙高立，院门紧闭，一片宁静。于是他来到僧院门前，轻轻叩门，然后出来一个僧侣，将其引入院内，不过进院之时，他已被僧侣要求解下武装，所以只得空手进入僧院内部。当晚，薄希华受到了僧侣们的热情款待，美美地睡了一觉，直到第二天，一阵嘈杂声将他吵醒。于是他起身四处探寻，发现原来是僧院中有一位牧师正在准备开祭坛。只见祭坛右边挨着烙铁的位置摆了一张长凳，祭坛后面则放着一张床，床上铺着华丽的遮布，看样子似乎是用金丝银线编织而成的。除此之外，薄希华发现床上躺着一个人，因为脸是被布盖住的，所以也不知道到底是男是女。扫视完这一切，薄希华便收回目光，只是静静地竖着耳朵听着周围的一切动静。祭祀开始后，躺在床上的那个人便站了起来，将脸上的盖布掀了下来，然后就见一名头戴黄金王冠，上半身完全赤裸的老人走到了此人面前。薄希华偷偷望去，只见这个老人身上满是伤痕，从肩膀开始一直延伸到了肚脐。此时，只见这位老人又走到耶稣的圣像面前，面对着圣像，举起双手，嘴里大喊道："伟大的主，耶稣啊！请不要遗忘我！"说完便径直跪了下去，一边参拜圣像，一边嘴里念念有词。参拜完毕以后，牧师便将耶稣的圣像背到了这位瘦弱的国王面前，国王随即取下了头上的王冠，将其放到了祭坛上面。薄希华看到此景，早已是满腹疑云，便顺势询问旁边的一位僧侣，这位头戴王冠的老头到底是什么人。僧侣一听，马上回答道："骑士，你是问那边那位好人吗？你应该听说过约瑟夫·阿拉玛的事迹吧？他之前被吉萨·基督送到了他的领地去教授和传道，他因此而遭受了很多异教徒的攻击。后来，他又在撒瑞斯城里面遇到了伊莱克国王，并向他悉心传道。伊莱克国王接受了约瑟夫的传道后，便和他一起来到了这片土地。不过这里的领主并不怎么欢迎他，怎奈他的追随者却与日俱增，直到有一天，上帝几乎夺取了他所有的视力。"僧侣刚讲完，就听到伊莱克国王又大声喊道："我敬爱的圣主啊，请您保佑我，在我见到第九位骑士之前，千万不要让我死。我一定要见到这位骑士，让他找到圣杯，再用的我亲吻来祝福他。"

第四章

薄希华骑士看到大批士兵带着一名骑士的尸体，于是上前和他们打斗起来。

国王正在祈祷的时候，突然听到一个声音传来："我已经听到你的祈祷了，那我就让你继续活着，直到你亲吻那个找到圣杯的骑士吧！而且我还可以保证，当第九个骑士找到你的时候，你的双眼就可以恢复视力，到时候你就能看得清清楚楚了，就连你身上的伤也会自动痊愈。而你想见的那位骑士，就在皇宫里面！""啊，是真的吗？那您能否告诉我您说的那位骑士到底姓甚名谁啊？您又是谁啊？""啊哈，我名叫薄希华，是皇宫里的一名骑士。”伊莱克国王一听，顿时高兴极了。看完这一场祈祷，薄希华便骑马离开了僧院，一直疾行，直到中午才停了下来，因为他看到前方山谷中有一队兵马，有二十余人，皆全副武装，他们还带着一位骑士的尸体，看样子，这位骑士是被这些人杀死的。此时，这队人马也看到了远处的薄希华，于是便上前大声问道：“来者何人？报上名来！”“我是皇宫中的骑士！”薄希华大声回答道，怎料他的话音刚落，对面便齐声喊道：“上去宰掉他！”薄希华一见，也即刻拔剑迎了上去，霎时，只见一片刀光剑影，开始时七名骑士同时砍向薄希华，他顺势举起盾牌一挡，这一下，虽然挡住了对方的攻击，但是却惊吓了他的战马，他只觉得身下一晃，便被自己的战马甩到了地上。眼看对方就要砍杀过来，在这千钧一发之际，只听得一声呵斥，他循声望去，只见对面远远过来一位骑士，穿着红色的盔甲，此人正是高朗翰。就在大家一愣之间，高朗翰已骑马冲入那这群人当中，挥舞手中长矛，一下掀翻了离他最近的九人。可是，没一会儿，高朗翰手中的长矛就被打断了，于是他随即伸手抽出宝剑，一路狂砍，其气势煞是惊人，只见剑锋所到之处，敌军毫无还手之力，非死即伤。剩下的人见势不妙，都慌忙逃进了森林里，高朗翰骑士似乎还意犹未尽，跟在后面疾驰而去。

躺在地上的薄希华骑士一见高朗翰已追赶他们去了，心中十分恼怒，再看自己的马，也不知道跑哪去了。不过他现在已经十分肯定，这位红甲骑士一定就是高朗翰，于是便大声喊道：“喂，勇猛的骑士，等我一下呀，我还没感谢你呢，你可是救了我一条小命啊。”但是高朗翰一溜烟就已经不见踪影了。薄希华骑士只得在后面一边追赶，一边狂喊。就这么赶了好一阵子，他才遇到一个老百姓，骑着一匹又老又瘦的马，手里却牵了一匹骏马，那毛色比熊还黑。薄希华骑士赶紧上前问道：“伙计，可以把你的这匹好马借给我吗？我要去追前面那个骑士，只要借马给我，他日我定有重谢！到时候要我干什么，你只需要一句话，在下必定赴汤蹈火，在所不辞！”“骑士啊，这马不是我的，请您原谅，我实在不能借给你啊，要是被马主发现我把他的马借给别人了，他会杀了我的！”“哦，天哪，若是我追不上前面那位骑士，那我会抱憾终身的。”“骑士啊，我也替你难过，不过这马虽然我没法借给你，不过你可以自己抢去……”薄希华骑士说：“算了，我可不愿意干这种事。”说完，两人便分手了。薄希华骑士此时独自坐在一棵树下，心中懊恼至极。隔了没多久，只见一个全身武装的骑士骑着一匹骏马向这边走来，那马正是刚才那老百姓牵了走过去的那匹。

第五章

平民渴望再得骏马一匹，薄希华骑士的瘦马被宰，但却另得良驹一匹。

不一会儿，刚才他遇到的那个老百姓也骑马从后面赶了过来，见到薄希华骑士便问他可曾看见有一位骑士骑马经过，他说：“我牵的那匹好马被那家伙强行抢走了，弄丢了那匹马，马主就是追到天涯海角，也不会放过我的！”“那我能帮上什么忙吗？可惜我现在没有马，否则我立刻就可以帮你把他抓回来。”“骑士先生，我这匹瘦马给你骑，我自己在后面慢慢走路追您，请您一定要帮我把马追回来。”于是薄希华骑士骑上那匹瘦马，很快便追上了那位骑士，然后他便高声喊道：“骑士，停下来。”不料那人手持长矛，突然一个回马枪，不偏不倚，刺在薄希华坐骑的肚子上，那马应声倒地而死，薄希华也滚落于地，那个骑士也乘机溜掉了。薄希华骑士顿时怒火中烧，愤怒地骂道：“可恶的骑士，懦夫，不准跑！有胆就回来下马和我单挑！”可是那人并不理会，一溜烟跑得没踪影了。

薄希华见此情景，恼怒地脱下头盔、取下佩剑，将其扔在一旁，忿忿地说道：“我怎么那么倒霉，难道是我注定要受到诅咒吗？我真是天底下最不幸的骑士了。”就这样，他整整苦闷了一整天，直到傍晚，才昏昏沉沉地睡去，结果到了半夜，又突然醒来了。此时，他看见面前立着一位妇人：“薄希华骑士，您在这儿干什么？”“什么也没干！”“那我倒是想让你干点什么，只要你照我吩咐的去办，我就可以给你一匹马，随你骑乘。”薄希华听到这话，顿时喜出望外，连忙满口答应下来。然后那妇人便说：“你在这里等我，我去牵马。”不一会儿，她便牵了一匹漆黑发亮的马来了。薄希华一见此马，顿时惊异万分。只见此马高大骏伟，鞍辔华丽，当薄希华翻身上马的时候，那马也没有半点儿负重之感。于是薄希华两足一蹬，立即朝树林飞奔而去。当晚月朗星稀，犹如白昼，他用了不到一个时辰的时间，便轻松跑完平时需用四天的路程，然后便到了一处波涛汹涌的河边，由于速度太快，他和马还差点儿没刹住，掉进水里。

第六章

薄希华骑士来到极危险地带，目睹狮蛇大战。

薄希华骑士来到河边，看到水势如此凶猛，也不敢贸然涉水，便举手放于额前画了个十字，岂料河边隐藏有一个恶魔，幻化为坐骑，结果薄希华这一画，弄巧成拙，震到了恶魔，于是它狂性大发，将薄希华从马上震了下来，而它自己也慌张地跳进河里，哇哇乱叫一通，整个河面也被它搞得天翻地覆。薄希华骑士这才察觉，原来这是恶魔设计的陷阱，想以此将他杀死。想到这里，他在心里面开始暗暗祈祷，希望上帝能保佑他脱离险境。他就这样虔诚地祈祷，直到黎明时分，天色微亮，方才发现自己原来是在一座荒凉的山顶上，四周皆是汪洋一片，完全看不到半点儿陆地的踪影，根本无路可逃，更有甚者，放眼望去，四周皆是野兽猛禽。薄希华环顾一圈，着实是无计可施，只得走进山上的山谷之中。他刚进山谷，便看见前方有一条毒蛇正紧咬住一只小狮子的头颈不放，蛇后面还有一只成年狮子紧追不放，边追边吼。这一幕顿时让薄希华惊骇不已，他急忙追上去想一探究竟。此时，成年狮子已追上毒蛇，双方开始撕咬在一起。薄希华在一旁观战，心里面开始暗自思忖：蛇和狮子比起来，还是狮子比较通人性，遂打定主意，上前帮它一把。于是他拔出战剑，举起盾牌，瞅准时机，对准毒蛇，猛力刺去，刺中毒蛇要害，那长虫便奄奄一息了。狮子在旁将这一幕看在眼里，顿时对薄希华表现出了十分亲昵的态度，看来它果然很通人性。薄希华此时也明白狮子的意图，于是卸下战甲，放下武器，深深地透了一口气，刚才一直紧绷的神经这才舒缓下来。然后，狮子慢慢靠近他的身旁，像一条温顺的小狗一样亲近着他。薄希华伸手抚摸着狮子，暗自感谢上帝给他这种人兽之间的友情。一人一兽相伴到中午时光，大狮子才将小狮子拖到背上离开了薄希华。

狮子离开，薄希华又是孤零零一人了。依照原来的故事所说，这时薄希华在世人中间是信仰救世主耶稣基督的最虔诚的一个人，因为在那个时代，很少人会全心全意信仰上帝。当时的世人，做儿子的不肯孝敬父亲，父子之间形同陌路。薄希华信奉基督，也因此而得到了安慰。此时，他又开始祈求上帝，保佑他能够脱离险境，他还许诺，只要这次能够安全过关，他愿意永远做一个忠诚的卫士，保卫上帝的一切。薄希华正在祈祷期间，那只狮子又返回来了，伏在他的脚边，通宵陪伴着他。薄希华睡意正酣，忽地做了一个怪梦，只见两个贵妇人，一个坐在狮身上，一个坐在蛇身上；两人一个年青，一个老迈。然后年轻女子上前对薄希华说道："我的主人向您问候，并让我告诉你，明天早上，有一个世上最强悍的骑士要和你决斗，请您好好准备。倘若您被打败了，那您就是失去手脚，也不足以了事，到时候，恐怕直到世界的末日，您也将为世人所不齿。""那谁是你的主人？""他是全世界最伟大的主宰者！"话音刚落，少女便倏然不见，消失得无影无踪了。

第七章

薄希华目睹异象；异象同狮子到底有何含义？

少女消失后，那位坐在毒蛇身上的贵妇也上前说道："薄希华骑士，我与你无冤无仇，为什么您要对我如此歹毒？现在，我要控诉你的恶行！""夫人，我什么时候对您歹毒了啊？别说您，就是别的贵妇们，我也不曾开罪过呀。""那就让我把这件事的原委告诉您吧。我养了一条蛇，多年以来对我都是忠心耿耿，不想昨天它捉到一只狮子，可你不分青红皂白，上前就刺死了它，那只狮子并非你所喂养，您为何杀死我的蛇？""夫人，那只狮子虽然不是我的，但我觉得狮子的本性比蛇要善良一些，所以才打定主意帮狮子一把，绝没有对付您的意思啊。不过事已至此，您要我怎样弥补我的过错呢？”“我要您代替我的蛇来服侍我！”“您这个要求，恕我难以从命！”“是吗，自从您成为基督信徒那一天起，您就是我永远的仆人了。所以，不论您身在何处，都逃不出我的手掌心。我随时都可以找到您、驱使您，正像我驱使我的那条蛇一样！”妇人说完便离开了，留下薄希华一人睡在原地。这个梦让薄希华感觉疲惫不堪，以至于到了第二天早上他醒来之时，他发现起身都相当困难。

薄希华处于汪洋之中的山上，正无计可施之时，突见一艘小船向他驶来，于是他不假思索，立即跳上船，四处一看，只见舱里舱外全被白锦遮盖，船板上站着一位老者，身穿类似祭司的白色法衣。薄希华对他喊道：“老伯，很高兴见到您！”“骑士，愿上帝保佑您！您从何而来？”“老伯，我是亚瑟王朝廷中的骑士，为了寻觅圣杯，来到此地，不料遭遇如此大劫，看起来想要逃出这片荒野之地是绝无可能了。”“您不必多虑，只要您能依照骑士的制度和规律，做一个真正骑士，那就没有任何人可以伤害到你！”薄希华听到此话，略放宽了心，然后又问道：“老伯您到底是何许人也？”“骑士，我来自何方，你无须多问，你只需要知道，我来此的目的只在安慰您罢了。”“老伯，昨晚我做了一个梦，您能否为我详解梦的含义？”“我认为那位坐在狮身上的女人代表圣教会的新律法，就是要使人了解，具有信心、希望、信仰以及愿受洗礼的意义。而两人一老一少，这也是有其含义的，因为她是在主耶稣基督受难和复活中生下的。她此番前来，实际是满含爱心来警告您关于决斗之事的。”“那我到底是要和谁决斗呢？”“你的对手乃是世界上无敌的骑士，照这位贵妇所说，倘若你不能竭尽全力，恐怕失去手足都是小事，而你自己将为世人所不齿，直至世界末日。那位骑在蛇身上的女人代表旧的律法，那条蛇则是恶魔的化身。至于她责备您杀死她的仆人，这并没有什么实际意义。不过，被您所杀的那条蛇代表着曾被您骑着走到石岗上来的那个恶魔。当您在额上画过十字时，他就被你杀死了，其威力也烟消云散了。在她要您去做她的仆人以作赔偿的时候，您说过不肯，这就说明了她要强迫您信任她。”老者讲完，便吩咐薄希华马上离开。薄希华刚一跳出船，一切都归杳然，不知去向了。于是，薄希华只得走回那块石岗，寻到那只同他相伴已久的狮子，一人一兽，倒也相处得十分愉快。

第八章

又有一艘船向薄希华驶来，船上一位美女向他诉说自己失去继承权的经过。

话说薄希华待在石岗上，无路可走，直到中午时分，才远远看见一艘帆船从海面上顺风飘来，其速度之快，就好像全天下的大风都吹在帆上似的，转眼之间，那船便冲到了石岗前面。薄希华见状，急忙迎了上去扫视一番，只见满船皆用黑绸遮盖，那绸子的颜色真比黑熊的毛还黑，船上站着一位少女，衣着华丽，沉鱼落雁。这少女一见薄希华就问："是谁带您到此蛮荒之地的？此地没有一处生路，你被困于此，恐怕迟早都会饿死或者渴死的。"薄希华听完这话，倒是显得很坦然："小姐，我的主人是位极善之人，不论谁有求于他，他都竭尽全力满足其要求。不管什么人求见他，他都坦然相见。而作为他的仆人，我相信他绝不会让我就这么死的。""您知道我是谁吗？""是的，我知道。""您知道？谁告诉您的？""你没料到我会认识你吧？"少女没有回答他，只是话锋一转，说道："我从那荒僻的树林中出来时，遇见了一位手持白盾的红衣骑士。""啊？小姐，要是我遇到了那个红衣骑士，我不知道会多高兴呢。""骑士，如果您能够保证，您对骑士制度是敬重的，对我更是随叫随到，有求必应的话我就可以领您去找那位骑士。""好，我们就一言为定！""好吧，现在我就告诉您。那次看见他，是在一片树林里。当时，他正把两个骑士赶进茂台斯河里去。结果那两人十分怕死，后来便泅水走了，红衣骑士还在后面追赶他们，搞得他的战马都全身湿透了也没追上，最后还是让他们逃脱了。"少女在讲述的时候，薄希华在一旁听得津津有味，亢奋异常。接着那位少女又问薄希华近来可曾吃过肉。薄希华回答道："没有，小姐，这三天我可是一点荤腥都没沾啊。不过，我最近遇见一位好心人，他让我饱餐了一顿，还给了我很多启示，让我又重新振作起来了。”“啊，说起那老家伙，他可是个妖人啊，满嘴尽是荒谬之词，您要是相信他的话，那可就上了他的当了。你照他的话去做，最后只会饿死在这岩石上，尸体被野兽分食。我念在你是一个好骑士，年纪又轻，就看看能否帮你一次吧。”薄希华听完感激地说：“您对我的大恩大德，我此生难忘，您能告诉我您是谁吗？”“我？我曾是一名富家之女，不过现在我只是一名被剥夺了继承权的小妇人。”“小姐，我真的很同情你的不幸遭遇，请问是谁剥夺了您的继承权？”“骑士，我以前一直和一位全世界最伟大的人物住在一起，而且他还把我变得如此有魅力和聪明，根本就无人能及，这让我成为世上最幸福的人，可我也因此变得傲慢不堪。渐渐地，我已经傲慢成性，终于有一天，我出言不逊，冒犯了他，于是，他便将我逐出家族，并且剥夺了我的继承权，不再怜爱我半点儿，也不再听我的意见，更别说让我拥有权势了。自此以后，我就只有独自过活，后来我把他的一些人拉拢过来，做了我的部下，这些投奔我的人虽从不向我索取，然而我给予他们的总格外多。正因为此，我的部下们和我在反抗他的过程中变得更加团结。现在，我正在想尽一切办法拉拢所有我所知道的英勇骑士，而您的大名，我早有耳闻，这次前来，乃是特地请你助我一臂之力的，我想您决不会拒绝一个高贵妇女对您的恳求吧，更何况我还是一个有着惨痛遭遇、被剥夺了继承权的女人呢。”

第九章

薄希华答应请求，随后他又向这位妇女求爱；薄希华怎样从魔鬼手里被营救出来。

薄希华骑士听完她这一番话后，即刻表示，愿出全力相助，这让那少女感激不已。恰好那天天气十分炎热，于是少女召来一名衣着华丽的妇人，吩咐她搭起帐篷，于是很快，一个帐篷便在乱石堆上面搭建好了。然后少女对薄希华说道：“天气实在是酷热难耐，骑士先生，请进帐篷稍作休息吧！”薄希华道了一声谢，便任由少女帮他取下盔甲和盾牌，然后一头钻进帐篷酣睡起来。睡醒之后，他张口便问少女是否有肉吃。“当然有，而且够您大吃一顿的了。”不一会儿，桌面上便摆满了各色各样的肉类，这可把薄希华高兴坏了。如此美酒佳肴，还有美人做伴，他此时又怎能把持得住自己呢？于是他偷偷地瞄眼前的这位少女，好家伙，这女子原来是国色天香、沉鱼落雁啊！看着看着，薄希华不禁春心荡漾，终于情不自禁地走到近前向她求爱，希望能如愿以偿。可是少女却严词拒绝了他，因为她觉得薄希华的反应还不够热烈。果然，薄希华被少女拒绝后，更是越挫越勇，继续热烈地追求着她的爱。这样直到少女认为薄希华确实是对她真情一片之后，这才开口说道：“如果您发誓，愿意做我真正忠心的仆人，对我有求必应，我就答应您。倘若您是一名真正的骑士，就敢立下这个誓言。”“好！我愿以身立誓，以后都任您差遣！”少女见他立了誓，才说：“好吧，既然你已经立下誓言，那我就答应您，现在您想怎样就怎样吧。其实，您也正是我心里最中意的那个人啦。”

随即她便吩咐两个侍从在帐篷中间安放了一张床，然后脱光了自己的衣服，睡到了床上。薄希华也三两下脱了个精光，钻进了被窝里。就在两人快要成其好事之时，由于上帝的恩惠，他突然看见自己的宝剑横在地上，剑锋已经出鞘，而且剑柄上有一个红色十字架，这时他想起骑士的法则，还有不久前他对那位老人做出的承诺，想到这些，他心中蓦地一震，随即在自己额前画了一个十字，霎时，整个帐篷化作一缕轻烟，消失殆尽，把薄希华吓得够呛。

第十章

薄希华自刺大腿一刀，发现美女原是恶魔。

切于瞬间化作乌有，薄希华痛苦地咆哮：“我的圣父，基督耶稣啊！请您不要让我受到人间的侮辱呀，若不是您的恩惠，我早已命丧黄泉了。”正在痛苦之时，他抬起头向船舱里望去，只见那个少女此时已走进船中，然后幽怨地说道：“您出卖了我！”说完，便随着狂风暴雨，疾驶而去。薄希华此时已经悲愤到了极点，自言自语道："既然肉体主宰了我的精神，那我就应该惩罚我的肉体!"说完便举起战剑对着自己的大腿猛刺下去，一瞬间，鲜血四溅。"敬爱的圣主耶稣基督啊，请您接受我的忏悔吧，我冒犯了您!"待心情稍微平伏之后，他才一边喃喃自责，一边穿上了盔甲。然后他又暗自庆幸道："好险，差一点儿就丢掉童贞了！这个东西一辈子就一次，可千万不能就这么搞没了!"说完，他还不忘从衣服上撕下一块布来，包扎好了伤口。他正在自怨自艾的时候，昨天由东方开来的那只船现在又停在他面前了，那位善良的老人还在船上。薄希华一见到这位老人，顿时感到万分羞愧，禁不住一时气厥，昏倒在地上。待他醒来之时，只觉得浑身酸软无力，尽管如此，他还是强撑着走到老人面前，向他问好。一见面，那老者便满脸笑容地问道："我离开后，你都做了些什么?"薄希华只得羞愧地答道："老伯，我遇到一个女人，差点儿被她给带到万劫不复的罪恶深渊里面去了。"接着他把详细的经过都讲给那老者听了。老人听完，神情严肃地说道："你认识那个妇人?""不认识，老伯，但是我知道她是魔鬼的使者，存心来羞辱我的。"老者点点头，郑重地说道："哎，骑士啊，您真是一个呆子，那个女人实际上是地狱里的恶魔首领，她凌驾于一切魔鬼之上，也就是您在梦中看到的那个骑蛇女人。"然后老人又将这个女人的身世告知了薄希华："这个女人原本是天上的一名天使，后来她身负重罪，主耶稣基督将她赶下天界，并剥夺了她的承继权。上次说有一个强悍的骑士将要和您决斗，这个骑士指的就是她，若不是上帝的眷顾，您早已被她打败了。骑士先生啊，您现在还需要万事当心，这次这件事，你要将之作为一个惨痛的教训，牢记于心!"说罢，老者便隐身消失了，只剩下薄希华拿起武器，走进船里，离荒岛而去。

记述薄希华骑士之第十四卷，在此告终。以下续述兰斯洛特，列为本书第十五卷

第十五卷

第一章

兰斯洛特骑士来到一座小教堂，发现一位身着白衫、年龄一百岁的教士的尸体。

那位善良的修士收留兰斯洛特骑士住了三天以后，就将一匹马、一顶头盔和一把宝剑送给了他。中午时分，兰斯洛特便离开了那里。一路行来，远远看见前面有一幢小小的房屋，他走近一看，才发现原来那是一所小教堂，教堂旁边站着一位白衣老者，衣着十分华丽。兰斯洛特骑士上前打招呼："愿上帝保佑您！"这位慈目善眉的老人也回应道："上帝保护您，愿他能够把你培养成为一个好骑士！"随后，兰斯洛特下了马，走进教堂，看见里面又有一位老者，穿了一件很华贵的白色衬衣，但是已经死去多时了。

此时，门口那位老人指着死者说："骑士，您瞧瞧，如此华贵的衣服，是不应该穿在这位死者身上的，他当了一百多年的教士，竟然自己带头破坏了教会里的规矩。"然后这老者也走进教堂，从颈上脱下圣带，拿出一本《圣书》，在里面开始念念有词地念起来。随着老者的喃喃咒语声，一个可怕的鬼魅突然出现在他们面前，看到这个鬼魅，不论多么胆大或者心硬的人都会被吓得心惊胆战。此时，只听那鬼灵说道："你如此摧残和折磨我，到底是想要我干什么？”老者答道：“我希望你告诉我，我那同伴是怎样死的，到底他是升往天堂呢，还是坠入地狱呢？”“他并不曾灭亡，他的灵魂得到了拯救。”“怎么可能？在我看来，他生前行为不端，比如他穿了华丽的衬衣，这是不合教规的，凡是违犯教规的人大都会受到惩罚。”“事实并非如此，这位死者出身于名门望族，有一个名叫发尔伯爵的贵族曾经同这死者的侄儿交战过，他侄儿名叫阿古拉斯。阿古拉斯看到伯爵的势力比他强大，就前来同自己的伯父商量，而这位死者就是他的伯父。后来这死者便去协助他的侄儿抵抗发尔伯爵。最终，靠着这死者的智慧和刚毅，他们擒住了发尔伯爵及其手下的三个贵族。”

第二章

众人欲捣碎死者的尸体，但最终未能得逞；兰斯洛特取得死者的头发。

鬼魅接着又说道：“从此以后，伯爵同阿古拉斯两人便结下了友谊。伯爵也作出保证，不再同阿古拉斯交战，死者这才回到了幽冥世界。没想到，后来伯爵出尔反尔，派了他的两个侄子来向这死者复仇。两位复仇者找到死者时，他正在弥撒的圣餐上，待到弥撒完毕，两人便一起拔出战剑，向他刺去。岂料宝剑刺到他身上，就像刺在钢铁上一般，根本不能伤他分毫。事实上，他之所以能做到这样，是因为他侍奉基督，上帝在保佑他呢。眼看刺他不死，他们又放了一把大火，然后剥光他的衣服，割下他披在肩后的头发。‘你们想烧死我吗？但是单凭你们的力量，是无法杀死我的！’死者轻蔑地说道。‘谁说不能？我们倒要试试看！’然后他们就把他丢到了熊熊烈火之中。他就这样在火里被烧了一整夜，待我早晨来到此地，才发现他已经被烧死了。但奇怪的是，虽然他是被烧死的，但他身上看不出有一点点皮肤是烧焦而起皱的，这可把我吓坏了，我赶紧把他从火堆里拉了出来，摆放在了教堂里，就是您如今看见的这样子。现在我都把真相告诉你们了，可以让我走了吧？”话音落地，鬼魅便咻的一声消失了。

两人听完鬼魅的叙述，都觉得安心多了。当夜，兰斯洛特就在老人的屋子里住了下来。攀谈之中，老人问他："您是不是兰斯洛特爵士？""是的，先生。""您来此地，有何贵干？""前来寻找圣杯。""好啊。但是虽然圣杯在此，可惜您也无法看见，犹如瞎子无法看见光耀夺目的宝剑一样。因为您在罪孽深渊中浸淫太久，双目已受污染，不然，您定可以比一切众生都更容易看得见圣杯。"兰斯洛特一听这话，禁不住失声痛哭起来。老人见状，便又问道："您从开始寻找圣杯到现在为止，可曾忏悔过？""是的，先生，我忏悔过。"说完，两人便躺下睡觉了。第二天清早，待老者做完弥撒，两人又合力将死者埋葬。然后兰斯洛特问道："先生，我该怎么办呢？"老者沉思半刻，方才答道："你现在去把这位死者的头发剪下来贴身藏于身上，它以后会帮上你的忙的。"兰斯洛特一听，连忙答道："先生，我很乐意遵照您的命令。"接着，老者又叮嘱道："还有一件事，我必须警告您，在寻找圣杯期间，你必须戒荤腥，戒酒色，每天必须坚持做弥撒。"兰斯洛特将老者的警告谨记于心，然后拿起头发，慎重地放在身上，趁着暮色，趁马离去。

兰斯洛特骑着马一阵狂奔，不一会儿便走进了一座树林，并遇见了一位骑着白马的贵妇，那贵妇问他："骑士先生，请问您此去何处？""小姐，说实话，我现在毫无目的，只是四处游荡，但看命运能将我引向何处。""哎，兰斯洛特骑士，我可是知道您的真实目的的。但实际上，虽然你现在比以往看得更清晰、更透彻，但是您距离您的目标是渐行渐远了，您很快就会明白这一点的。"兰斯洛特这时便问那贵妇他应当在什么地方住宿更为妥当。贵妇答道："今天您是绝对找不到它的，只有把希望寄托在明天了，不过您可以找到一个很棒的落脚地。那时，您就可以稍微安下心来了。"兰斯洛特听完，便告别了她，继续上路了。后来，他来到了一座十字架旁边，方才停下，准备将十字架作为自己今晚的栖宿之地。

第三章

兰斯洛特看到异象，并将此事告诉一位修士，以求赐教。

兰斯洛特放马吃草之后，自己也卸下武装，走到十字架前面，虔诚地祷告了一番，忏悔自己以往的罪孽，祈求上帝保佑他永不再堕入罪恶的深渊。祷告完毕，他便躺下睡着了。就在半梦半醒之间，他眼前猛然显出一个异象。只见有一人站在他身旁，全身上下缀满了璀璨夺目的星座，头戴金冠，率领着七个国王和两个骑士。这些人都崇奉十字架，面对着十字架两膝跪下，伸出双手，掌心向上，嘴里还不停地祷告着："亲爱的主啊，请您降临，看看我们，给予我们每人应得的赏赐吧！"

兰斯洛特抬头望天，只见云层忽然分开，当中走出一位老人，后面跟着许多天使，缓缓地降落到他们中间，给他们每个人祝福。他既称呼他们为仆人，又叫他们善良的勇士、真诚的骑士。然后，老人走到一个骑士跟前，说道："我看你犹如一名粗暴的屠夫，我对你的信任已经丧失殆尽。你为了自己的虚荣而滥杀无辜，为了享受人间的快乐而疏忽对我的崇敬。像你这样的人绝对不要妄想得到我的祝福。"这就是兰斯洛特骑士在十字架的前边所看到的全部异象。

第二天一大早，兰斯洛特又骑马上路了，到了中午时分，他便遇到了一个骑士。没想到的是，这个骑士竟然就是前几天他在另一十字架旁熟睡中窥见圣杯的时候，窃去马匹、头盔和利剑的那个家伙，所以兰斯洛特毫不客气地高声喊道："骑士，准备好接招吧，你要为冒犯我而付出代价！"然后两人便手持长矛，拼杀起来。厮杀中，兰斯洛特突然凶猛一冲，将对方连人带马掀翻在地，摔得那个骑士的脖子都差点儿断掉。然后兰斯洛特下马，把那个骑士的马拴在树上，好让他醒来之后可以骑，然后又重新上路了，行至暮色将临，四顾无人，兰斯洛特正暗自彷徨之时，却见前方有一位修士，于是他当晚就在修士家里过夜，还顺便找到一点儿草料将战马喂饱。闲谈之时，修士问道："您从何处而来？""老先生，我从亚瑟王朝而来，叫兰斯洛特爵士，是一名骑士，此次前来只为寻找圣杯。昨夜我在一座十字架旁见到异象，能否请您帮我解析一二？"于是他就把所见的一切都向这位老者说了。

第四章

修士解析兰斯洛特所见异象，并告诉他，高朗翰骑士原是兰斯洛特的儿子。

老者听完兰斯洛特的话，便说道："兰斯洛特骑士啊，你的确出身高贵，关于这一点，异象之中也有所证明。耶稣基督受难四十年后，亚利马太的约瑟宣讲艾佛莱克王的胜利，述说他怎样击败他的敌人。关于那七位国王和两个骑士，第一位名叫纳巴斯，他是一个圣洁的人；第二位名叫南显，为了纪念他的祖父，他一直虔诚地信奉主耶稣基督；第三位名叫海丽亚斯；第四位名叫李沙司；第五位名叫郁纳斯，此人后来离开本国来到了威尔士，并迎娶孟纽爱耳之女为妻，成为高尔国的领主，后来就定居于此。后来，郁纳斯的儿子兰斯洛特王出生了，而兰斯洛特王，就是你的祖父。你祖父后来迎娶了爱尔兰王公主，他和您同样是贵族，后来，你祖母又生下了你的父亲——班王。据我所知，你父亲是君王当中的最后一位。关于您，兰斯洛特骑士，这七个伴侣都没有您的份儿。最后一位就是那第九个骑士，狮子是他的象征，他凌驾于所有骑士之上，此人名叫高朗翰，他其实也就是您同伯莱斯王的公主所生的孩子。说起来，比起世人，你才是最应当感谢上帝的，因为按理来说，你才是罪孽最为深重的。然而，您却能够胜过世间所有的骑士，无人能够匹敌。上帝是如此眷顾您，给予您如此多的恩惠，可是您呢？对上帝却毫无感激之情。"兰斯洛特听完老者这一席话，沉思片刻后又问："先生，您说的那个骑士，就是我的儿子？""你自己应该清楚，你和伯莱斯王的公主有了肌肤之亲后，她便生下了高朗翰。上次在五旬节宴会上，那位坐在危险座上的骑士就是高朗翰。所以，您可以向世人公布，他就是您同伯莱斯王的公主所生的儿子，这个消息一旦公开，您和您的亲属都会得到显贵和荣耀。不过，有件事我也得警告您，无论在什么情况下，您都不能对高朗翰动手。""好的，不过照我想，那个好骑士也应该代我向至高无上的父亲去祈祷，保佑我以后不要再坠入罪孽深渊。""您要知道，他为您祈祷得已经够多了，但儿子始终不能代替父亲赎罪，父亲也不能担当儿子的罪过，每个人所犯下的罪孽都必须由自己来担当。所以，您唯有乞求上帝，让上帝恩赐你所想要的东西。”两人聊罢，便共进了晚餐，然后兰斯洛特就独自离开了。此时，虽是头发刺在他的皮肤上，疼痛难忍，但他还是很谦卑地忍受着。一直到第二天黎明，他起了个大早，然后做完弥撒，遂携着武器告别而去。

第五章

兰斯洛特同数名骑士交手，最终被俘。

兰斯洛特骑上骏马，一路疾奔，沿着羊肠小道径直向森林中走去。走了一阵后，便远远看见一片平原，平原旁边矗立着一座庄严的巨堡，巨堡前方，星罗棋布地支着很多颜色艳丽的锦绸帐篷。城堡和帐篷之间有两队骑士，一律高踞在马背上，大约有五百个。属于城堡那的一队，战马皆为黑色，所有配备也都是黑的；另外一队皆为白马，配备也全是白的。这两队人马各自奋勇厮杀，往来拼刺，看得兰斯洛特啧啧不已。过了一会儿，兰斯洛特便隐约感觉城堡这一队骑士快要败下阵来。

兰斯洛特心里暗自思量着，自己应该锄强扶弱，于是便策马奔了过去，加入了城堡的这队。只见他冲入人群，举起长矛猛力一刺，对方一个骑士便连人带马被击倒在地。随后，兰斯洛特更是越战越勇，杀了个酣畅淋漓，将众多骑士打得落花流水，纷纷跌落下马，让所有人都为之震撼。他们还从来没见过如此勇猛的骑士，居然能够以一敌百。虽然兰斯洛特勇猛异常，怎奈对方人数实在太多，渐渐的，他便感觉体力不支了，到了后来，他终于人疲马乏，毫无招架还击之力了，对方见状，趁势将他围在中间，然后一拥而上，活生生地将他擒住了。然后对方又把他带到树林里，逼迫他下马休息。再看看城堡队这边，兰斯洛特一被擒，他们便像失去了主心骨一样，精神完全垮掉了。此时，只听那班人对兰斯洛特骑士说：“感谢上帝把你赐予我们，现在，我们要把你关进大牢！”说完便离开了，只留下兰斯洛特独自一人愣在原地。他怎么也想不明白，以前自己在所有比武会中可是从来没有败过，这一次居然阴沟里翻船。想到这里，他不禁自言自语道：“现在我总算明白，我的罪孽更加深重了。”

说完，他便郁郁寡欢地骑上了战马，走进了一座山谷。此时，兰斯洛特觉得自己已经无力上山了，便在一棵苹果树旁下了马，卸下头盔，丢下盾牌，放马吃草，而他自己也躺下来昏睡了一阵。蒙眬中，他仿佛看见一位老者走到他面前，对他说道：“啊，兰斯洛特呀，您真是缺乏自信和对圣主的虔诚啊，您为何这么快就又向罪孽边缘滑去了啊？”话音刚落，老者便蓦然消失，不知所踪了。随后，兰斯洛特便披上盔甲，骑马继续前行。他一路前行，路过一座小教堂，里面住着一个修女，教堂前面有一扇窗户，她可以从这扇窗中望见祭台。那位修女看兰斯洛特很像一个武士，便高声问他是什么人，从何而来，以及他来到此地的目的何在。

第六章

兰斯洛特将所见异象告诉修女，然后修女为他解析异象。

见修女询问自己，兰斯洛特便把最近所经历的战斗详细地告诉了那位修女。然后他又告诉她在前夜梦中所见的异象，请她帮忙解析。那修女听罢，便回答道：“啊呀，兰斯洛特！您在尘世间多活一天，就在多做一天最出色而又最冒险的骑士吧！现在你被安排去和上天的骑士队伍比武，无法战胜他们，这也是很正常的，根本没什么可惊异的。你可知道，昨天的比武大会，实际上乃是圣主的一个考验。这次战斗决没有丝毫幻术，但是因为参加比武的人全是些俗世间的勇士，所以并不能完全参透个中意义。不过我可以告诉你，这次比武乃是一个标志，使得世人能够认识伯莱斯王的儿子爱里亚沙以及赫龙王的儿子阿古斯达，让大家看清楚，究竟哪方的骑士多些。爱里亚沙的武士们都穿白衣，阿古斯达的武士们皆着黑色，穿黑色的都被打败了。这一切象征的意义，我会一一向您详解：在以前某一个五旬节当天，当亚瑟王登朝的时候，世间的君王和骑士一同比武，为的就是寻找圣杯。尘世间的骑士都着黑色服装和配备，寓意他们对罪孽还未悔改。而白色一方则寓意纯洁质朴。就这样，双方开始了对圣杯的追求。您看到了罪人与善人，您又看到了罪恶的骑士被征服了，而您去帮助他们，这就表明，您已倾向世间虚妄和骄傲的那一面。不过话说回来，在寻求圣杯的过程中，这种种遭遇也是必不可少的。因为在追求圣杯时，您会得到许多比您更加善良的战友。对于你而言，你现在还没法区分罪恶的信念和虔敬的信仰，因此你很容易被他们捉住，并挟持到森林中去。此后不久，那圣杯便在白衣勇士们的眼前显现，但因为您缺少信心与虔诚，不肯静候在那里，敬聆那位伟大的善人所给的教训，反而趋向罪人一边，以致您遭到了灾祸。所以，您必须学会辨别善恶真伪，学会驱赶内心的虚荣。还有一点，就是您的过分骄傲，使您过度忧苦，也就令您无法看到白衣骑士们取得的胜利，所以上帝才对您大为愤怒。因为您在这次追求圣杯的过程中所表现出来的种种行为，实在是让上帝对你大失所望。总之，这种异象正是证明给您看，您是个有恶念而无信心的人，您稍有不慎，就会跌入地狱的深渊中去。现在，我警告您，请您一定要谨记上次所遭受的劫难，还得明白，在世间所有的骑士中，我最怜悯的人就是您，因为我知道在世间的罪人里，没有一个人犯的罪能够比得上您所犯的了。”

两人聊罢，便共进了午餐，饭后，兰斯洛特便告别了修女，骑马来到了一个深谷当中，只见谷中流水滂沱，两旁高山入云。想要继续前行，就必须横渡谷中大河，怎奈这河水水势湍急，涉水而过凶险至极。不过他还是心里向上帝祈祷着，坦然地渡过了河。过河以后，他便看到了一名骑士，穿着黑衣，骑着黑马，一切都比熊还黑，这骑士看到兰斯洛特，一言不发，径直走上前去，一举手便把兰斯洛特连人带马都打倒在地上，打完之后，又自顾自地急驰而去，真是来无影去无踪的家伙。这时，兰斯洛特取下头盔和盾牌，心里虔诚地感谢上帝能够让他有这一番奇妙的经历。

兰斯洛特骑士的故事在此告一段落，下接第十六卷，我们将叙述卡文英的轶事。

第十六卷

第一章

卡文英骑士厌倦了追求圣杯，以及他的奇怪梦境。

卡文英骑士离开伙伴以后，骑行许久都没遇见任何惊奇之事。和以往的经历相比，这段时间的经历真是平淡乏味至极。掐指算来，自从他出发以来，一直到九月二十九日为止，还没碰见过一件高兴事儿。有一天，卡文英骑士恰巧遇见了爱克托骑士，两人相见，真是彼此都觉得开心极了，然后两个人都开始抱怨，在此番旅程中，一点儿惊喜都没有，也没有一点冒险或者奇遇。期间，卡文英对爱克托说："我为了追求圣杯四处奔波，现在实在是厌倦至极，再也不想到陌生的国度里为它奔波了。"爱克托骑士说道："有一件事我觉得很奇怪，我曾遇到过二十个同伙，他们的遭遇竟然和我一样。""我也觉得奇怪，请问令兄兰斯洛特骑士现在在哪里呢?""关于他，我半点儿消息都没有，不仅是他，就连高朗翰、薄希华和卜尔斯现在我也是毫无音讯。""没关系，这四人武艺高强，难逢敌手。虽然兰斯洛特骑士有个缺点，但现在他同我们一样，不过比我们更努力罢了。如若他们四人联手，真是所向披靡。倘使他们都无法觅得圣杯，那别人想要找到圣杯都是痴心妄想了。"

然后，爱克托和卡文英骑行了八天，直到星期六才发现了一座小教堂，因为无人修葺，荒废已久。他们来到教堂前面，下马来，将武器放在门口，进堂祷告。祈祷完后，他们便坐在堂内休息。不料他们闲谈之间，竟然倦得酣睡起来。在梦中，他们看到许多神奇的险迹。卡文英在梦中似乎是到了一处花草繁茂的草原，又看见草原上有成群的公牛，约有一百五十只。其中，除了两只毛色如白雪一般的白牛和一只黑斑点的白牛之外，其余都是全黑的。这三只白毛雄牛都被粗绳缚着。其余的牛居然开口说道："让我们另觅一片更好的牧场去吧！"说完之后，有的牛便出外去寻，有的牛很快便寻完回来，而所有牛都有一个特点，就是骨瘦如柴，站立不稳，接着白牛中那两只最白的有一只回来了，但其余的都没有返回。当它回到黑牛群里的时候，它们放声喊叫，怎奈瘦弱无力，都喊不出声来，结果一只一只地分散开去。这就是卡文英在那天夜里所做的异梦。

第二章

爱克托骑士的异梦，以及他同结盟弟兄乌文英骑士比武。

而爱克托做的异梦的内容恰巧相反。照爱克托看来，他见到他的哥哥兰斯洛特骑士从一只凳子跳到两匹马上，同时，有一个人对另外一人说道："我们要去找我们找不到的东西。"他又看到好像有一个人把兰斯洛特骑士打倒之后，剥去了他的衣服，替他另换了一套，不过这衣服上满是补丁，后来那人又把他放在一只驴上，来到一处泉边。那里风景非常优美，他从未见过。兰斯洛特从驴背上跳下来，打算到泉边喝水，岂料正当他俯身喝水的时候，水面突然回落，搞得他根本无法喝到水。于是他只得无奈地返回了原处。往回走的时候，他心里还一直在琢磨这件事情，然后就不知不觉地同爱克托骑士走进了一位正在办喜事的富人家里。然后，兰斯洛特便看到了一个君王，他对兰斯洛特说道："骑士先生，这里不是你们逗留的地方。"君王说完，又转身回去落座。

没多久，卡文英和爱克托两个骑士都醒了，各自说着在梦中所见的异象，心里面觉得奇怪极了，爱克托骑士惘然地说道：“若是无法得到兰斯洛特哥哥的消息，我这辈子都无法快乐起来。”两人正在交谈之际，忽见一只手臂，由指到肘伸向前面，手上盖着红绸，红绸上还挂着一根普通的马绳，不仅如此，这只手里居然还捧着一枝燃着的蜡烛，然后就见这只手经过他们面前，进了教堂，一忽儿景象幻变，渺无痕迹。又过不久，忽听得一个声音说道：“你们这些恶贯满盈、毫无信仰的骑士，根本不配去寻觅圣杯！”

看到如此景象，卡文英开口说道：“爱克托，您可曾听到那几句话？”爱克托说：“是的，我听到了。”“让我们一同去拜望一位修士，请他帮我们分析梦中异象吧！看起来，我们追求圣杯的工作似乎是要泡汤了。”随后，他们便离开了教堂，来到一个山谷前，遇见了一个骑瘦马的侍从，双方相见，彼此躬身施礼。然后卡文英问道：“先生，能否告诉我们，附近有修士吗？”“离此地不远，有一座小山，山顶上住着一位修士，不过此去路面崎岖，无法骑马，只能徒步攀爬。那位修士名叫南显，他是这区里最圣洁的人物。”两人听完，行礼告别，然后便找那位修士去了。

等他们走进山谷，便看到远处有一位骑士，全身武装，向他们发出挑战。卡文英骑士说道：“我自从离开加美乐城以来，还未曾遇到过一个勇士，不由分说，就要我同他比武呢。”爱克托也说道：“那就让我去同他比试比试吧。”卡文英一听，赶紧答道：“不可以，不可以，还是让我迎战吧，倘若我敌不过他，您再出战，这样我就不会后悔了。”然后卡文英便冲上去和那位骑士拼杀起来。两人打得非常激烈，把盾牌和盔甲都击破了，打到后来，卡文英的左身受伤了，那个骑士的胸部被矛刺穿，枪头从前胸刺进，由后背穿出，两人同时跌落下马，手里所握的长矛也都折断了。

落地之后，卡文英迅速爬了起来，一手执剑，一手撑盾，准备继续迎站，而那个骑士已经没有气力站起来继续迎战了。卡文英见状，开口说道：“还不赶紧认输！不认输我就杀了你！”“骑士先生，我就要死了，看在上帝的份儿上，求您发发善心，把我送到一个僧院里面，在那里为我举行离世的祈祷。”“骑士，我不知道附近有什么僧院呀。”“骑士先生，请您把我放在马上，我可以指给您看。”卡文英遂把他放于马背之上，他自己也翻身上马，将他扶住，然后骑马来到了一个僧院。两人进得院内，便受到了僧侣们的热情招呼，他们替那人卸下武装，为他举行了离世仪式。然后，那骑士又恳求卡文英将他身上的矛柄拔出。卡文英这时才想起来询问他到底是谁。那人回答道：“我是亚瑟王朝的圆桌骑士，说起来，你我实际上是结义的弟兄，我的名字叫乌文英，乃由岚斯王的儿子，曾经追求过圣杯。我俩结义兄弟因内讧而自相残杀的事将永远被世人议论，现在但求上帝宽恕您吧。”

第三章

卡文英与爱克托两个骑士到教堂忏悔，并将所见异象告诉了修士。

卡文英说道：“啊呀，为什么我总是遇到这些倒霉事啊。”乌文英也说：“请您不要将此事放在心上，我虽然被您杀死了，但是对我而言，能死在一位受人尊敬的勇士手里，也算死得其所。您以后若能回到朝廷，请代我向亚瑟王请安，还有，帮我问候所有的骑士，希望他们都会祭奠我。”卡文英听完这番话不禁失声痛哭起来，一旁的爱克托见此情景，也不禁潸然泪下。不多时，乌文英的灵魂就离开躯壳去了。卡文英骑士和爱克托骑士依照王太子的殡仪将他安葬，同时又将他的名字以及被打死的经过勒碑载明，以留后世。

随后，卡文英和爱克托带着忧伤离开了僧院，骑马来到一座道路崎岖的山旁，将马拴在山脚，开始徒步攀爬起来。两人爬了好一阵子，终于来到那位修士的住所，这是一所简陋的房屋，靠在小教堂旁边，屋旁有一个菜圃，南显修士正在里面择菜，他已好久没有吃到肉了。此时，他看见卡文英和爱克托，连忙上前招呼，施礼致敬，他们也都回了礼。然后修士说道：“两位大人，什么风把你们吹到这来了？”卡文英礼貌地回道：“先生，我们此番是特到贵处，请求忏悔的。”“骑士，我已准备好了，请您说吧。”他们便把一切都告诉了他，看他是不是真的愿意帮他俩的忙。

随后，两人便先后将梦到的异象告诉了修士。修士听罢，便对卡文英说："骑士先生，那片肥美的草场和羊群，喻意为圆桌，至于牧场，可理解为谦顺和忍耐，代表了青春与活力，因为人类永远不能克服谦卑和忍耐，所以圆桌社就建立在它的上面。还有，武士制度一向是建筑在友爱之上的，因而也没法挫败，所以圆桌这团体也可说是建立在谦顺和忍耐上面的。您看到的那一群公牛，都不在牧场上吃草，这象征着他们的傲慢，不知忍耐与谦卑，但是其中只有三只例外，那雄牛象征着圆桌的集团，因为他们犯了罪过，所以变成了黑色。黑的意思，就是不道德的行为。而那三只白色雄牛，其中两只全白、一只生有黑斑的意义，我想，那两只白牛应该是代表高朗翰骑士和薄希华骑士，因为他们贞洁而无污点，至于第三只带有斑点的白雄牛，应该是指卜尔斯骑士，由于他失过一次童贞，但从此以后他还能保持纯洁的生活，所以他的罪终于被神饶恕了。为什么要把他们三个用一根绳子缚着颈子呢？这就表示这三个骑士都贞洁，而且也没有骄傲的态度。那群黑牛表示在五旬节的大宴会上，那些不曾忏悔而径自追求圣杯的一群人，它们因此没法进入谦恭和忍耐的牧场上。以后它们又返回荒废的地方，这正指明它们趋向死亡，因为他们中间有许多人是要死亡的，并且他们因为有了罪孽而自相残杀，即使有些人能逃出死亡，也变得骨瘦如柴，令人诧异。那三只没有污点的雄牛，一只是要回来的，另外两只永远不再返回了。"

第四章

修士解析梦中异象。

然后，南显修士又对爱克托说道："兰斯洛特骑士和您两人从一只凳子上跳下，那凳子正表示你们两人从一个相同的统治和政权下产生。你们两人去寻求一件两位永远觅不到的东西，这就指圣杯而言，因为圣杯是我主耶稣基督的一件法宝。兰斯洛特骑士从马上跌下来，我想这正表示他抛弃了骄傲，从今知道虚心谦卑，再加上他已经十分懊悔自己的罪孽，所以才大声疾呼，恳求主的怜悯，这让我主给他穿上一件满是补衲的衣服，那就象征着兰斯洛特骑士每天的忏悔。而他骑的那只驴子，乃是一只谦逊的动物，因为上帝是绝不会骑着骏马和良骥的。至于泉水，当他想喝的时候，水面下降，无法喝到，因而返回原处，放弃不喝，我认为那泉水象征着上帝的恩典，大概人类的私欲，与时俱增，永无止境。当他靠近圣杯的时候，自觉不配偎得太近，因为近年来他被那滔天的罪孽所玷污，开始泛起了自卑的心理。可是当他跪下打算从泉面喝水的时候，看到这圣杯负有伟大的天意，而自己做魔鬼的奴仆已有二十四年之久，必须要受到二十四天的惩罚。不久之后，他离开了这里，返回到加美乐城，在那里他要把耳濡目染的事情讲出来。现在我再来解释那只握着蜡烛和马绳的手是什么意思，我认为那只手是圣灵仁爱的象征，马绳则表示节制。马绳将圣灵和基督徒紧紧地联系在一起，使他们不致跌入罪恶的深渊。蜡烛代表光明，照耀着耶稣基督所指示的人生正轨。而它最后那句话的意思，实际上是说你们缺乏仁爱、节制和真理，以致失败到底，没法完成追寻圣杯的伟大任务。”

第五章

修士的劝导。

听完修士的一番解析后，卡文英说道：“您所讲的都是真理，我自己已明白这些道理。现在，圣父呀，请您告诉我，为什么我们不能遇到从前那样的奇迹，而且也都不惊奇呢？”“我很高兴地告诉你们，为什么你们这么多人出来寻找圣杯，却怎么也找不到，因为圣杯向来不会显示给罪人看见的。所以你们看不见它，也就不足为奇了。因为您并不是一个真正的骑士，而是一个刽子手。还有其他人，虽不是杀人犯，可是身上也背负着种种罪孽。我还可以告诉您，兰斯洛特骑士虽然也有过罪孽，不过自从他参加追求圣杯的事业以后，他从没害过一个人，而且他还自愿放弃罪孽，直至返回加美乐城，保证今后不再枉杀一个人。倘若他能坚持不再犯罪，那在追求圣杯时，除了他的儿子高朗翰之外，就只有他能成功了，不过他的灵魂很有可能还会堕入罪恶深渊。上帝知道他的思想不够稳定，可是到了他临死的时候，他终必是一个圣洁的人。毫无疑问，世上还没有别的罪人能够比得上他呢。”“先生，照您这么说，因为我们有了罪孽，即使我们往返忙于追寻圣杯，结果都是徒劳的了？”“确实如此，像您满腔热情寻找圣杯的人实在是不计其数，可是他们不仅无法找到圣杯，甚至还会自取其辱。”两位骑士听完解析，便施礼告别了。

两人临行之前，修士对卡文英说：“您已经被封骑士很久了，但您从来不曾侍奉过您的圣主，现在您已经长成老树一棵，可是您的躯壳之内，既没有生命，也没结果，不过是个空壳，您的枝叶和果实都被魔鬼拿去了。”卡文英答道：“假使我有空暇，我一定继续听您讲道，不过我的同伴现在正在那边山脚等我，恕我不能继续奉陪了。”“好吧，您将会得到更好的忠告的。”然后卡文英告辞离开，来到爱克托那里，两人又继续骑马前行，来到了住在山林里的一户人家。两人向农户投宿，得到他们的盛情招待，舒舒服服地休息了一晚上。第二天一早，他们便告别了农夫一家，骑马前行，一路走来，平淡无奇。

第六章

卜尔斯遇到修士，并向他忏悔，得到修士的敬告。

卜尔斯离开加美乐城后，曾遇见一位骑着毛驴的修士，两人寒暄之中，修士听说他是一个追求圣杯的骑士，便问道：“请问您是谁？”“先生，我是个骑士，正在追求圣杯，很希望能得到您的指教。因为在世人的心目中，任何人若能获得圣杯，他就可以得到世人的无上尊崇。”修士一听，说：“确实如此，因为能得到圣杯之人，将来可以成为全世界最优秀的骑士，在团体里也会成为出类拔萃的人物。但是您要知道，如果一个人没有贞洁，又不知忏悔，是绝不可能找到圣杯的。”

然后卜尔斯便随着修士来到了他的教堂，抵达教堂之后，那修士还坚持留卜尔斯过夜。卜尔斯眼见盛情难却，便下了马，卸去铠甲，请求修士接受他的忏悔，然后随修士一同进入教堂，在那里他彻底忏悔一番，随后才一同去用餐。饭间，修士说道：“请您在找到圣杯之前，除了面包和水以外，不要再吃别的东西。”“遵命，先生，但是您怎么知道我将坐在圣杯出现的桌上呢？”“我当然知道，但在您的伙伴里，只有极少数的人会陪您同座的。”“凡是上帝所赐给的，我都欢迎。”“我要求您做一件事，就是要用一件上衣代替您的衬衣，因为上衣是惩罚的符号，所以您要脱下全部的衣服——包括衬衫。”卜尔斯依照他的吩咐做了。随后修士便给他穿上一件红色上衣，并叮嘱他，必须一直把它穿在身上，直到找到圣杯为止。这时，修士还发现卜尔斯过去的生活很令人诧异，他并无私欲，不过还是有一名私生子，名字叫做伊利安·勒·卜朗克。

辞别修士后，卜尔斯刚走出不远，便看见一只大鸟，站在一棵老树顶上，那时天气干旱，树叶尽枯，那大鸟随同几只小鸟站在上面，无食可寻，已经饿得奄奄一息了。此时，只见那只大鸟忽然抬起又尖又长的喙嘴，猛啄自己直至全身上下皮破血流，死在一群小鸟当中。那些小鸟喝完了大鸟的血液，这才得以保住性命。看到这一幕，卜尔斯似乎若有所悟，于是他认真地看着，直到那只大鸟终于不能再站起来了，方才骑马离去。大概到了晚祷时光，他又来到一处坚固高大的塔旁，他决定在此歇息一夜。

第七章

卜尔斯投宿于一位贵妇家里，并自愿同对方的一个代战人比武。

卜尔斯在塔里卸下武装以后，塔内的人带着他登上高塔，此时，只见塔里有一个年轻美貌、风情万千的贵妇。那妇人热情地招待了他，甚至还挨着他一起坐下，请他吃肉，还有其他精美可口的菜肴。可是，卜尔斯看到这些美酒和肉时，突然想到自己应该忏悔，就吩咐一个侍从替他拿些水来，然后把面包撕成小块，泡进水里吃掉了。那贵妇见此情景，不禁问道：“您不喜欢吃我为您准备的肉吗？”“小姐，感谢您的热情款待，不过我今天不能吃肉。”贵妇听完，便不再多问，等他吃完水泡面包之后，两人便闲聊起来。

这时，侍从进来报告："小姐，您得准备一位代战人，以便明天去对付令姐的代战人黑夜·普利丹，不然您的堡寨和土地都会被她抢去的。"她听完之后，愁眉不展地说道："哎，上帝啊！您为什么赐给我这许多土地呢，现在又无缘无故地遭人暗算，想来夺去我的继承权呢？"卜尔斯见状，便贸然答道："我可以帮你。"那贵妇答道："事情是这样的，这里本来有一个君王，名叫安尼·奥斯，这里全部的土地都是他的。可是后来，他爱上一个年纪比我大很多的女人，还把自己所有土地和侍从都交给了她，不料那个妇人本性恶劣至极，她杀死了君王的多数亲戚。后来，君王发觉了她的这些恶迹，就把她赶了出去。之后，这位君王便将她的所有土地都移交给了我。过了不久，这位君王暴毙身亡，而那个老女人看到君王死了，便开始攻打我，几次交战下来，她杀害了我很多部下。不仅如此，她还发动了一些人来反抗我，把我打得几乎全军覆没。现在我个人除了这座高塔之外，没有任何东西了。如今，她就连这座塔也不愿留给我了，倘使我找不到一个骑士能够代表我去打败她，我只有将塔拱手让给她，别无他法了。"

卜尔斯听完，便说道："那请您告诉我，那个黑夜·普利丹究竟是个什么角色？""这里的人最怕的就是他。""现在您可以通知她，您已找到了一个骑士，为了上帝和您，他愿同黑夜·普利丹作战。"贵妇一听，高兴极了，立即派人前去通知对方。当天晚上，卜尔斯受到热情的款待。晚饭之后，他一个人蜷伏在地板上睡觉，不肯上床。因为他表示过，在他寻得圣杯之前，他绝不睡在床上。

第八章

卜尔斯梦见异象，并在决斗中获胜。

卜尔斯睡熟之后，在梦里又见到了一个异象。在异象中，他见到两只鸟飞来，一只白如天鹅，另一只黑如乌鸦，白色那只比黑色那只体形稍大。只见那只白鸟走到他面前说道："倘使您能热情招待我，给我一些肉吃，我愿意把世间所有的财宝都送给你，而且还把您变得像我一样白。”说完便离开了，那白鸟离开之后，黑鸟又走近对他说：“倘使您能从明天开始服侍我，不因为我的黑而藐视我，那你会发现我比那只白鸟的用处更大！”黑鸟说完也飞走了。

这是第一个梦，紧接着，卜尔斯又做了一个梦。在梦中，他到了一处很宽大的地方，感觉像是一座教堂，教堂左面有一只椅子，已经被虫蛀得千疮百孔了，它右面放了两朵花，形态很像是百合，其中一朵像是要夺取另一朵的白色一样，每朵花心里面又生出许多小花和果实。两花之间站着一个善人，将它们分开，使之不能相互争斗。然后那善人开口对卜尔斯说道：“你为了想救活一棵腐朽的老树，不让它倒在地下，而使这两朵鲜花零落，岂不是做了一件极笨的事情吗？”“先生，照我看来，那棵树已经没有用了。”“现在您可得当心了，可千万别让这种奇迹降临到您的身上呀。”梦境消失，卜尔斯醒来，连忙在自己的额上画了一个十字，随即起身，穿上衣服。此时，那位贵妇走来，两人施礼之后，便一起去教堂做弥撒去了。做完弥撒，教堂前来了一队骑士，他们是应了贵妇的邀请，带领卜尔斯作战去的。卜尔斯向他们要来了自己的武器，然后全副武装。贵妇请他吃点东西再去战斗，他却说：“谢谢您的好意，可是我现在不能吃，还是等我打完仗之后再回来吃吧。”说完便跳上马，带着骑士和部下一同离去。不多时，这两个妇人见面了，那个约请卜尔斯为她作战的贵妇向对方一个贵妇抱怨道：“您真对不起我啦，您夺取了安尼·斯王给我的土地，然而我实在不愿意同您决斗的。”“您有什么资格来选择呢，如果您不同意，您把自己的骑士撤退算啦。”

然后她们开始宣布比武规则，绝对战胜的一方有权获得这位贵妇的全部土地。之后两人便开始厮杀起来，决斗进行得很激烈，双方的盾牌和铠甲都撞裂了，手里的长矛也折断了，结果两个武士都受了重伤。接着他们又各上前冲了一次，双方一同跌落下马。此时还没有分出胜负，两人又各自拔出利剑，对准对方的头部猛砍下去，结果两个人身上都溅出了很多鲜血。卜尔斯发现对方的防御能力很强，大大超出了他的想象。普利丹是一个武艺超群的骑士，打得卜尔斯受了重伤，不过他自己也伤得不轻。卜尔斯看出他的意思，所以让他坚持下去，等到对方渐渐支持不下了，便加紧打去。普利丹因为怕死而退后，就在他倒退的时候，跌倒在地上。卜尔斯趁着这个机会，掀开他的头盔，猛力打去，因为用力过猛，把他的头盔全部拉下，随即扬起手中战剑，使尽全力，砍向他的面部，叫他屈服，不然便要把他斫死。普利丹恳求道："善良的骑士，请看在上帝的份儿上，饶我一命吧。我发誓，只要您饶了我，我以后和您一起保护你那位夫人。"卜尔斯听罢这话，饶了他的性命，同时那个老妇人便偕同手下的骑士逃跑了。

第九章

卜尔斯帮贵妇收复土地后便匆匆离开并在途中遇见被捆和被打的梁纳耳骑士；一个少女怎样避免了不幸事件。

决斗之后，卜尔斯来到贵妇土地的管理人那里，对他们说道："倘若你们不肯将田地归还，去侍奉这位贵妇，我便把你们全部杀掉！"这些人听了这些话，赶紧去对贵妇行礼进献贡物，凡是不愿顶礼奉献的，他就把他们从田地上赶出。至此，勇猛的卜尔斯骑士终于帮那位年轻的贵妇收回了她的产业。然后，直到这里的一切秩序恢复了太平，卜尔斯骑士才离开了此地。他临走前，那位贵妇打算赠送他珍贵财宝，以示感激，结果都被他婉言谢绝了。

离开贵妇之后，卜尔斯骑马走了整整一天，一直到傍晚，才遇见一个熟识的妇人，卜尔斯向她借宿，得到了殷勤的接待。次日天明，卜尔斯骑马奔进树林，到了中午时候，他碰到了一件令人惊奇的事情。当时，他正走到一个岔路口前，遇见了两个骑士正带着一个人走来，而他们带着的那个人正是他的哥哥梁纳耳，此时，只见他们把他的哥哥梁纳耳赤身露体地捆在马背上，把他的两只手缚在胸前。两个骑士手里都拿着荆棘做成的鞭子，不停地鞭打着他的哥哥，可怜的梁纳耳被抽得浑身皮绽血流，到处都是伤口，尽管如此，他还是紧咬着嘴唇，任人鞭打，始终不发出半点儿声音。

卜尔斯见状，正想冲上去营救他的哥哥，却又看到对面有个骑士领着一位贵妇走来，要把她放到丛林最密的地方，好使得别人无法寻找。那贵妇走投无路，绝望地祈祷道："圣母玛利亚啊，救救你的女儿吧。"忽然间，她看到卜尔斯乘马走了过来。她心想这人一定是圆桌骑士，因而希望得到他的帮助，于是等卜尔斯走近的时候，她便向他恳求道："我想您一定是亚瑟王的骑士，为了尊崇武士的高贵制度和高贵的亚瑟王，求求您帮我摆脱这些人的魔爪吧，否则我今晚一定会遭到他们的奸污的。"卜尔斯一听，顿时觉得不知所措了，他心想：倘使让我的哥哥这样下去，他一定会被人杀死的，这样的结局我是无论如何无法接受的。若是我不去帮助那个小姐吧，她受了歹人糟蹋之后，失去贞操，便永世不能补偿啦。想到此处，他瞪开两眼，流着泪说道："亲爱的圣主耶稣基督呀，我是您的家臣，求您保护我的哥哥梁纳耳，莫让那两个骑士杀死他，为了您的怜恤和玛利亚的慈悲，我想我必须得先去帮助那位小姐。"

第十章

卜尔斯搭救少女之后，却听说自己的哥哥已死。

主意已定，卜尔斯便对那个拖着贵妇的骑士说道："快放开这位小姐，若不听从，我便杀了你！"那个骑士听到此话，随手把妇人放下，拔出了宝剑，对他刺去，卜尔斯见状，即刻挥矛迎接，一下就把那家伙的盾牌戳穿，同时还刺进他遮着短铠的左肩。就这一下，那骑士就被卜尔斯打倒在地上，等卜尔斯将矛拔出来的时候，那个骑士早已昏厥过去，不省人事了。然后卜尔斯走到那位小姐面前说道："我将您救了出来，接下来还有什么要求吗？""骑士先生，现在请您领我到那个骑士刚才带我走到的地方。""我很高兴带您去。"说罢，卜尔斯便牵来那受伤骑士的马，把小姐扶到马上，带着她向她要去的地方出发了。行进中，那个小姐又说："骑士先生，您对我的大恩大德，我真是永世难忘。您不知道，倘使我失去了贞操，便会有五百个人要跟着丢掉性命。”“那个抓您进树林的骑士，到底是谁啊？”“他是我表兄。不知道是魔鬼作祟，还是他使用了什么诡计，他在昨天从父亲手里私下把我抢走。因为家父的部下没有一个信任他的，倘使他把我玷污了，他一定要为罪孽而死的，他的肉体将要永远遭受耻辱啦。”两人正谈话间，忽然来了十二个骑士来追寻她，她便把卜尔斯营救她的经过告诉他们听，这些人都很高兴，并且坚持要邀请卜尔斯去会见他们的伟大爵主，还要郑重地对他表示欢迎。卜尔斯说：“请诸位不必客气，我还要在国内追求一个伟大的奇迹，恕不能奉陪。”说完便道别离去了。

卜尔斯循着他哥哥梁纳耳的马蹄印，向前寻找，找了很久，就遇到一个穿宗教衣服的人，骑着一匹强壮的黑马，其毛色比黑莓还黑。这人向卜尔斯问道：“骑士先生，您在找什么？”“我正在寻找家兄梁纳耳，不久以前，我看见有两个骑士在打他。”“您不必烦恼，也不必失望，让我告诉您真相吧：您的哥哥已经死了。”说完，便指着灌木树下躺的尸体给他看，看样子，他刚死去不久。卜尔斯定睛一看，发觉这正是自己的哥哥梁纳耳的遗体，顿时悲不自胜，昏倒在地。过了很久，待他醒来，才说道：“好哥哥，我心中将永远不会快乐了，我现在已尊奉耶稣基督做我的主人，就求他帮助我吧。”说完，他便把哥哥的尸体放上了马背。然后卜尔斯对那个告诉他消息的人说道：“可否告诉我，附近有没有教堂啊？我要埋葬我哥哥。”“前面不远就有一个小教堂。”然后他们向前行走不久，就见到一座高塔，塔前有一所古老的建筑，摇摇欲坠，那就是教堂。他们抵达之后，跃身下马，将他的哥哥葬在一个大理石的墓里。

第十一章

卜尔斯将梦中异象告诉祭司，祭司对其进行解析。

那善人对卜尔斯说道：“我们今天把他葬在这里，然后去找一处地方寄宿吧，明天我们再来为他办丧礼。”“先生，您是一位祭司？”那善人说：“是的。”“那你能否为我解析一下我昨晚梦中的异象？”“您说给我听吧。”

于是他开始说给他听了，他起先怎样在树林里看见一只大鸟，接着又说出另外还有两只，一白一黑，还有朽败的枝丫，另有白色的鲜花等等。那善人听完，说道："骑士，我现在先告诉您一部分，其余的部分等到明天再告诉您吧。首先，那白鸟代表一位貌美富裕的贵妇，她一心一意爱您很久了，倘使您不怜悯她，甚至拒绝她，恐怕不久之后她就会死。这只大鸟是一个标志，它要使您拒绝那贵妇的爱情。现在您不必畏惧人间诽谤，也不必畏惧上帝，总之您不要拒绝她，也不要为了保持童贞或是想要克服世界的颂扬和虚荣而回避这段感情，否则的话，便会有灾祸降到您的身上，您的堂兄兰斯洛特骑士为了这一点要丧失生命的。倘若如此，世人必将认定您就是杀人凶手，因为您杀了您的哥哥梁纳耳和您的堂兄兰斯洛特骑士，当时如果您去营救他们，是绝对来得及的，但是你却忙着去搭救一个毫不相识的女人。您想想，究竟是您哥哥的性命重要呢，还是那女人的贞操重要呢？关于您在梦中看见的景象，我所解释的话，您听后明白了没有？""是的，我明白了。""倘使您的堂兄兰斯洛特骑士死了，那么这是您的罪过啊。""假如兰斯洛特骑士是因我的过失而死，这便是我一生中最悲痛的事情了。""那现在您可以选择了。"

祭司说完，便带着卜尔斯骑士走进高塔，他发现里面有好多骑士和妇女，那些妇女对他都热情极了，她们帮他脱卸武装，脱得他只剩了一件紧身上衣，然后又拿来一件银鼠的斗篷给他披上。随后，她们尽情地使他欢乐，他忘却了一切忧愁与烦恼，完全沉醉在享乐之中。同时，他再也不想念他的哥哥梁纳耳和堂兄兰斯洛特骑士了。隔了不久，忽然从房内走出一个貌美如花的女子，她远胜于之前所见过的桂乃芬王后或是其他贵族。在享乐期间，那些人都说："请看啊，卜尔斯骑士，这里有一位贵妇，是我们所侍奉的，我们认为她是世上最美丽而且最富庶的女子，她全心全意地只爱您一个人，非你不嫁呢。"卜尔斯一听这话，心里面顿时惴惴不安起来。此时，那贵妇也走上前来，先向他施礼然后两人坐一起，开始闲聊起来。在谈话中，那贵妇向他频频献媚，向他表白，还许诺说要把他变成当代最大的富豪。这让卜尔斯十分局促不安，他内心里无论如何不愿破坏自己的童贞，所以他也不知怎样回答她才好。

第十二章

原始魔鬼幻化为女人引诱卜尔斯，幸得上帝保佑，卜尔斯得以逃脱。

贵妇见卜尔斯闷声不说话，便叹气道："卜尔斯啊，您答不答应，倒是说句话啊。""小姐，这世上没有任何一个人可以让我去做这件事，您看我的哥哥刚被人杀死，我怎么有心情与您亲热呢！""唉，卜尔斯，自从我发现您是人间的美男子，又听到您有高强的武功，我早就全心全意爱上您了，所以我恳求您今晚一定要与我成其好事。"卜尔斯说道："这恕难从命！"那女人见卜尔斯态度如此坚决，立即显出无限悲伤，好像要死一样，凄凄哀哀地说道："卜尔斯呀，现在您把我弄到这种地步，我真活不下去了。"说完就拉住卜尔斯的手，要求卜尔斯抬头看她一眼，同时还说道："请您看看我怎样为了爱您而死去的啊！""哎，这是我永远不愿意看见的事情啊。"随后，这贵妇便率领着十二个女人爬到城墙上面，然后站在城墙上对着卜尔斯喊道："喂，卜尔斯爵爷，您这位谦让的骑士，求您哀怜我们吧，让我们的女主人能满足她的愿望，假若您不答应，我们就从塔上跳下跌死。这样一来，我想所有的贵妇们以后都将会看不起你的！"卜尔斯听到喊叫，抬头一看，只见上面站着那么多贵妇，衣着都十分光鲜亮丽，见此情景，虽然他非常同情她们，但是他已铁了心，宁愿让她们全部丢掉生命，也绝不轻易失掉自己的灵魂。他正在思考的时候，不料她们忽然一齐都从高处跳下了。卜尔斯亲眼目睹了一切，心里惶恐极了。随后，他在自己身上和脸上画了一个十字（表示要恳求上帝帮助他脱离这个恶魔）。一会儿，忽听得一声大喊，好像地狱里所有恶魔都在他的周围似的，那时一切的东西，如高塔、小姐、贵妇们、小教堂，还有埋葬他哥哥的地方，完全都不见了。他双手向上伸着，高指着蓝天，并且说道："亲爱的主，上帝啊，我好不容易才逃避掉啊！"说罢，拿起武器，骑着马走开了。

卜尔斯离开之后，走了一会儿，便听到右边有钟声传来，走近一看，原来那个地方有一所高墙环绕的寺院，他不假思索便走了进去。寺内的执事知道他是为追求圣杯而来，便邀请他到房间里休息，并且代他卸下武装。然后，卜尔斯说道："先生，此地是否有圣洁的教士，我很想同他谈谈。"然后，寺中一位僧侣便带着他去拜见僧院住持。相见之后，卜尔斯骑士即向住持施礼，并且说道："住持，我是一名骑士。"同时便把所遇见的冒险事情都告诉了住持。住持听完，说道："骑士先生，我虽然不知道您贵姓大名，但我可以说，照您的相貌来看，我从没见过像您这样年纪的骑士，而在主耶稣基督的恩典上，能够有这么坚强心愿的。现在您去休息吧，今天天色已晚，明天我再来找你详谈。"

第十三章

住持给卜尔斯吃圣餐，并开导他。

当晚，卜尔斯在僧院内受到了热情的款待，第二天早晨他做完弥撒之后，住持便来看他，大家互道了早安后，卜尔斯便告诉住持，说他是追求圣杯的骑士中的一员，因为受到一位祭司的启发，所以能够单靠着吃面包和喝水来过活。住持听完说道："我们的主耶稣基督曾经显现给您看，用圣杯作象征，他是一个为我们受苦的灵魂，被钉在十字架上，替世界的人类流出他的心血，正如那只大鸟因拯救小鸟而流血一样。那棵干枯的树象征着世界，若非耶稣降临，这个世界便完全是空虚的，而且是毫无结果的。还有您为她作战的那个小姐和做了本地爵爷的安尼奥斯王，象征着基督耶稣乃是这个世界的君王。你替那个贵妇去作战，这寓意着当您为她作战的时候，您会明白基督耶稣的新律法和神圣教会的新律法。至于另外一个妇人，她使您了解旧的律法和恶魔的律法，他们整天同新的神圣教会对抗，所以这一次您的战争是正义的。因此可以说，您是基督的骑士，神圣教会的护卫者。那只黑鸟会使您理解神圣教会，就如它所说的：'我是黑的，它是白的。'同时，我还要告诉您，那只白鸟会使您认识它是一个恶魔，正如天鹅的外表是白的，但内部却是黑的一样，那些假冒伪善的，外面呈黄色或是灰色。粗看起来，好像他们都是基督耶稣的仆人，实则他们的身体里面充满着污秽和可怕的罪孽，其目的在蛊惑世人坠入罪孽的深渊。同时，那恶魔扮成宗教人物显给您看，还责备您不去营救自己的哥哥，反而去搭救一个不相识的女人，使得您好像觉得自己的哥哥死了，其实他还活着。这一切幻想，都是为了把您引诱上邪恶之路，把您变成浪荡淫乱之徒。正因为他知道您向来心软，这才设法使您不能担当追求圣杯的任务。第三只鸟呢，代表那些激烈抵抗妇女们的战争，她们完全是些魔鬼。还有那棵干枯的树和白的百合花，那干枯的树象征您的哥哥梁纳耳，他是一个无德无行的人，所以外人应当称他一棵腐败而被虫蛀蚀的树。您哥哥是一个杀人犯，他所做的事都是违犯骑士德义的。那两朵白花，则象征两个童贞：一个是前天受伤的骑士，一个就是您所搭救的贵妇。为什么一朵花靠近另一朵呢？就是那个骑士想要去玷污女人，同时反糟蹋了他自己。卜尔斯骑士啊，若是您冒着大险看着两朵花死去，而不去搭救那棵朽腐的树，那么您真是愚蠢至极了。现在您已经搭救了这两个人，所以世上的人将要称您为基督耶稣的真正骑士或真正仆人。”

第十四章

卜尔斯骑士遇到哥哥梁纳耳，梁纳耳却想杀死卜尔斯。

卜尔斯告别住持以后，骑行了一天，到了晚上，便在一个老板家里投宿。第二天一早，他便骑马走进山谷，来到一座城堡里，遇见了一个乡士，其正急急忙忙地往树林里走。卜尔斯觉得奇怪，便开口问道：“请您告诉我这里有没有奇迹可寻？”“骑士先生，在这个堡里，将要举行大规模的比武会。”“比武的是什么人啊？”“一边是普拉斯伯爵，另一边是堡主的侄儿。”卜尔斯听后想，在这里他或许可以碰见他哥哥梁纳耳，也或许能遇见追寻圣杯的其他骑士。于是，他便向树林入口处的一座教堂走去。

卜尔斯来到教堂前面，看见哥哥梁纳耳骑士正披挂着全部武装，等候在教堂的入口处，准备明天到武场里去比武。卜尔斯看见哥哥之后，自然是高兴极了，立刻跳下马来问道：“亲爱的哥哥，您是何时来到此地的？”等到梁纳耳定睛一看，见是自己的弟弟，便说道：“卜尔斯，你还有脸和我说话！我为了你几乎要被人杀死啦，可是当您看见我被两个骑士在鞭打的时候，根本就不管我，反去救一个毫不相关的女人，我从来没见过哪家的弟弟会像你这样，如此残酷地对待自己的亲生哥哥！所以，我认为你只有以死抵罪，死有余辜。现在你赶快准备吧，等我准备齐全，你就知道我不会放你活命的。”卜尔斯骑士明白他的哥哥确实是愤怒了，他立时跪在地上，高举两手，大声恳请哥哥饶恕他的罪过。梁纳耳说道：“我永远不会宽赦你的，我对上帝立誓，若是我占了上风，一定把你杀死，像你这种人，根本没脸活在这世上！”梁纳耳说罢便走进房里，拿出马具，准备妥当，跃身上马，来到卜尔斯的面前，对他说道：“你这个叛徒，离我远点儿！你是高贵世家的后裔，不能承袭我们父亲甘尼斯的卜尔斯王的美德，却变成一个最虚伪的东西。现在我先让你一步。假若你站在那不动，等我骑马冲来，撞伤了你，可别怪我无情！”

现在看来，卜尔斯除了同自己的哥哥决斗之外，别无选择，所以一时间他也不知如何是好了。不过他心中是非常不情愿和哥哥对决的，不管怎么说，梁纳耳毕竟是他的哥哥，对他总要表示敬重的。所以卜尔斯便跪在梁纳耳的马蹄前面说：“亲爱的哥哥，请您可怜我，不要杀我，我们两个人应该相亲相爱才对。”可是，此时梁纳耳的内心早已被魔鬼占据，一心只想杀死弟弟。他见弟弟不肯和自己相斗，便放马冲上去撞倒了卜尔斯，撞得他跷脚朝天，当场昏死过去。此时的卜尔斯觉得自己已来不及忏悔，就要死去了。梁纳耳拉住卜尔斯的头盔，想将其从头上拉下。正在这时，忽然奔上来一位慈祥的老修士，他听见了这弟兄俩的激烈争吵，又见弟弟此时昏倒在地，便一下扑在卜尔斯的身上。

第十五章

高圭凡骑士为了营救卜尔斯和梁纳耳骑士决斗；修士最终被杀。

这位修士对梁纳耳说道：“善良的骑士啊，求您怜悯一下我和您的弟弟吧，若是杀了他，不仅你自己会身负死罪，而且从另外一个角度来说，他是世界上最高贵的骑士之一，又是最合道德条件的人物，就这样死在你的手上，将来也必将有人会为他哀悼的。”“哼，真的吗？祭司先生，如果您敢从他身上逃开，我也一定杀死您，至于他，迟早也要被我杀掉的。”“说实话，我宁愿您杀死我，因为您杀死我所遭受的损害较小，只抵得杀死他一半而已。”“好！既然你自愿送死，我就成全你！”说罢，梁纳耳举起剑来，猛然一击，逼得修士脑袋直向后缩，随后活活被斩死。梁纳耳一阵狂砍，觉得还不过瘾，便伸手去拉卜尔斯的头盔，准备把卜尔斯的头颅砍下来。就在这千钧一发之际，忽然来了一个圆桌骑士，名字叫高圭凡，他是我主耶稣派来的。高圭凡看到那位善人被杀了，觉得十分惊奇，又看见梁纳耳快要杀死卜尔斯骑士，因为他认识卜尔斯骑士，而且很爱他，所以他立刻跳下马来，抓住梁纳耳的肩膀，猛力从卜尔斯跟前拉开他，大声质问道：“梁纳耳，您为什么要杀您的弟弟呢？他是世界上最勇敢的骑士，没有哪一个善良的人会允许您这样做的。”“凭什么我就不能杀他？你若再敢碍事，我就先干掉你，再去杀他！”“你真的如此狠心要杀死他？”“那是当然，他如此对自己的亲生哥哥，真是死不足惜！”说罢，他便冲到卜尔斯的身上，打算要砍下卜尔斯的头。正在这时，高圭凡骑士忽然跑到他们两人中间，说道：“你如此蛮横，那我只能和你一决高下了！”

当梁纳耳明了他的意思之后，便举起盾牌，掩住自己，向他问道：“你是何人？”高圭凡骑士便表白了自己的姓名，并且说明他是他的一个同伙。梁纳耳听完，不由分说，举剑便是猛然一击，打在高圭凡骑士的头盔上。高圭凡立时拔剑防御，他本来是一个武艺卓绝的骑士。在这两人凶斗的时候，卜尔斯忽然清醒，他晃晃悠悠地站立起来，看到那一位优秀的高圭凡骑士正为了他而同他的哥哥在决斗，不禁焦躁不安起来。他心想，若是高圭凡杀死了他的哥哥，他将永远不会快乐，倘使他的哥哥杀了高圭凡骑士，那么他便永远抬不起头来。想到这里，他便想离开他们逃出去，怎奈两脚无半点儿力气，根本无法行走。于是，卜尔斯只得在一旁眼睁睁看着两人打斗，过了很久，高圭凡败下阵来，看来梁纳耳不仅武功卓绝，而且异常勇敢。他打碎了高圭凡的铠甲和头盔，高圭凡鲜血直流，已经没法站稳了，只有在那里等死。此时高圭凡看见卜尔斯还坐在那里，便对他说道："卜尔斯啊，您为何不来救我？我弄成这样，可都是为了您啊！"梁纳耳见状，说道："说实话，你们两个都没用处，看你们谁能保护谁呢？结果还不是都要死在我的手里。"卜尔斯听到这话，方才发觉那位修士已经死在他的身旁，他心中悲伤万分，于是强撑着站起来，戴上头盔，准备和哥哥战斗。

第十六章

梁纳耳杀死高圭凡，然后又打算杀死卜尔斯。

高圭凡死前一直在喊着卜尔斯的名字，说："您为何要我为您死在这里？您若是喜欢我这样为您而死，那么我死了而能救出一个高尚的人物，那我便死而无憾了。"他刚说完，梁纳耳就打掉了他的头盔。高圭凡自知这次难逃一死，便说道："亲爱的主基督啊，请您哀悯我的灵魂，我错了，但我的意思是要做好的，因此求您应允我最后的忏悔，来拯救我的灵魂。"这话说完，梁纳耳便给了他致命一击，高圭凡随即倒地身亡。杀死高圭凡之后，梁纳耳就像恶魔一般冲到卜尔斯的面前，把他打得弯下腰来。虽然如此，卜尔斯脸上还是带着极度谦恭的神情，请求梁纳耳看在上帝的份儿上，不要再手足相残了，这种情况，无论谁杀死谁，两人都是罪孽深重。梁纳耳说道："我永远不需要上帝的眷顾，你别妄想我会饶了你！"卜尔斯拔出宝剑，悲痛地说道："亲爱的哥哥，上帝知道我的心意。今天你坏事干尽，你杀了这样一位圣洁无辜的祭司，又杀掉我们伙伴里的一个良善的骑士。你明明知道我毫不怕你，乃是畏惧上帝的愤怒，而且这又不是一次正义的斗争，所以才恳求上帝显示他的神迹让我俩看看。现在恳求上帝的哀怜，我所以反抗我的哥哥，那是出于自卫。"说完这话，卜尔斯便举剑向他哥哥砍去。

第十七章

天降奇音，喝令两人不准手足相残，一朵祥云将两人隔开。

正在这时，卜尔斯忽然听到有一个声音说道："卜尔斯啊，你快逃吧，不要再碰到你的哥哥，不然他一定会杀死你的。"然后，只见一团烈火般的云彩从天而降，停留在他俩当中，顿时两面盾牌燃烧起来。兄弟两人这时都吓得晕倒在地上，过了半天还没有清醒。等到他们又聚在一处的时候，卜尔斯看到他哥哥并没有受到伤害，他这时高举两手，生怕上帝来惩治他的哥哥。此时，他又听到另一个声音在说："卜尔斯，你赶快离开这里，不要再同你哥哥在一起啦。你应当尽速赶到海边去，薄希华骑士正在那里等你。"他听到这话，连忙向他哥哥说道："亲爱的哥哥，我得罪您的地方，请您看在上帝的份儿上，饶恕我吧。"梁纳耳听完，答道："既然上帝原谅了你，那我也就宽恕你吧。"于是卜尔斯离开了他的哥哥，骑马向海滨奔去。疾行一阵之后，卜尔斯来到了海边，并找到一所寺院。当天晚上，他在那里歇脚。当晚，在酣睡时，卜尔斯又听到一个声音，叮嘱他快赶到海边去。这声音惊醒了他，然后他赶紧起床，在额上画了一个十字，拿出马具，预备妥当，跃身上马，从墙的缺口跑出，径直来到了海边。在海边，他发现了一只船，遮着白色帐篷，于是他下马走进船里，船即随往海中飘去，其速度之快，使他感觉像在海上飞一样。到了夜晚，天色漆黑，他辨不清面前的人，便一觉睡到天亮。他醒来以后，看到船的中央睡着一个骑士，全身武装，唯独没有戴头盔。他定睛一看，原来此人正是威尔士的薄希华骑士，他不禁欣喜若狂，而那人看见了卜尔斯，反而面露窘态，张口便问卜尔斯是谁。卜尔斯回答道："善良的骑士，您不记得我了吗？""真的，我很稀奇，若不是主耶稣带您来的，我真不知道您怎么会来到此地！"卜尔斯笑着把他的头盔脱掉，薄希华一看，原来是故人，于是两人快乐得无以言喻。之后，卜尔斯告诉他是谁劝他停止斗争、叫他走上这只船的。他们彼此倾诉了各自的遭遇，这些话都是我们以前听过的。然后，他们一人坐船头，一人坐船尾，一同航行，彼此祷告，互相安慰。薄希华骑士说：“现在一切都很完美，唯独缺少优秀骑士高朗翰同行。”

本书第十六卷略记卡文英骑士、马利斯的爱克托、甘尼斯的卜尔斯骑士以及薄希华骑士诸人的事迹，全文在此结束，下接第十七卷，专叙高朗翰的武功。

第十七卷

第一章

高朗翰骑士比武获胜，被卡文英骑士和爱克托骑士认出。

现在我来讲讲高朗翰骑士的故事吧。高朗翰骑士从 20 个勇士中救出了薄希华骑士后，经过一段漫长的旅程，来到一个荒废的树林中。这期间的过程真是一波三折、曲折离奇啊，不过因为之前已经提过，所以现在我也就不再多讲了。有一天，高朗翰在去海边的路上，途经一座城堡，他看到此处正在举行比武大会：参加人员分堡内堡外两组，就当时形势来看，堡外组可能获胜，不过堡内组中也有几个武艺高强之人。高朗翰看此情景，又见城堡门口已有尸体数具，立刻冲进城里，打算和堡内组一起战斗。只见高朗翰挥起长矛，发出一击，便把对方第一个冲进来的人打倒了，他自己的长矛也断成数段。他忙又拔出宝剑，向人最多的地方冲过去，其超群的武艺使观众无不啧啧称奇。这时正好卡文英骑士和爱克托骑士也在参加比武，不过他俩是堡外组的人。当他们看见一块绘着红十字的白盾牌时，便相互说道："那人是一位贵族后裔，也是一名优秀的骑士，名叫高朗翰，谁要是和他比武，那真是自取灭亡。"说话间，高朗翰已冲到两人面前。卡文英被高朗翰猛然一击，头盔都被打得紧贴在头上，头盔上的铁片刺进头内，卡文英从马上摔下来。这一击实在是太猛了，卡文英连剑都拿不稳了，剑从他手中滑下，正好落到马肩上，马肩被斫为两半。

爱克托看到卡文英跌落下马，赶紧将他拖到一边，然后飞快地思量了一下，觉得自己没有等在那里同高朗翰交手的必要，因为他俩是叔侄关系。而此时的高朗翰使出浑身解数，把堡外组的骑士全都打退了。堡内的骑士看到对方全部跑了，才敢跑出来，朝着各个方向追赶堡外的骑士去了。高朗翰见没人再来同他比武，便独自一人悄悄离开，不知去向了。而在另一边，卡文英此时对爱克托说道："我敢用人头担保，高朗翰能够从石隙里把剑拔出，那就说明此人确实是天生神力，被这种人砍一下，试问有谁能承受得住呢。反正就是给我一个城堡，我也不愿意去挨他一击。现在我算是领教过他的神力了，我这辈子还没被砍得这么惨呢。"爱克托说道："骑士，你好像已经完成寻求圣杯的任务了，所以我不必再去寻求啦。"说完这话，他们就把卡文英抬进堡内，卸去了他的武装，把他放在一张华丽的床上，叫来外科医师为他治疗。据说他是不死之身，只需一个月，就能完全康复。因此卡文英就随爱克托留住在堡里，爱克托一直不愿离开他，一直等到卡文英完全康复。

话说高朗翰离开城堡之后骑马走了好久，直到某个晚上，来到了卡邦耐克城，在一个修士的精舍里寄宿下来。那位善良的修士看见他是一个骑士，非常高兴。他们上床休息之后，忽然来了一个贵妇敲门，嘴里还叫着高朗翰的名字。那修士走到门口，问她有什么事。这贵妇便向修士说道："由尔凰修士啊，我是个女流之辈，特来找您的客人谈话的。"修士便叫醒了高朗翰，说："请您起来，外面有位贵妇要和您谈话，看起来很着急的样子。"高朗翰便起床去见贵妇，问她有何贵干。贵妇说道："高朗翰，我请您赶快穿上武装，和我出去，我将在三天之内，示您以神迹。"高朗翰听罢便穿戴整齐，告别了修士，牵着骏马和贵妇一同出发了。

第二章

高朗翰与贵妇同行，来到薄希华和卜尔斯两个骑士所乘的船里。

高朗翰和贵妇一路急行，很快便抵达了科丽波的海边。当晚，他们走进山谷，来到一座城堡前面。只见城堡高墙耸立，四周还有护城河环绕。两人走进堡内，受到女堡主的热情招待，原来，这位女堡主竟是贵妇的上司。那妇人替高朗翰卸下武装后，便问她的女主人："小姐啊，我们整天住在这里么？""先请他吃些点心，再睡一会儿。"于是他们让高朗翰吃了点心，并让他睡了一会儿。一直到那个陪他同来的贵妇把他叫醒，他才起来。待他起身以后，大家又燃起了壁火，替他穿戴武装，他们对他的款待真是无微不至，完全把他当个小孩一样。随后，高朗翰和贵妇又离开了城堡，来到海边，在那儿发现了卜尔斯和薄希华两个骑士正乘船而来。两人远远看见高朗翰，都禁不住在船头上高喊起来："高朗翰骑士啊，我们在这里等候好久了，欢迎您上船。"高朗翰听到他们的喊声，便问他们是谁。那个贵妇女随口说道："骑士先生，请把你的马留下，我的马也留下。"随后，他们便拿着马鞍和马绳，在额上画了一个十字，然后一同上船了。上船之后，几个人相互一望，原来都是认识的，自然是热情地寒暄了一番。正在这时，海面突然刮起了风，把船吹到了一处僻静之地。不久，天就亮了。

高朗翰脱去头盔，放下宝剑，向那两人问道："这只船是从哪里来的？""您同我们都是一样的，都靠着上帝的恩惠才来到此地的。"接着，他们彼此述说了艰苦的遭遇以及骇人听闻的试探。高朗翰听后便说道："你们能逃出这样大的危险和试探，这真是上帝对你们的莫大照顾啊。倘若不是那位贵妇的引导，我也绝不会在此地遇到你们。"卜尔斯说道："高朗翰，要是您父亲兰斯洛特骑士也在的话，那我们肯定会更高兴的。"高朗翰说："若是上帝的意思，那就不一定如此了。"

四人就这么乘着船离开了罗格利斯，航行进了悬崖绝壁的山峡当中。山峡前面是汪洋大海，他们根本没法上岸，再加上船太小，不适于在大海里行驶，所以现在当务之急就是要找一条更大的船，才能确保航行安全。于是，贵妇说道："这是上帝的意思，只要我们继续前进，就一定会遇到奇迹。"于是四人继续前行，忽然发现一只美丽的大船，船上空无一人，船艄上写着两句话，令人读后惊异万分。这两句话是这样的："上船之人，必须要有坚定的信仰，我就是信仰，所以在上船时务必当心，若没有坚定的信仰，我便无法帮助你们。"见此情景，贵妇开口说道："薄希华啊，你可知道我是谁吗？""恕我眼拙。""我乃伯林诺王之女，也就是你的妹妹，因此你我二人乃是骨肉至亲，倘若你对基督耶稣没有坚定的信仰，就千万不要上那艘船，否则你就会死在船上。因为此船乃是完美之化身，它绝不容许一个罪人留在里面。"薄希华听完贵妇这一席话，高兴地说到："亲爱的妹妹，我要上船，倘若我是个坏人或者虚伪的骑士，我自愿死在船上。"

第三章

高朗翰上船后，看见船里有一张精美的床以及许多奇异的东西，还有一把宝剑。

高朗翰在自己身上画了一个十字，然后便上了那艘船。贵妇见状，随后也跟了上去。最后，薄希华还有卜尔斯也一同上了船。四人上船之后，发现此船真是华贵异常，只见船的正中安放着一张精致的床，上面还放了一顶绸制的冠冕。床脚边上放着一把名贵的宝剑，剑口离开剑鞘约有一尺多。看样子，这把宝剑是由多种珍贵材料制成的。剑柄上嵌着形态各异的宝石，五彩缤纷，光耀夺目。柄把上嵌了各种怪兽的肋骨，有一种是生在卡利登那个地方的魔蛇的骨头。该处的人都熟悉这种魔蛇骨有一个特点，凡是用手拿过它的人就永远不会感到疲倦，更不会在战场上受伤。另一种骨头属于一种原始鱼类，这种鱼体不大，名叫"埃尔坦拿克斯"，生活在幼发拉底河里。任何人只要拿过这种鱼骨，他将不再回想过去的一切烦恼和快乐，只知坚决地要获得眼前的东西。不过这把剑，只有一个人可以拿，这人必须是超乎众人之上的。四人正看得目瞪口呆之时，薄希华开口说道：

"我就以上帝之名，前去试试吧。"说完便上前一步拿剑，结果却怎么拿也拿不起来。他最后只得哀叹一声，承认自己不行。随后，卜尔斯也伸手去拿，结果也失败了。

两人失败之后，高朗翰看见那把剑上写着一些血红的字句："能拔出我之人，必为当今世上最勇猛之人！拔出我者，将永远不会失败，亦可成为不死之身！"高朗翰读了这行文字以后，随即说道："我倒有心一试，但又恐冒犯圣灵，还是算了吧。"那贵妇说道："诸位骑士，剑上面这些字句，除你们之外，对于所有想拔剑的人，都是一个警告啊。这船曾到过罗格利斯国，当时有一位残废的君王，其父名叫莱波王，莱波王同沙拉森的荷蓝模王一直都在交战。荷蓝模王新近接受洗礼，变成了基督徒，后来的人都尊奉他为圣贤。有一天，莱波王同荷蓝模王正在海岸上聚集了大批人马作战之时，这只船漂到了海边。随后，荷蓝模王大败，部下全部阵亡，他自己好不容易逃到船上，在舱里发现了那把剑。然后他就拔剑出鞘，握着那剑跑出去找莱波王。那时的莱波王在所有基督教王国里，是对上帝信仰最为坚定的一个基督徒。话说荷蓝模王找到莱波王后，猛力向他砍去，一下就砍在他的头盔上，把人都劈倒在地。罗格利斯国自此瘟疫肆虐，国民死伤惨重。自此以后，五谷不生，野草不长，果实不结，河里鱼虾灭迹。两国因为此战，顿变成荒凉一片，因此人们称它为'荒废之区'。荷蓝模王看到那把剑上的花纹雕刻精美，便返回船上，寻觅剑鞘。末了，他找到剑鞘，刚把宝剑插进剑鞘，即刻气绝身亡。由此证明，凡是拔剑的人，必死无疑。他的尸体一直躺在船上。后来有一个妇人上了船，才把他的尸体丢掉。后来世上便再也没有像她那样大胆的人，敢跑上船来了。"

第四章

关于剑和剑鞘的奇事。

大家听完贵妇这一席话，又转过头去细细打量那把神奇的宝剑。那剑鞘就表面来看，好像是用蛇皮做成的。剑鞘上面还有金银铸成的字句。剑上的文句是这样的："凡是能使用我的人，假使他真知道怎样使用我，他一定是世上最勇敢的人。这个应当佩带我的人，把我带在他的身上，他一天用着这腰带，我也就一天被他挂在腰上。从此，他无论走到哪里，都不会受羞辱。无论怎样坚强的人，也不能够夺取我。只有一个童贞的少女，又是国王和王后的女儿，并且她的愿望和行为又是一致的。还要证实她一生是遵守童贞的，方能够把这条腰带拿下来。倘使她自己失了节，便会死于非命，比任何人都死得更惨。"这时，薄希华说道："骑士先生，请您把这剑翻转过来，看看另一面是否还有文字。"他翻过来一看，原来在血红的剑身上面现出了煤黑的文字："凡是最巴结我的人，当他最需要我来帮助他的时候，便会觉得我最可恶。再者，我对谁最和蔼客气，我将有一个时候对他最残忍。"

随后，贵妇又对薄希华说出了一段故事："亲爱的哥哥，在基督耶稣受难之后四十年，发生过一件事。莫尔答英斯王的内兄南显，受耶稣基督差遣，离开本国以后，行走了四十多天，来到了一个城镇，然后漂到一座岛屿的西部，那岛名叫土南斯。在那里，他忽然望见海口的山峡旁边泊着一只船，舱里放着一把剑和一张床，这是我们以前曾经听说过的。他没有拔剑的勇气，便在船上住了八天八夜。一直到了第九天，海上突然刮起暴风，把船吹到一个岛上，他漂到一片磐石上面，看见了一个巨人，其身体硕大。那巨人发现他之后，便想要杀他。见巨人扑来，他赶紧四下张望，却发现完全无处可躲。于是他便奔到剑旁，看见那剑没带鞘，便称赞了一番，又伸手去摇，不料那剑便被他拦腰折断了。南显见状，愤愤地说道："枉我平时对你敬若神灵，关键时刻，你却这么对我！"说完捡起宝剑碎片，往床上一扔，便跳出船去，和巨人扭打起来。一阵厮杀之后，那巨人终于被他杀掉了，然后他又回到了船上。此时，海上忽然刮起暴风，把他吹到海面上，恰巧经过莫尔答英斯王的船边。这时莫尔答英斯王正受到魔鬼的恶毒试探，靠近危险岩的港口里。两人相见，自然是异常高兴，各自叙述别后的经历。南显提到在他最紧要的关头，那剑怎样出了岔子。莫尔答英斯王看见了剑以后，对剑赞不绝口，说道：'那剑之所以会断，并非它本身不好，而是因为您自己有罪。’他说完这话，就把剑的断片放在剑上，碎片立即融合到了一起，又变回成一把完美无瑕的宝剑。他又把这剑插进鞘内，放回到床上。此时，空中忽然飘出一个声音来：‘速速离开此船，否则你们会陷到万劫不复的罪孽之中。’两人一听赶紧下了这艘船，到另一艘船里去了。正当南显要离开这只船的时候，那剑忽然自己动了起来，把他的右脚砍了一下，他一下就倒在了地上，悲切地说道：‘上帝啊，我已身受重伤。’接着又有一个声音道：‘按照剑上所写明的文句，那么你无论如何也不配去拿它的，可惜你没有自知之明，竟然不自量力地去拿了它。这次你挨了一下，便是对你的惩罚。’”高朗翰听后，说道：“以上帝之名，这事倒是干得很漂亮!”

第五章

伯莱斯王拔剑，两腿受伤，以及其他令人惊奇的历史。

贵妇说道：“骑士先生，从前有一个身体残废的君王，名叫伯莱斯，他以前身体健壮还能骑马的时候，曾是基督王国和教会的维护人。有一天他带着猎狗和部下去森林里打猎，结果因为森林太大，到了最后猎狗都失踪了，随行的骑士也只剩下一个和他在一起了。他陪着这个骑士一直走到爱尔兰，才找到原来的那条船。他看完并参透这船上的文句以后，自认为这一辈子完美无缺，便径直上了船，而那个骑士则没有勇气上去。他上船之后，看到那把剑，随即将剑拔出一半，正像您现在看见的那样。正在他准备将剑全部拔出之时，忽然飞来一根长矛，把他的两条大腿都刺伤了，从此一直没法治愈。”贵妇又说道：“您的祖父伯莱斯王是不是因为勇敢而残废的?”高朗翰答道：“奉上帝之名，您说得很对。”

说完，他们走到床边，四下打量一番，发现头顶上方有两把剑悬挂在那里。还有两个纺锤，白的部分白得似雪，红的部分红得似血，绿的部分绿得似翡翠，这些颜色都是天然而非人工漆上去的。看到这些，贵妇说道：“这些纺锤和犯罪的夏娃有关系，因为她在伊甸园采摘果子，她同亚当都被赶出了伊甸园。她在临走的时候，随身带着一条树枝，枝上有一个苹果。随后，她看到这美丽艳绿的枝丫，想到她所遭到的损失，便打定主意要保存这根枝丫，愈久愈好。因为她没有箱笼来收存，便把它埋在了地下。奉了上帝的旨意，那枝丫便立刻日夜长大，变成一棵雪白的大树，而且它的枝丫和叶子也都像雪一般。这表明了它是由童贞女性种植的树枝。上帝吩咐亚当依照他的天性去同妻子相结合。他便和他的妻子夏娃在那棵树下同居了。不多时，那棵白树就变得同野草一样绿，其他所有树叶也随之变绿。同时，他们在一起生出了亚伯，那树就永远成为绿色。等了好多天以后，亚伯在那棵树下被杀死了，他死的时候，出现了很多奇怪的事情：那棵绿树忽然变作红色了，这是血的符号。过了不久，周围的全部植物都枯死了，只留下那棵绿树长得更大更美，但凡看过此树之人，皆感到心旷神怡。原来的那棵大树一直活到大卫王的儿子所罗门继承父亲做王的时代。所罗门天资聪慧，精通各种树木和玉石的特点，又熟悉天上星座运行的轨道以及其他种种事物的变幻规律。所罗门有一个万恶多端的妻子，经常轻视妇女。有一次，一个声音回答他说：‘所罗门啊，将来您的后辈中会有一个女性，她给予人的快愉胜过女人给您的忧虑一百倍。所以，若有女人使男子痛苦，您不必去管她。’所罗门听到这一句话之后，觉得自己变成了一个笨伯。但是，从古代的著作里，他却找到了真理。圣灵又显灵给他看，将来会出现一位崇耀的童贞女玛利亚。他问那声音说：‘这人是不是由他的后裔传下来的呢。’那声音答道：‘不是的，将来有一个人来，他一生将谨守童贞，是您血统里最后一人，他会成为一个优秀的骑士，品格之高，要同您的姐丈公爵约书亚一样。’”

第六章

所罗门接受妻子的劝告，去拿他父亲大卫的剑，以及其他种种奇妙之事。

所罗门听说自己家族里面会出现这么一个女人，心理甭提有多高兴了。

然后他就一直在想这人以后应该做什么事情，应该给她取个什么名字。他的妻子见此情景，便想找个合适的机会查清楚他到底在琢磨什么事情。在她看来，即使她无法查出来，到了时机成熟的时候，她的丈夫也必定会告诉她的。果然不出她所料，有一天，所罗门就把一切都告诉她了。他的妻子听完后说道："我要用最上等、最耐久的木料制造一只船。"于是所罗门便召集国内最优秀的木匠来造船。船造好之后，他的妻子对他说："陛下，那个爵爷既然在武艺上胜过了其他骑士，所以我特来告诉您，您应当到主的圣殿里，从那里拿到您父亲大卫王的宝剑，那把剑可是一件旷世奇珍啊，是骑士们所没有的。你拿到宝剑以后，将它的柄头去掉，换上一只宝石做成的剑柄，不过必须镶配精巧，不能让人看出是重新镶配的。然后再做一个精细的柄，也要人完全看不出是新装的。除此之外，你还得再做一个剑鞘。您将这些准备妥当之后，我再为您做一副合身的腰带。"

所罗门完全依照妻子的嘱咐，准备好了一切，包括船。船造好之后，便开始下水航行了。他的妻子又准备了一张精美无比的床铺，放在船里，并在床上盖满了绸缎，将剑放在床脚边。这时所罗门看见腰带居然是用麻做的，不禁大发雷霆。妻子见状，赶紧解释道："陛下，您要知道，能配上腰带来挂这把宝剑的，没有比大麻更适合的材料了，在以后的某一天，会有一个妇女带领许多骑士到这里来。"随后，她又叫人用质地结实的绸缎去缝制船篷，这样，船才能经得起风吹雨淋。最后，她又命令一个木匠来到亚伯被杀的树下，让他从树身上取出一个纺锤的材料，做成纺锤。那木匠听完说道："王后，这棵树可是我们的始祖夏娃所种的啊！""你只需要执行命令就行了，要是敢抗命，我就杀了你！"木匠没法，只得遵命。可是当他砍树的时候，忽然从树身上流出血来。木匠一见，又想放弃不干，怎奈后面有那个女人紧盯着，他只好继续取下一块足够做纺锤的材料，接着又被迫从绿树和白树上各取下相应大小的材料作纺锤。三个纺锤做成之后，她就把它们系在床顶上。所罗门见到这三个纺锤之后，对妻子说道："你做得真好，我想除了主基督之外，世上没有任何人能够计划得比你更好啦。不过这些纺锤究竟有何寓意呢？""这个你不必管，您很快就会得到消息了，那些消息来得比您想象得还快啊，您不久就会听到所罗门和他妻子的奇遇了。”

第七章

所罗门两夫妻的奇遇。

当晚，所罗门睡在船头，周围只有一个侍从。他在梦中看见一大群天使降到船上，其中有一个天使从一只银杯里取出圣水，洒在整个船上。后来，他又走到宝剑旁边，在剑柄上刻了几个字。然后，他又走到甲板上，写下一行字：“但凡想要进船之人，必须要有充分的信心，因为我就是信心和信仰。”所罗门看到这字，自觉惭愧，不敢走进，还倒退了几步。就在这时，那船猛然冲进海里，顷刻间便消失得无影无踪。然后空中出现一个声音道：“所罗门，您最后一代做骑士的那个子孙，将会睡在此床上。”随后所罗门去叫醒他妻子，把之前遇到的这些奇怪事情都告诉了她。

据历史记载，这三人曾经对那张床和三个纺锤观察了很久。确定三个纺锤都是天然的颜色，并非人工油漆而成。随后，他们又掀起地板上的一块布，发现下面掩盖着一只美丽的钱袋。薄希华将钱袋捡起来一看，上面有一段文字，是记述纺锤和船制造的经过、所用材料的来源以及制造者的姓名的。高朗翰看罢，说道：“现在我们到哪去找那个贵妇替这把宝剑编制一根新腰带啊？”薄希华的妹妹说道：“倘若上帝允许，我可以替这把宝剑编制一根新腰带。”说完便打开箱子，拿出一根金丝编成的腰带，其上镶满了宝石，中间还有一个金扣子。然后她又说道：“骑士们，你们看，这根腰带和那把宝剑很相配呢。要知道，这根腰带大部分是用我的头发编成的。当我住在浊世的时候，我很爱我的头发，等到我了解上天命定的任务以后，我奉了上帝的名，剪下头发，做成了这根腰带。”卜尔斯骑士说道：“遇到您真是太幸运了，您告诉了我很多有用的信息，还让我免受了很多灾难。”

贵妇随后将腰带放在剑上，悬挂起来，三人一见，异口同声道：“此剑何名？”“它名叫‘奇异腰带剑’，至于剑鞘，名为‘流血鞘’，因为凡是有血的人，都不能看见这鞘的任何一部分，这鞘原来是用‘生命树’制造而成的。”然后大家又对高朗翰说：“以上帝之名，请您带上腰带和剑吧，这也是在罗格利斯国里人人所盼望的。”“让我先握一下此剑，它可以给你们一些勇气，不过你们要知道，此剑既不是我的，也不属于你们的。”他说罢，便伸出手去握住那把剑，久久不放，然后贵妇才把它系在他的腰上。高朗翰又说：“我现在是死而无憾了，因为我现在握到世上最好的少女的手，就由她产生了世界上最高尚的骑士。小姐啊，您为我做了这么多事情，我愿意下半辈子为您当牛做马，做您最忠实的骑士！”

随后，他们俩离开了那只船，走到另外一只船里。这时，海面忽然刮起风来，把他们吹到一片汪洋的海面上，但船中没有一丁点儿可以吃的东西。到了次日早晨，他们便抵达了一座城堡，此城堡名字叫作卡太路易斯，地点是在苏格兰低湿地区。当他们经过海口的时候，那妇女说道：“两位骑士，本地人如果知道你们是从亚瑟王朝来的骑士，一定会攻击你们的。”高朗翰说道：“小姐，您放心，主既然从磐石里把我们放出来，那么他一定也会派人前来营救我们的。”

第八章

高朗翰一行人到达一座城堡，并在此展开战斗，杀死敌人。

四人正在谈笑风生之时，来了一个侍从，问他们从何而来，他们就告诉他，说是从亚瑟王朝廷上而来。侍从又说：“真的吗？我敢立誓奉告，决不欺你，看看你们的阵容太薄弱啦。”说罢，便回到峭壁上的一个堡垒里去了。不一会儿，他们便听见号角的声音传来。同时还有一个贵妇走来，问他们从何而来。他们遂把实情都告诉了她。那妇人听完后说道：“善良的骑士们，以上帝的名义，作出决定吧，若是你们愿意回去，最好不过了，不然你们必将有杀身之祸。”“我们是不会回去的，因为我们所奉的主一定会帮助我们。”当他们站着讲话的时候，忽有几个武装的骑士走来，吩咐他们顺服，否则就等于自取灭亡。他们答道：“你们不要痴心妄想了，我们不可能听你话乖乖回去的！”话才脱口，骑士放马直冲过来。薄希华骑士立时冲向第一个奔来的人，把他打倒在地，把他的马抢来骑上，高朗翰也这样对付了一番。卜尔斯采用同样的战术，打败了对方第三个人。本来在他们上船的时候都放走了自己的马，所以这时就没有马骑了。等到他们觅得了马骑上，立刻冲击敌方。等他们看到敌方逃进堡垒，他们三人都追踪而入，进了堡里，他们跳下马来，挥剑乱杀，直杀进了大厅才肯罢休。

后来，他们看到周围躺着许多尸体，都是被他们杀死的，才恍然觉悟，觉察到自己罪孽深重。卜尔斯便说道：“倘若他们是上帝爱惜之人，他们就不可能被我们杀死。他们做了许多反对上帝的事情，所以我们的主才不要他们再去管理这块地方。”高朗翰说道：“你们不要这样说，即使他们得罪了上帝，主也不会让我们去惩罚他们的。世间的一切都应属于我们有权力的主。”

这时忽然从房里出来一个善良的祭司，手里拿着一个杯子，里面盛着圣水，当他看见大厅里满卧着死尸时，顿时惶恐万分。高朗翰见状，连忙脱下头盔，跪在地上，其余两人也连忙跟着跪下说道：“先生，不必惊慌，我们是从亚瑟王朝来的。”那善良的祭司便问他们为何杀人。他们就把事情的经过都告诉了他。祭司听完说道：“你们做了一件大好事，所以你们将会与世长存。”高朗翰答道：“先生，我很后悔杀了他们，因为他们都是受过洗礼的人啊。”“他们并没有受过洗礼，你们不必懊恼，让我把城堡里的事情告诉你们吧。这城堡里面原本有一个伯爵，名叫荷诺斯爵爷，一年以前，他有三个儿子，都是武艺高超的骑士，还有一个女儿，是公认的绝色美女。这三个骑士爱上他们的妹妹，爱得火焰般地热烈，结果他们三人都不顾一切地同她发生了肉体关系。后来公主请求父亲前来营救，结果却被三个哥哥杀死了，三人杀害了亲生妹妹之后，又将自己的亲生父亲抓了起来，关在监牢里，打了个半死，幸亏她的一个表兄把他救出来。后来，他们又做出一件虚伪无耻的事情：他们杀死了祭司和执事，拆毁了教堂，不让外人去做侍奉主的工作。当天，她的父亲邀我去忏悔和吃圣餐，他认为像三个兄弟这样荒唐的行为，是他从来不曾受过的耻辱。而那位伯爵劝我要忍耐，他说这种人作孽太大，将为天地所不容。不久，要有主的三个人前来消灭他们。现在这件事已经实现，而且也已经结束了。从这一点，你们可以看出，上帝对于你们的行为有什么不欢喜的呢？”高朗翰回答道：“真的，如果我们的上帝不喜欢这样做，我们决不会在短短时间内把他们都杀死的。”他们这时把荷诺斯伯爵从狱内解放出来，迎入大厅，让他认识了高朗翰。

第九章

四人进入一片荒林之中，听到了关于一只牡鹿、四只狮子以及其他种种的故事。

荷诺斯伯爵痛哭流涕道：“我在此地等待您好久了，看在上帝的份儿上，请您把我抱在怀里，我能死在您的怀里，死而无憾。”高朗翰答道：“乐意遵命。”于是有一个声音说着话，这话声使所有的人都听到了，他说：“高朗翰啊，您杀死了上帝的仇敌，同时也替我复仇了，您做得很好。现在您应当赶到那个残废君王那里，越快越好，他已等候您很久，您将会使他恢复健康啊。”他说完，便死去了。高朗翰就依照他的身份和相关礼节，埋葬了他。

正在此时，那三个骑士陪同薄希华的妹妹离开了城堡，走到一片荒林之中，忽然看到他们的前面有四只狮子领着一只牡鹿在跑。为了一探究竟，他们便跟着它们跑，一直追到山谷里面一座精舍跟前，精舍里面住着一位善人。这时牡鹿同狮子都跑进去了。四人见此情形，便追进了教堂。只见教堂里有个穿着法衣、披着圣甲的人，正在唱圣歌，他们便走进去一同做弥撒。当进入弥撒的神秘阶段时，他们又发现那只牡鹿变成了人形，坐在祭坛上的一个堂皇座位之上，他们感到万分惊奇。那四只狮子也变了，一只变作了人形，第二只仍然是狮子，第三只变作老鹰，第四个变成了一头牛。他们都走到牡鹿所坐的位置旁边坐下，一忽儿他们从玻璃窗上走出，但没损坏一件东西。他们只听得一个声音说道："上帝的狮子进入童贞女玛利亚的子宫里面啦，她的童贞依然完整，不会受到破坏或损伤的。"众人听完这一席话，顿觉惊异万分，即刻伏倒在地。

四人清醒之后，连忙走到善人跟前，请求他为他们讲解真理。善人说道："你们看到了什么？"他们遂把自己所经历的事情一一告诉了他。善人听罢说道："诸位骑士，欢迎你们光临，我知道你们都是优秀的骑士，寻求圣杯的工作快要由你们完成了，我们的主将对你们这几个人显示伟大的秘密。用一只牡鹿来象征我们的主是很合适的，因为牡鹿到了老年，它的白色毛皮仍然可以变得年轻。正和我们的主从死里复活一样，他失掉了肉体，因为肉乃是死的血肉，也是他从童贞女玛利亚子宫里带出来的血肉。所以我们的主遂幻化成一只毫无污点的牡鹿，显示在我们的眼前。至于跟随他的四只狮子，乃是代表《四福音书》的作者，他们把耶稣在世时与人相处的事迹写下了一部分，想来你们都会知道的，但向来没有一个骑士能够明真理。因此我们的主经常用牡鹿为象征，显示善人和骑士，作为训示。不过自此以后，你们将不再看到神迹显示。"四人便满心欢喜地在此逗留了一天。次日清晨，做过弥撒，他们便离开了。在返程途中，他们经过了一座城堡，但是没有进去。然后就有一个武装骑士一直跟在他们后面，说是有话要对他们说。

第十章

他们被迫服从一种奇怪风俗，因为不肯接受而导致战斗，并杀死了许多骑士。

那人问道："您所领的那个贵妇，是不是一个处女呢？"她答道："先生，我是。"随后他就拉住她的马绳并且说："我向神圣的十字架发誓，我一定会服从这里的风俗，不然我决不放您走开。"薄希华说道："放开她，不要这样愚笨，无论从哪里来的童贞女都有来往的权力。"就在这个时候，堡内走出来十多个骑士，都全副武装，后面还有几个贵妇抬着一个银盘。

他们说道："我们要求这个小姐必须服从这堡里的习俗。"有个骑士说道："骑士阁下，凡是经过此地的妇女，都必须从她的右臂上刺出血来，盛满了这只银盘，才可以放她走过。"高朗翰说道："你们奉行这样的规矩，一定会受到谴责的。愿上帝保佑我，要是我能幸存，我是绝不会让这位小姐受到这样不公正的待遇的。"薄希华也说："我就算冒着生命危险也不允许你们这样做。"卜尔斯骑士同时也说道："我也准备这样。"对方的骑士说道："好吧，你们都会死的，虽然你们是世上最坚强的骑士，那也不能永远挡住我们。"

他们双方开始厮杀。三位骑士抵抗着十个人，他们挥起宝剑把这些邪恶的人都消灭了。这个时候从城堡里冲出来六十个骑士，全副武装。三位骑士说道："善良的爵爷们，为了你们自己就不要再与我们为敌了。"但城堡内的骑士扬言道："不行，不行，请各位爵爷快退下去，你们是世界上最有威望的骑士，然而你们所作的孽够多了，现在不能再这样继续下去了。你们已经杀了我们十多人，我们必须要你们服从这种习俗，才放你们走过。"高朗翰说道："你们简直是放屁。"他们答道："你们是在准备找死吗？"高朗翰说："我们还没想过这一点。"随后，那些人冲上前来与他们厮杀在一起。高朗翰从他那神奇的腰带上取下剑来与他们厮杀，凡是碰到那把宝剑的，无一幸免。他这样的动作使得看见这一幕的人都万分惊奇，都以为他不是人间的武夫而是天上的怪物。他的两个同伴更是彼此照应，大家小心地迈步前进，每一寸土地都不轻易放过。到了晚上他们才勉强停下来。

这时堡内又走出一个高大的骑士，对他们三个人说道："我们欢迎三位进城休息，愿以身立誓，我们皆是真正的骑士，决不妨碍三位，我们愿保证你们到了明天还是同以前一样安全，绝对不会欺骗你们。当你们了解到这里风俗的意思之后，我想你们一定会同意的。"薄希华的妹妹说道："看在上帝的面上，我们还是进去吧，不要过分为我担忧啦。"高朗翰说："我们都进去好了。"于是他们一齐走进了教堂。当他们下马的时候，堡内的人热诚欢迎，处处洋溢着喜悦之情。过了一会儿，这三个骑士请教他们，为什么这堡内要有这种习俗。他们答道："您要想知道真实的道理，我们就老老实实告诉你们。"

第十一章

薄希华的妹妹为了治疗一个贵妇的病流血而死，遗体被送到船里。

原来在堡内住着一位贵妇，她是一堡之主，领导着这一城堡内的所有人。许多年以前，这位女主人忽然得了重病，她卧床不起，后来变成麻疹，所有的医师都没有找到医治的办法。最后才有一位老者说道："照她的情形看来，只要她得到一个君王的公主，但必须确实从自己的意志和行为上证明是个真正的童贞女，并且从她的右臂上刺出来一满盆的血液，涂抹在女主人的全身，她的病才能完全被治愈，恢复健康。"为了这事，此处才立下了这样一个风俗。薄希华的妹妹听后说道："善良的骑士啊，这样说来，如果没有人愿意为她献血，那么这位女主人就必定会死去了。"高朗翰说道："如果你流出这么多的血液，那么你也会死掉。"她答道："这太好啦，我若是因为救了她而死，那么我的灵魂将得到歌颂，也会被人们所尊敬，我的种族也会受到外人的推崇。还有一点，失去我一个人，总比失去我们两个好。所以不必再去打拔，明天早上我就依照你们的程序办吧。"这时，全堡的人听说明天可以避免一场死战，都欢欣鼓舞，拍手叫好。这位小姐呢，她不管别人答应与否，她自己的意志已坚定了。

当夜，这三个同伴都感到轻松愉快。到了第二天早晨，做过了弥撒，薄希华的妹妹便吩咐堡中的人们将卧病的女主人抬出来。出来后她对这事感到十分不忍心也不安。她说道："谁来给我施血呢？"随后有一个人走出来，替她放血，鲜血涌出很多，盛满了一盆。她举起一只手来，在胸前画了一个十字，还对那堡内的女主人说道："夫人啊，为了想使你恢复健康，我快要死了，请看在上帝的面上，求您替我祈祷。"她说完这话，马上陷入昏迷。高朗翰同他两个伙伴走过来，把她抱起，为她止血，但是她的血流出太多，不能再活了。等到她苏醒的时候，又说道："亲爱的哥哥薄希华啊，我为了救活这位贵妇而死的，请您不要把我葬在这个国度里，我死之后，求您带我回到下一个海口，放在船上，随船漂流，听从自然的驱使好了。等到你们三个到了一处名叫沙拉斯的城里，你们将在那里追寻到圣杯。那里有一座高塔，你们在那塔脚上可以遇见我，请您就在塔边找个属灵的地方，把我葬下。我的话够多了，还要告诉你们，高朗翰将来死了，要葬在那个地方，就是您自己，也要在那里埋葬的。”

薄希华明白了那一番话之后，边哭边答应了下来。这时忽有一个声音说道：“爵爷们和同伴们，明天早晨六点钟，你们三个就要分手了，要到残废君王的地方。”接着那女主人就替她做了死前礼拜，等礼拜完毕，灵魂就离开了她的身体。就在当天，在用这些血液抹遍全身后，她的病马上就好了。薄希华骑士把她妹妹舍身救人所遭遇的事迹都记载下来，并把记录放在他妹妹的右手中，又把尸体放进一艘用黑绸遮盖的船上。海风将船吹送出去，所有骑士都在岸边送别，过了一会儿船就不见了。后来他们才返回城堡。忽然间一阵狂风暴雨，雷电交加，好像整个地球快要破裂一般。这时，城堡倾倒了。到了祷告的时间，那场暴风雨才停了下来。

他们看见面前站着一个武装好了的骑士，受了重伤。他说道：“上帝啊，我真需要您的帮助，请您救救我吧。”在那骑士后面是一个骑士和一个侏儒。他在离得很远的地方，向他们喊道：“停下来，你们不能逃走。”那个受伤的骑士立时把手向天举起，恳求上帝不要让他在这种艰苦的情况下死掉。高朗翰说道：“因为他赤诚地求助，所以我去帮助他。”卜尔斯就说：“骑士啊，让我去吧，您不必去了，他只是一个人，我足够抵挡他的。”高朗翰说道：“好呀，您就快去吧。”于是卜尔斯骑士就与他们告别，骑马奔去营救那个受伤的骑士。现在我们转回来叙述其余两个骑士。

第十二章

高朗翰与薄希华发现许多坟墓，墓内葬的童贞少女们都是为那个贵妇流血而死的。

正如故事所描述的那样，高朗翰和薄希华两人通夜留在教堂里祈祷，恳求上帝救治卜尔斯。到了第二天早上，他们武装妥当，走进堡内，去观看里面发生了什么事情。当他们到达那里，见到男男女女都遭到了上帝的处罚而死了。同时，他们听到一个声音说道："这都是为那些流血而死的童贞女而复仇的。"他们又在教堂后面的一片墓地上找到六十个修得很精美的坟墓，它们都保存得很完好，好像没遭到暴风雨的摧残。葬在这里的童贞女都是为了这个生病的女主人而流血牺牲的。她们每一个人的名字以及身世血统都写得清清楚楚，她们全是王族的后裔，其中有十二人是君王的公主。他们离开那里以后，又走入树林之中。薄希华对高朗翰说道："此刻我们必须分开，但恳求主赐予我们恩典，使我们不久便可以相见。"他们彼此脱去头盔，一面亲吻面颊，一面哭泣着分别了。

第十三章

兰斯洛特骑士走进一艘船上，在那里陈放着薄希华妹妹的尸体，以及他怎样遇到了他的儿子高朗翰骑士。

根据历史记载，当兰斯洛特骑士到了茂台斯河的岸上，正像以前所提及的，他已陷到了危险的境地，便躺下熟睡了，不论上帝领他到什么惊险的地方，他都乐于服从。可是当他熟睡的时候，忽有一个声音对他说道："兰斯洛特骑士啊，您走来，拿上您的铠甲，走进您可以找到的第一条船里。"当他听到那几句话之后，他立时起来，转身向四周看，到处都是一片开阔的景象。他举起手在胸前画了一个十字后，拿起武器，做好准备。恰巧当他走到河边的时候，看到一艘没有桨也没有帆的船。他一走进那艘船里，就闻到一种香甜气息，沁人心脾，使人产生的一切欲望都马上得到满足，这是从未有过的一种感觉。他说道："亲爱的主耶稣基督啊，我真不知道为什么这样愉快，这真是我平生从没享受过的快乐呀。"在那种快活的情绪下，他躺在甲板上呼呼入睡，醒来之后都已经天亮了，并且发现船里放了一张精美的床铺，上边放着一个贵妇的尸体，这就是薄希华的妹妹。

兰斯洛特对她打量了一番，看见她的右手握了一张纸条，他阅读之后，读者们在前面所听过的事情，比如关于她冒险的一切行动以及她的身世血统，他这时完全明白了。兰斯洛特同那个少女在一条船里过了一个多月的共同生活。假若您要问这些日子他怎样生活的，那就是当他每天祈祷的时候，有圣灵的恩赐支持他，正如以色列人在荒野里，上帝用玛哪喂他们一样。

有一个晚上，因为他在那艘船上待得太久了，所以就到河边游玩。他听到有人骑马走来，当他走近的时候，看他好像是一个骑士。那个人走过之后，在船边拿下了马鞍和马绳，走到船里。兰斯洛特随后走上去，对他说道："欢迎您。"这个人回应了他并且对兰斯洛特施了礼，对他说："请问您的大名，我心里对你十分崇敬呀。"兰斯洛特说道："我是住在这湖上的兰斯洛特。"那人又说："骑士先生，您是我这世界上生命的开始，所以我欢迎您。"兰斯洛特忙问说："啊，你是高朗翰吗？"他答道："是的，不错。"话才脱口，他马上跪下，恳求为他祝福，同时又脱下头盔，亲吻着对方的脸颊。那个时候他们两个之间真有用言语所不能形容的快乐。总之，这两个人所说的亲爱话语，所共享的天伦之乐就不必再多说了。他们父子两个把离开朝廷以来所经历的所有冒险事迹都讲述了一番，全都是一些惊心动魄的事情。

一会儿，高朗翰看到床上的死者，他对她很熟悉，就把她的伟大人格、她在世界上的卓越地位都告诉了他的父亲，只可惜她已经死了。当兰斯洛特听到高郎翰手上宝剑的来历后，一面看，一面亲吻着剑的把、柄和鞘。兰斯洛特说道："我从不知道有这样高贵的奇迹发生，并且还这么动人。"此后，兰斯洛特与高朗翰在船里住了半年，日日夜夜尽力侍奉上帝，他经常走到一些渺无人迹而为野兽所占据的荒岛上，遇到无数次神出鬼没、出生入死的险迹，如今都结束了。但那些关于野兽牲畜的冒险完全与寻求圣杯无关，所以本书里都省略不再叙述了。

第十四章

一个骑士带给高朗翰一匹马，并吩咐他离开他的父亲兰斯洛特。

在某个星期一，他们走到松林边上一座十字架的前面，忽然看见一个披挂着白色铠甲的骑士，他的坐骑配备堂皇，他右手还牵着一匹白马。当他走到船边的时候，看在上帝的份儿上便对那两位骑士施礼，同时说道："高朗翰啊，您随着令尊住得很久了，请您再骑马去进行追求圣杯的冒险工作吧。"他听完这话，便走到父亲身边，深情地亲吻着父亲，说道："亲爱的父亲，我不知道什么时候能够看到耶稣基督的宝躯，也不知道以后还能不能再看见您。"兰斯洛特说："我希望你代替我向天父祈求，恳求他让我永久地侍奉他。"随后他跃上了坐骑，两人忽然听到一个声音说道："要准备好啊，在可怕的判罪日以前，你们彼此都不会再见面了。"兰斯洛特说道："高朗翰，我的儿子，我们即将分别了，而且不能再见了，我求天父保护我们两人。"高朗翰说道："父亲，您的祈祷是世上最有效力的。"说完这话，高朗翰就进树林里去了。

一阵狂风吹起，把兰斯洛特的船刮得在大海里漂浮了一个多月。那时候他睡得很少，经常祈祷上帝，希望得到关于圣杯的一些消息。在一个深夜，大约在半夜时分，他到达一座堡寨的背后，看到一切建筑都很雄伟壮丽，后门直对着海面，门外没设警卫，只留下两只狮子在门前，天上的明月十分明亮，像白天一样。过了一会儿，兰斯洛特听到一个声音说道："兰斯洛特啊，快从船里出来，您进到这座堡里，那么您所希望的东西大部分都能看见了。"这时，他急忙走到放置武器的地方全副武装之后，就跑到堡的后门，看见了两只狮子，他立时伸手拔出宝剑来。不料有一个侏儒奔来，对准他的臂上用力一击，把他手里的宝剑打了下来。他听到一个声音说："哎，没有信仰和缺乏信心的人啊，你为什么会信任自己的铠甲比信任世界创造者更坚硬呢？你既已决定去侍奉创造者，那么你为什么不想念他的权力，反而更重视自己的铠甲呢？"兰斯洛特说道："亲爱的主耶稣基督啊，我感谢您的大恩典，您指出我的错误，并且责备我荒唐，现在我明白了，您是把我当做您的仆人看待的。”他捡起剑放入鞘内，在额上画了一个十字，走到狮子的跟前。那狮子张牙舞爪，要伤害他的样子。他从狮子面前走过，一点也没受到它们的伤害。随后他进到堡内主垒的上面，看到守卫人员全在休息。兰斯洛特发现所有大栅小门全都洞开。最后他寻到一个紧闭的房间，伸手推门，没法推开。

第十五章

兰斯洛特在一间房的外边，房内却收藏着一只圣杯。

兰斯洛特用力去打开那扇门。他听见一个甜蜜的声音，好像在世上从不曾听过的。那声音这样说道：“喜乐和尊敬都归于天父。”兰斯洛特听了这话，便对门跪下，他这时确已知道房里面正放着一只圣杯。兰斯洛特又说：“亲爱的父，基督耶稣啊，若是我的行为能使您喜悦，求您宽恕我过去所犯的罪过，恳求您把我所追求的圣杯显现给我看。”就在此时，他看见那门开了，他很清楚地看到那个房间里发出光亮，好像举世的火炬都集中在这里一样。

他走到门口，想要进去。忽然有一个声音对他说道：“兰斯洛特呀，你逃吧，不要进去。你不应该这样做的，假若你要进去，你一定会后悔的。”他听了之后，就很烦闷地退回去了。他向这房的当中张望一下，看见了一张银桌，上面放着圣杯，用红缎遮着，周围围绕着天使。有一个天使捧着一支燃烧的蜡烛，另一个拿着十字架，还有捧着其他祭台上的装饰的。在圣杯的前面，他看见一位穿祭司礼服的牧师。照形式看来，他正在准备圣餐。兰斯洛特好像看到牧师手上有三个人，那两人把长得最年幼的放在牧师手里，指给大家观看。兰斯洛特十分诧异，他看见牧师把那人举得那样高那人似乎快要跌倒在地上。他又看见牧师身边并没有别人来帮忙，便大步跑到门旁，大声说道：“亲爱的主基督耶稣，这位牧师急需别人的帮助，我此刻愿意尽力协助他，求您允许，不要归罪于我啊！”

他马上走进房间，到了银桌边上，这时候，他感到像一阵烈火似的气息喷在他的脸上，像要把脸皮烧焦一样。他不自觉地昏倒在地上，没有力气再站起来。他已失掉了全身的气力，连视觉与听觉也不灵敏了。他又感到身体周围伸来许多只手，把他抬出房外，放他在那里，一切都是模糊的感觉，但在旁人看来，好像他已经死了。

第二天早晨，天气晴朗，堡内的人都睡醒之后，发现兰斯洛特躺在房门外面。大家都诧异为什么他会来到这里，再看了看他，把一把他的脉搏，好判断他是否还活着。他们发现他仍有气息，不过四肢没法动弹，当然也站不起来。他们搬头抬脚，将他放在房内的床上，让他远离人群，睡了四天。有人说他还活着，又有人说他不会活了。这时，有一位老者说道："奉上帝的名，让我真诚地对你们说吧，这个人并不曾死，他还是像你们中间最有力气的人一样很有活力呢，所以我劝诸位要好好照顾他，等到上帝来把他恢复过来。"

第十六章

兰斯洛特骑士像死人一样睡了二十四天，以及其他种种事变。

他们这样侍奉兰斯洛特骑士二十四个日夜，等到第二十五天的中午，才看见他张开眼睛。当他看到别人走到他面前的时候，他带着憔悴的神色说道："诸位为什么叫醒我呢？其实我昏死过去比现在愁闷地活着舒服多啦。基督耶稣啊！只有那些最有福气的人才能看到那奇妙和伟大的奥秘，我想世上没有一个罪人能够达到这种境地的。"周围的人问他说："您到底看到些什么呢？"他答道："我所看到的奥妙神秘，超出言语所能形容的范围，假若我的儿子住在此地，我一定还能看得更多。"

他们告诉他说，他已经睡了二十四个昼夜。他想，这是一个惩罚，因为他做了二十四年的罪人，所以主耶稣要他懊悔二十四个日夜。兰斯洛特找寻他藏在身上的头发，他已经把它带在身上过了一年那么久了，他非常懊悔，因为他没有遵守从前对一个修士所立的誓言。他们又问他的身体如何。他说道："感谢我的主，我的身体已经完全恢复了。诸位先生，请你们看在上帝的份儿上，告诉我此刻我究竟在什么地方好么?”他们告诉他，说他在卡邦耐克堡里。

就在这时，有一个贵妇进来，给他一件细麻布衬衫。他没有先穿衣服，而是先把头发拿回去。他们说：“骑士啊，关于您要追求的圣杯，在你的内心已成功了，您不会再看见圣杯的事情啦。”兰斯洛特说道：“我感谢上帝给我的大恩典，使得我已经看见它，我很满足了，我想世上没有其他的人会生活得比我更美好、更成功了。”他说完了这话，便拿起头发，把衣服穿在身上，又穿上那件麻布衬衫，最后套上一件鲜艳的红色外袍。穿戴好之后，大家才诧异地发觉他就是高贵骑士兰斯洛特。他们都说道：“啊，您就是兰斯洛特骑士吗?”他答道：“不错，我确实是兰斯洛特。”

这消息传到了伯莱斯王那里，说有一个像死人一样在这里睡了二十四个昼夜的人就是兰斯洛特骑士。伯莱斯王听后非常快乐，立时亲自起来看他。兰斯洛特看他走来，连忙躬身施礼致敬。君王感到十分高兴。君王告诉他，说自己的女儿已经死了。兰斯洛特听了无限伤感，便说：“陛下，听说您的女儿已经过世，我感到很抱歉，您的女儿年轻活泼、美丽动人，现在竟然逝去。我知道她生了一个儿子，在世界上，除上帝之外，他算是最优秀的骑士啦。”伯莱斯王留他住了四天，在第五天的早上，他拜辞了伯莱斯王和他的部下，还感谢了他们的招待。

当宾主正在大厅上宴会的时候，那圣杯忽然显示神迹，顷刻之间，凡是我们料想到的山珍海味都出现在餐台之上。他们坐在那里，看见门窗马上都关闭，但并不是人手所关的，这使得大家都手足无措地惊异起来。

这时忽然来了一个骑士，走到正门前面，敲门喊道：“开门呀!”可是他们都不肯去开。他继续喊着开门，但是他们仍然拒绝开门。到最后，因为君王觉得实在是太吵了，便亲自走到附近的窗口，向那个喊叫的骑士说道：“骑士先生，此刻正是圣杯显现的时候，你不能进来，你可以到另外一间屋里，因为你已经离开了主的职务，侍奉恶魔去了，你确实不是一个追求圣杯的骑士。”那人听了，十分愤怒。君王又说道：“骑士先生，你既然这样执着地要求进来，那么请你告诉我，你是从哪一个国度来的呢?”他答道："陛下，我是从罗格利斯国来的，我的名字叫马利斯的爱克托骑士，是兰斯洛特骑士的胞弟。"君王说道："奉上帝的名，我刚才所说的话失礼了，十分抱歉，现在兰斯洛特骑士就在此地。"当爱克托骑士听到世界上这位最可敬畏的哥哥就在里面，他立时说道："上帝啊，我真加倍地愁闷和惭愧啦。那位住在山上的善人向我和卡文英所解释的梦，如今看来，完全应验了。"他马上骑马很快地离开了这座城堡。

第十七章

兰斯洛特回到罗格利斯，以及他在途中所遇见的一切奇迹。

伯莱斯王回到兰斯洛特那里，把他弟弟的消息告诉他听，这使得他十分忧愁，不知怎么是好。兰斯洛特便拿着武器，离开他们，并说他要回到罗格利斯去看看，在过去的十二个月当中他一趟都没有去过那里。他辞别了伯莱斯王，经过了好多国度。到最后他抵达了一个白色寺院，当时受到寺内人们的热诚款待。第二天早上早早起床来，他先参加了弥撒。在祭台前，他发现了一个新坟墓，其被砌得华丽无比，他又看见碑上有金字写道："果尔国巴吉马伽斯王之墓，巴王为亚瑟王外甥卡文英骑士所杀。"他看过之后，因为他向来十分敬慕死者，所以内心顿时感到十分愁闷，如果凶手真的是卡文英，那么他一定不会放过他的。他曾对自己说过："上帝啊，失掉这样一个人物，乃是亚瑟王的大损失。"他说罢告辞而去。他随后走到一座寺院，那里也有一片墓地，以前高朗翰曾在此地参与过一番冒险的斗争，因而获得了一面绘着红十字的白色盾牌。当夜，他受到全寺人员的热烈欢迎，不在话下。

第二天早上，他回到加美乐城，拜见了亚瑟王和王后。这时在圆桌社骑士当中，被杀和被消灭的已超过半数之上。卡文英、爱克托和梁纳耳三个骑士已经返回，其余的人不必再多说了。兰斯洛特骑士返回本国，朝廷上下都热烈欢迎他。国王问他许多关于高朗翰的消息。兰斯洛特便把从离开朝廷以来的冒险工作都作了报告。他也把高朗翰、薄希华和卜尔斯三个人的冒险情况报告一番。这些消息是兰斯洛特从高朗翰的谈话中听见的和从一位死亡的少女手里所拿的纸条上看见的。国王听后说道："愿上帝把这三个人都召回此地来吧。"兰斯洛特道："这是永远不可能的，其中只有一个人可以回来，其余两个人您永远不会见到了。"这事暂时不详细讲述，再说高朗翰的故事。

第十八章

高朗翰到了莫尔答英斯王的地方，以及其他冒险的故事。

根据流传的故事，我们知道高朗翰骑马行了几日几夜的路程都没有遇见一点新鲜的事物。最后他到了莫尔答英斯王的一座寺院里。最开始他并不知道这是属于莫尔答英斯王的，他发现后就决定多待一阵以便能够去拜访拜访。第二天早上，做了弥撒之后，高朗翰便拜谒莫尔答英斯王。这个君王本来是失明很久一直睡在床上的，但是此刻忽然能够看见了。他招呼来宾，并且说道："我主耶稣基督的仆人高朗翰啊，我等候您好久了。现在请您拥抱我一下，让我靠在您的胸前，伏在您的两臂中间。因为您的童贞，正同百合花一般洁白无瑕；您的热诚，又像玫瑰花一样艳红如火。还因为圣灵的火焰在您的内心里面，所以我那老死的肉体会因您而返老还童。"当高朗翰听完了他的这一番话以后，便拥抱着他的全身。这位君王说道："亲爱的主耶稣基督，现在我已实现了我的愿望啦。现在我恳求您在这种境况下，来探望我一趟。"不多时，主就答应了他的祷告，于是他的灵魂就离开他的躯壳而去了。

高朗翰这时遵照国王的礼节，把他下葬，然后离开了此地，来到一片深密的老林里。在那里他发现了一处泉水，那儿浪花翻滚，就像沸腾起来一样，我以前曾向读者提过这处地方。这时高朗翰伸手放到泉面，水马上就停止了沸腾，热气也消失了。水的沸腾在当时通常被视作淫荡的记号，但是那热气抵不住这纯洁的童贞。这件事情，本国的人都将之看做一个奇谈。从此，大家都称这泉叫"高朗翰泉"。

高朗翰后来恰巧到了果尔国度，又走进了以前兰斯洛特骑士所住过的一所寺院，发现了巴吉马伽斯王的坟墓，因为他是这寺院的创办人，也就是约瑟·亚利马太的儿子，还有连兰斯洛特骑士都没有找到的西面的坟墓。他看到寺院下面的园地上的一座坟墓被火燃烧过，感到很奇怪。他便问寺院内的人，那是什么东西。他们答道："骑士先生，这是一件稀奇的事，只有圆桌社里的人能够得到比其他任何骑士都多的恩典，除了他们之外没有人能够结束这桩奇迹。"高朗翰说道："我希望你们领我到那里去。"他们答道："我们很高兴这样去做。"他们便带领他到一个山洞去了。他跨着石阶，逐步向前，走进了墓地。于是燃烧了好多日夜的火焰渐渐变弱，终于熄灭了。忽然有一个声音说道："您应当很感激我们的主，因为你有这样的好时辰，使得那些灵魂脱离了人间的痛苦，而去享受天堂里的快乐。我是您的亲属，我已经在这个火焰里过了三百五十四年，要我去洗清以前约瑟·亚利马太的罪孽。"高朗翰就抱着那个尸体，走到寺院里去。当天晚上，高朗翰在寺院里过夜。翌晨，高朗翰为他做了礼拜，又把他葬在祭台的前面。

第十九章

薄希华骑士与卜尔斯骑士遇到高朗翰骑士，几人走到卡邦耐克堡寨，以及其他事迹。

高朗翰告别寺院所有人后就离开了。他驰行了五天，才到达那位残废君王那里。薄希华在高朗翰后面追赶了五天，到处探问高朗翰的消息。有一个人把罗格利斯国度的奇迹说给他听。有一天，他们走进一大片树林的横路上，遇见卜尔斯骑士独自骑马前行。至于他们三人相遇时的快乐情形，在这里用不着多描写了。卜尔斯见了他们，施过礼后，他们各自把自己的遭遇以及怎样受外人的尊敬，彼此叙述了一番。卜尔斯说道："在过去一年半的时间里，至少有十次以上，我睡在没有人烟的荒野树林和山上，在那里只有上帝永远给我安慰。"

他们骑马走了好久，最后达到卡邦耐克堡。进到堡里，伯莱斯王非常高兴，因为他们已经知道，这一次他们返回堡里就意味着追求圣杯的事就已经完成了。伯莱斯王的儿子爱里·亚沙尔拿出一把断剑，这是从前刺在约瑟股上所折断的。卜尔斯将这剑拿在手里，打算把断的地方接合起来，但是最终还是没法接上。他又拿到薄希华的面前，薄希华也同卜尔斯一样，没有办法接上。薄希华对高朗翰说道："如果要找一个能把这把剑接上的人就只有您了。"他随后把剑的碎块放在一处，便看见它们马上接合，就像新铸成的一般。当他们看到那接剑的奇迹完成之后，他们便把剑送给卜尔斯，因为他是一个高贵的好骑士，他最适合佩带这把剑了。

刚才的那把剑充满热力，十分奇特，把很多人都吓到了。有一个声音在他们中间说道："凡是不应坐在基督耶稣桌上的人都要起来，现在每个骑士都要进圣餐。"然后各人听完之后站起来离开了，只有伯莱斯王的太子爱里·亚沙尔以及他的侄女三个人留在那里不动，前两个是圣哲。留在室里的有高朗翰和他的伙伴，还有伯莱斯王他们三个，除此之外并没有别人。过了一会儿，他们看见有几个骑士带着武器走到大厅门前，在那里卸下了头盔和武器，然后再上前向高朗翰说道："骑士，我们急忙来到这里，希望陪您同进圣餐。"他说道："非常欢迎，请问你们是从哪里来的。"有三人说他们是从高卢来的；其他三人说是从爱尔兰来的；再有三个人说是从丹麦来的。他们坐下的时候，忽有四个贵妇指着一张用树木做成的床，上面睡了一个生病的善人，头上戴着金冠，她们把这人抬到大厅的中间放下，然后又走出去了。他抬头说道："高朗翰骑士啊，我真欢迎您，我已经盼望您好久了，我在身心极度苦痛中，受了这么长时间的痛苦。现在我托付上帝，时候已到，我的痛苦就要停止，我也就要离开世界，这是主久已允许我的呢。"那时忽有一个声音说道："你们中间有两个人并不是追求圣杯的，所以你们一定要走开。"

第二十章

高朗翰和伙伴们领受圣杯的饮食，圣主再现，以及其他种种事迹。

伯莱斯王和他的儿子离开大厅了。同时，他们好像看见一个人走来，他穿着主教衣服，手中拿了一个十字架，随着有四个天使，都从天上降下。那四个天使把主教抬到一张椅子上，放在一张银台的前面，那只圣杯就放在银台之上。在他的额上写着这样几个字："你们可以看见这位是我们基督教的第一个主教，名字叫约瑟，他在沙拉斯城一个属灵的地方，受过我们主的救济。"那些骑士十分惊奇，因为这位主教活了三百多年了。他说道："噢，骑士们，不要稀奇呀，因为我在从前曾做过尘世的人呢。"后来他们看到大厅的门都开了，此时又看见许多天使，其中有两位举起点燃的蜡烛，第三位拿了一条手巾，第四个拿了一支长矛，矛上有血在流，令人惊异。这时从矛上流下三滴血，落到一个盒子里，那个盒子就在他的另一只手上。他们先把蜡烛放在台上，第三位把手巾盖在圣杯上面，第四位将圣矛笔直地插在圣杯之中。那位主教在做弥撒的时候分圣餐。他拿了一块像面包的圣饼。他一拿起这饼，立即显示出一个像孩子一样的相貌，面色赤红，明亮如火，猛然跳到圣饼当中。在他们看来，这圣饼好像是肉身做成的。他把这圣饼放进了圣杯，正如祭司在做弥撒时所做的事一般。随后，他走到高朗翰身边，亲吻着他，并且吩咐他照样与他的同伴们亲吻。高朗翰依照着他的意思做了。他说道："你们各位基督耶稣的仆人，现在要在圣台前面领受香甜的肉类，那是其他的骑士所享受不到的。"他说完这话，变化得不见踪影了。于是，他们马上就坐在祭台前面诚心虔意地一直作着祈祷。

他们看见有一个人从圣杯里走出来，他正是受难的耶稣基督，他的鲜血从伤口里涌出。他说道："我的仆人们，我的骑士们，我真实的孩子们，你们已从肉体变成灵体的生命，我就不再对你们隐瞒了。以前我所藏匿的一部分，现在都显给你们看看，而且你们可以领受渴望已久的圣餐。"他随即拿起圣杯，给高朗翰吃。高朗翰跪下接受了，随后其他各人轮流领受。

他们认为圣餐的滋味是不能用言语来形容的。他对高朗翰说：“儿子，你能知道我两只手里抱的是什么东西么?”高朗翰说：“您不告诉我，我怎能知道呢?”他便说道：“那就是我在圣周四所用的圣盘。现在你们最盼望的东西已看到了，不过你们还没有完全看清楚。你们可以到沙拉斯一个属灵的地方去看清楚。所以你们必须带着圣杯，走到那处地方，从今天晚上起，这圣杯将永远离开罗格利斯，在这里你们以后便不会再看见它了。你们可知道这是什么缘故吗？因为在这个国度里，他们的生活腐化，没有人严肃地尊敬圣杯和侍奉圣杯，所以主要把从前给予它的尊敬索回。因此，你们三个人明天到海边去，在那里有一只船候着，你们要随身携带奇异腰带和剑。此外，可通知薄希华和卜尔斯两个骑士偕行，再也不要带领其他的人了。你要使用这矛上的血去抹遍残废国王的腿和全身，他便能恢复健康。”高朗翰说道：“主啊，为什么其他的同伴不能陪我们同行呢?”他回答说：“因为这正如我派遣使徒们往各处传道一样，所以我才这样分派你们；你们两个人将要为我服务到死；一个人要回来通报信息。”他为他们祝福之后就失去形迹而不知去向了。

第二十一章

高朗翰将矛上的血抹在有威望的王身上，以及其他种种冒险事迹。

高朗翰走到祭台上面的长矛附近，伸出手指，去蘸矛上滴下来的血液，准备为残废国王涂腿。之后，国王便穿着衣服，从床上起来，完全同健康的人一样，他感谢主耶稣基督恢复了他的健康。但他并不想到世上去，不多时他到了一群白僧中间谋得个宗教位置，成为一个完全圣洁的人。当晚半夜里，有一个声音对他们说道：“我的儿子们，以及并非我主要的儿子，我的朋友，并非我的战士，请你们依照我的吩咐，一直走到你们最希望达到的地方去感谢您这位主，请照顾您的罪人吧，恳求您赐给我们大恩典。现在可以证明，我们还没失去我们侍奉您的劳力。”顷刻之间，他们急忙拿起马具走开了。不过从高卢来的三个骑士，其中一个叫柯路丁，乃是克劳答斯王的太子，另外两个身份也很高贵。这时，高朗翰要求他们三人，倘使到了亚瑟王的朝廷上，就烦劳他们问候他的父亲兰斯洛特以及圆桌社的全体同道，若是到了离开朝廷不远的地方，恳求他们也不要忘了向他们问安。

高朗翰带了薄希华和卜尔斯一共三人，离开此处，驰行了三日，才到一条河岸上。他们在那里又发现了一只船，这是以前所谈过的那艘船。当他们到了船上，发现在船的中央有一张银台，就是他们留在残废王那里的，同时，那只圣杯用红绸遮盖着，他们自然都很乐意有这件好东西。他们走进船里，对圣杯作了最恭敬的祈祷。高朗翰祷告好久，恳求主让他脱离这个世界。他祈祷得很虔诚，直至听得有个声音对他说话。那声音说："高朗翰啊，你要达到目的了，你恳求解脱肉体，你一定能够达到的。"薄希华在旁听到了那番话，就根据他们两人间的密切友谊，请求他说出为什么要这样去恳求。高朗翰答道："我可以告诉你前天当我看见圣杯的一部分奇迹的时候，我内心里的愉快是所有尘世的人所享受不到的。因此，我知道，当我的肉体死后，我的灵魂将享受极大的快乐，每天会看见幸福的三位一体，以及我主耶稣基督的尊严。"

他们在船里等待了很久后对高朗翰说道："依照《圣经》的记载，您应该睡在那张床上。"他便上床睡了好久，及至醒来，他又看见沙拉斯城出现在他的面前。当他们正要上岸的时候，他们望见薄希华把他妹妹放在靠里面的那只船上。薄希华说道："奉上帝的名，我的妹妹对我们是守约的。"他们从船里取出银台，薄希华同卜尔斯走在前面，高朗翰随行在后。

他们进了城，在城门外边遇到一个伛偻的老人，高朗翰呼唤他过来，请他帮助来搬运这件笨重的东西。那老人说道："我拄着拐杖走路已十年了，请原谅我吧。"高朗翰说道："您不要介意，只要您站立起来，就能够显出您的善意啦。"等到他慢慢站起来的时候，他觉得自己已经完全恢复了。他就急走至前面，与高朗翰各抬一端。不多时，城内的人听说了一个奇妙的骑士走进城里，医好了一位跛脚老人，这件事轰动了全城。

后来那三个骑士走到河边，将薄希华的妹妹搬进宫里，按照公主的礼节举行葬仪。这时城内的君王爱斯陶伦士看见了，问起他们的来历，以及那只船上所放的是什么东西。他们告诉他，说明了圣杯的真理，以及上帝在它里面所放的大能。那个君王秉性残忍，乃是异教徒的后裔，他下令把他们捉起来，关在一个深深的洞内。

第二十二章

他们在监狱里领受圣杯，高朗翰被选为王。

他们被关进牢里以后，我们的主随即差人将圣杯送到监内，靠了圣杯的恩典，他们所需要的东西不曾缺少一件。一年之后，爱斯陶伦士王病了，觉得自己在世不久了，他派人邀请那三位骑士。这三人到了他的面前。他恳求他们对他的行为以及开罪于他们的事情多多宽恕。他们都很宽大。他随后立时死去。君王死后，全城的人诚惶诚恐，不知道谁要来做他们的君王。当他们正在磋商的时候，忽有一个声音在他们中间说道："你们从这三个骑士里，挑选一位最年轻的做王吧，因为他能保护你们与你们所有的一切财宝。"从此，全城的人都赞成高朗翰做君王，并愿杀死全部反对他的人。当高朗翰来到这城里执政的时候，他做了一只嵌满宝石的金盒子，罩在银祭台的圣杯上面。每天黎明时辰，那三个骑士先到它的前面做祷告。

一年过去了，就在高朗翰就位的周年纪念日上，他和他的两位伙伴早晨起身，来到王宫，看见圣杯前面有一个像主教的人跪在它的面前，四周围绕着一群天使，好像耶稣基督显现一样。他肃然起敬，开始对马利亚作弥撒。当他在用餐完毕之后，他就对高朗翰说："基督耶稣的仆人，你来，你就会看到你急切所要看见的东西。"

当他已死的肉体看到属灵的东西，他战栗不止。他向天举起了双手，同时说道："主啊，我感谢您，现在我已经明白那么多年来，我所盼望的东西了。现在我的主啊，假若您喜欢的话，我不愿再活下去啦。"那善人就用两手捧起主的像交给高朗翰。高朗翰愉快万分，而且谦卑地接受了。那善人又说："你知道我是谁吗？"高朗翰答道："我不知道。"他说道：

“我就是亚瑟·亚利马太，我们的主曾经差遣我来到这里，随您做伴的。您知道他为什么不差遣别人而要选派我吗？这是因为您有两件事跟我相似，第一件是您看到圣杯的奥妙事迹；还有一件，就是您身体圣洁，迄今仍然是一个童贞的肉体。”

当他说完这一番话，高朗翰就去与薄希华亲吻辞别，又到卜尔斯那里，与他亲吻告别，同时还说：“亲爱的爵爷啊，您将来见到家父兰斯洛特骑士的时候，请代为问安，并且请您告诉他，要记得这世界是不稳定的。”他说完这话，便跪在祭台边上做祷告，他的灵魂便被一群天使迎接到天上耶稣基督那里去了。那两个同伴都看得很清楚。还有那两个同伴也看见由天上降下来的一只手，不过看不见它的身体罢了。那一只手忽然伸到圣台上，将圣杯连同杯里的长矛拖到天上。从此以后，没有一个人敢大胆说他看见过圣杯了。

第二十三章

高朗翰之死使薄希华与卜尔斯忧愁，以及薄希华之死所引发的一些其他变故。

当薄希华与卜尔斯看到高朗翰已死，他们两人悲伤万分，这是他们在往日从未有过的感觉。假若他们还是天性虔诚的人，此时已完全失望了。全国人民以及全城百姓都对他表示了无限的哀悼。他们埋葬高朗翰之后，薄希华换上宗教服饰，走进城外的精舍，开始修士的生活。卜尔斯跟薄希华住在一起，但他仍穿着俗服，这是因为他还想回到罗格利斯国度去。他们这样同住了一年又两个月，薄希华一直严肃地过着圣洁的生活，后来离世死去。卜尔斯把薄希华葬在他妹妹和高朗翰长眠的灵地上面。

卜尔斯感到自己漂泊在巴比伦地方，远离祖国，便武装妥当，离开了沙拉斯城，走到海滨，乘船起航，很幸运地到达了罗格利斯国。等上岸后他快马加鞭赶到了加美乐城，亚瑟王适巧住在城里。听到他返回，全城的人都欢欣鼓舞，热烈欢迎。因为他离开本国的时间很久了，他们都认为他已经死了。当他们宴会结束之后，国王即指定大史官觐见，命令他将各位骑士所遭遇的惊奇事迹原原本本地记录下来，让它流传。当时卜尔斯还讲述他和他的三个伙伴寻觅圣杯的经过，以及他的伙伴们遇到圣杯的情形，这三人就是兰斯洛特、薄希华和高朗翰。此外，兰斯洛特本人也讲述了他目睹的圣杯。关于这一点，也被记入历史而著成一本书，放在索尔滋巴立的书橱。一会儿，卜尔斯骑士对兰斯洛特说："您的儿子让我向你请安，并且向亚瑟王以及全朝人士问好。薄希华骑士也同样托我致候，他们两位都是我亲手葬在沙拉斯城的。还有一点，兰斯洛特骑士啊，高朗翰恳求您要牢记着这世界是不稳定的，你们两人同住了半年，你答应过他，要记住。"兰斯洛特骑士说："这是真的，现在我把一切托付给上帝，他的祈祷一定对我有效力。"

兰斯洛特拥抱着卜尔斯骑士说道："善良的表弟啊，我非常欢迎您，倘使我可以为您个人以及您的亲属去服务，我那个可怜的身体，当灵魂在里面的时候，我一定准备好为您随时服务。对这一点，我一定诚信守约，永不反悔。您要知道，善良的表弟卜尔斯骑士啊，我同您两个人若能活在世上，愿永远不再分离。"卜尔斯答道："骑士，我也愿意照您的意旨去做啊。"

关于圣杯的历史在此告终。全部记录，根据法兰西文著作摘要，多为英文，但所记事实具有较强的可信度，而且是无上神圣的历史，兹列为本书的第十七卷。

英格兰伊丽莎白时代的描述

A Description Of Elizabethan England Written

〔英〕 威廉姆·哈瑞森

主编序言

在伊丽莎白统治初期，王后的御用记录者——雷金纳德（此人行事十分大胆）一直筹划出版一部“关于全世界所有已知国度详尽历史的书籍”。为了实现这个计划，雷金纳德·霍林斯赫德前期收集了英格兰、爱尔兰的历史素材，将其整理并印刷成册，于1577年出版发行，这批出版的书籍就是后来广为人知的《霍林斯赫德编年史》，而莎士比亚的大部分戏剧的原始素材都取自于这部编年史。

霍林斯赫德的合作伙伴中，有一个名叫威廉姆·哈瑞森的人，此人原本是科巴姆圣主教堂的一名皇宫牧师，后又成为埃塞克斯红冬教区的教父兼任温莎皂教区的教士。合作期间，威廉姆·哈瑞森的任务是写《对于美国和英格兰的描述》，而我们后面要讲到的所有章节的内容，均是取自于这本书。为了完成这本书，威廉姆·哈瑞森从各种各样的图书、地图、信件及对话中收集了大量的历史素材，而其中最为重要的则是他游历英美两国的亲身经历和见闻。此后，他又将所有收集到的素材整合到了一起，名为《奇闻异事录》。同时，他自己还谦卑地声称，他写的这本书是“从一个独特的角度看待事情的真相”。正因为有了这本著作，后来我们才有幸看到莎士比亚如此多的有趣而生动的戏剧。

1876年，弗尼瓦尔博士将威廉姆·哈瑞森的《奇闻异事录》改编成了《新莎士比亚社会》，而这本书后来又被洛思罗普·温斯顿修订出版。这本被修订后出版的书籍中大部分有趣的内容都会出现在我们后面的章节当中。这本书的出版经历了一个十分漫长的过程，所以期间的收集、整理、出版、修订等过程都十分复杂，在此不再多提。

哈瑞森在编著此书过程中做出的最大贡献就是他完全是站在一个客观的角度来描述所有历史的，而没有为了讨好上层阶级而故意扭曲事实。不仅如此，他在描述伊丽莎白时代的历史时，整体风格显得十分活泼俏皮。也正因为这些特点，哈瑞森的这些关于历史的描述成为了他所有著作中一道十分亮丽而独特的风景线。

查尔斯·艾略特

第一章

贵族和市民

【1577 年，第三册，第 4 章；1587 年，第二册，第 5 章】

在英格兰，国民通常被划分为四个等级，分别是绅士、公民或市民、农民、技工或劳工。在绅士中，最上层的领导人（在国王以下）是王子、公爵、侯爵、伯爵、子爵和男爵。他们被叫做绅士中的精英或者（如同我们常说的）贵族。在他们之后则是骑士和士绅，而骑士和士绅就被简单地称为绅士。所以绅士事实上被划分了不同的身份，关于这点，我会在本章后面的内容中做特别的叙述。

在英格兰，国王的长子叫做王子，是王位的法定继承人，英格兰王子同时也被冠以“威尔士亲王”的头衔（如同在法国一样，国王的长子有法国皇太子的头衔，也被特称为先生）。我可以这样说：由于是仅次于英格兰国王的首领，所以英格兰王子在拉丁语中被译为“首要的”。而国王的次子们从出生开始，就会被授予绅士的身份（直到他们得到他们父亲授予的更高身份，成为子爵、伯爵或公爵中的一个），而人们称呼他们时，通常会在身份前面加上名字，如亨利勋爵、爱德华勋爵等。而在称呼国王或王子的时候，则会在身份前面加上一些优雅的或者有魅力的形容词。不过现在人们通常也会用这一类的形容词来形容公爵和大教主，甚至还有一些人会用这些词来形容侯爵和他们的妻子。

接下来，我要讲一下我们的主教。主教，也称为“主”，他们在国会议会中和男爵有着相同的地位，同样被赐予了“国君得力助手”的荣耀。在以前，主教和其他绅士相比，会显得更有地位一些，特别是那些精力充沛、位居高位的神职人员们得到的尊重和权力更多，这主要是因为他们要比那些在基督教会中毫无地位、被控制、无法上进的胆小鬼们更加卖命。当然，现在他们得到的尊敬并不比以前少，甚至越善良得到的尊敬越多。直至现在，英格兰的主教们依然保留着古代的头衔，他们也因此受到了很多人的谴责，比如不能看到世界的改变和不服从上级的命令等。尽管政府给了主教和牧师相同的权力，但对于政府来说，这样做的目的主要是为了让主教和牧师们都能够从国王和王子手中得到更多的权力，只有这样做，才能保证这些神职人员们能够安安心心地为政府卖力，而不至于因为不满而各自为营。不过，现在很多主教都强烈要求改变他们目前的地位，甚至还整天哭喊着要求取消他们“主”的称号，因为他们认为民权削弱了他们的权利，而且现在教堂在其他方面都在进行改革，所以想借此机会来提升他们的地位。说实话，很少有政府和教会能在纪律和教会机制上达成一致。正如李维所说的那样，政府和教会如同一个团伙，他们互相利用，同时又互相牵制，这种关系就如同色诺芬和塔利之前描述国王和演说家们的关系一样。所以，想要让这个团伙去模仿一座城镇来建立君王体系是不可能的，同时这个团伙也不可能建造出理想的教堂，因为政府和教会内部的腐败是绝对不会向完美低头的（腐败向完美妥协这种事情，即使在自己家里也不可能发生，就更不用说是一个国家了）。

在英格兰，公爵、侯爵、伯爵、子爵和男爵等爵位都是由国王亲自设立或授予的。国王的长子一旦出生，国王和王后就会立刻将他封为公爵。而公爵的长子，在父亲还活着的时候，就只能受封为伯爵，以此类推，伯爵的长子在父亲还活着的时候，则只能受封为男爵或者子爵，这种制度在英格兰叫做“原始馈赠”。在这种制度下，如果爵位的第一继承人的表现十分优秀，国王便可以授予他荣誉或者头衔，而这些荣誉或头衔经常通过世袭的方式被赐予他的儿子。那些没有通过这种世袭方式得到荣誉或头衔的贵族子孙们，则要通过严格的法律形式才能得到封号，但也只能得到绅士的封号。尽管在公众场所，公爵、侯爵和伯爵长子都被叫做“主”（虽然这一称呼并不比男爵地位低），但这仅仅是从法律层面上来讲的，在实际生活中，他们并不是很受人尊重。

我之前也提到过，在罗马，男爵爵位和上议院席位都被认为是参议员，而在英格兰，这些人则被称为贵族。事实上，即使在英格兰，也没有人随便就能被称为公爵的，除非他能够每年花一千英镑以上证实和维系他的公爵身份。子爵、伯爵、侯爵等爵位因为地位和荣誉没有那么高，所以要获得这些爵位，相对来说，就要容易得多了。虽然话是这么说，但是英格兰的爵位制度有一点和罗马差不多：贵族们想要保持子爵、伯爵、侯爵等爵位，就绝不能衰退过多，否则的话，一旦他们不能够维持自己爵位的相对荣誉的时候，就会被禁止进入国会的上议院了（尽管他们在这种情况下，依然还可以保留“贵族”的头衔）。

英格兰的大部分名号实际上都起源于法国，关于这一点，我们可以在法国的历史中查到。下面我再来讲讲英格兰的骑士吧。在英格兰，骑士这一头衔不是出生就能拥有的，也没有一个人能够通过继承而成为骑士，就算国王或王子也不行。当然，也有少数的勇士，在战争之前可以被赐封为骑士，这样做完全是为了燃起他们的斗志，可以让他们在战场上更加英勇地杀敌和展现他们的英雄气概。战争结束后，也会有一部分战士因为战斗中的非凡表现而被授予“国民兵”的称号，以此作为他们英勇作战的奖励，而这些受封的战士之后就会受封为骑士。

以前，国王也会将骑士的称号赐予一些绅士、市民或者律师，但不同的是，这些人虽然被授予骑士称号，却没有骑士的权力和荣耀，他们所能做的，只不过是向国王缴纳维持这个称号所需的钱而已。从这个角度来看，这些所谓的骑士只不过是为了增加国库收入而设立的。当然，对于国王和王子来说，只要能从这些骑士身上获得好处，其他一切都不重要了，这也是为什么在英格兰会有一些人自己还没同意，就被授予骑士称号的原因。

和英格兰比起来，罗马的骑士的数量总是无常的，然而按照罗马的风俗，骑士都必须由国王亲自授予。英格兰却没有这样的制度。在英格兰，所有骑士都必须按时向国家缴纳资金来维系自己的称号，就如同他们需要支付费用来维护他们的盔甲和其他装备一样。一般情况下，骑士每年需要向国王上缴四十英镑，但遇到国王加冕、公主结婚、王子被授予爵位等重大场合，就需要另外交钱，至于具体交多少，就要等国王具体的通知了，要么就是按照惯例，上缴自己所有土地一年的收入。当然，在这些情况下，只要骑士们交够了钱，不仅可以维系他们的头衔，还可以额外获得一次无罪开释的机会。

在国王或王后的加冕礼上，如果有骑士要被赐封，就必须得经过更长、更古怪的仪式，在这种仪式中被赐封的骑士被称为“浴缸骑士”。而“浴缸骑士”的妻子则会被称为“夫人”或“女士”。同时，人们在公众场合称呼“浴缸骑士”的时候，也会在他们的名字前面加上“先生”这样的称呼。有时，这些浴缸骑士的妻子在活着的时候还会被礼貌地称作“我的小姐”(虽然依照法律规定，她们没有如此高的荣誉)。

在英格兰骑士的排列顺序中，地位最高的骑士是可以穿吊带袜的，而这种袜子的发明人就是国王爱德华三世。爱德华三世在位期间，英格兰在对外战争中获得了多次胜利，其中一次，英军俘获了法国国王约翰和苏格兰国王詹姆斯（爱德华三世曾把他们俩当做囚犯关押在伦敦塔里一段时间)。还有一次，爱德华二世通过威尔士王子和阿基坦公爵的帮助，成功驱逐了卡斯蒂利国王亨利，收复了唐佩德罗。经过这几次胜利之后，爱德华三世便下发了命令：选出国家中最优秀、最杰出的骑士，赐予他们领地、荣誉以及用黄金和宝石装饰的吊带袜。这些受到恩赐的骑士平时就得把国王赏赐的吊带袜穿在左脚上。而王子除了得穿吊带袜之外，身上还得穿上短外衣、衣领和其他庄严高尚的东西，而这些装束全部都是用时尚精致的材料做成的。因为爱德华三世觉得，这些装束都能体现出王子高贵的地位。

事实上，不仅穿吊带袜这一习俗是爱德华三世发明的，就连吊袜带的样式也是他本人发明出来的。当时，英格兰的女王外出游行，遇到了爱德华三世，两人见面的时候，爱德华三世偶然瞥见了王后脚上穿着的吊带袜，那吊带袜又碰巧从王后腿上松落了下来，掉在了伺候她的人群当中。可是王后的侍女和随从们不屑于弯腰去捡起这么一个东西。只有爱德华三世，知道这是王后掉落的，便吩咐手下把它捡了起来。这一小动作却恰恰被一个绅士给撞见了，于是这位绅士便好奇地问爱德华："为什么？为什么像你这样优雅的人，居然会捡这种东西？它只是一个女人掉下的吊带袜而已呀!""无论它是什么，只管捡起来给我就是了。"爱德华拿到吊带袜之后，又说道："如果上帝给我几个月的时间，我一定让这东西受到大家的尊重!"之后他便果然根据不同的场合，设计出了不同的吊带袜。

在英格兰，有一种专门用来指挥骑士的旗帜，叫做"骑士旗"，骑士旗样式的灵感来源于战场上被砍掉了一角的细长三角战旗。骑士旗在英格兰骑士当中的地位是至高无上的，所以，在战场上除了爵士或者少数的绅士可以用骑士旗之外，任何骑士在战场上都没有资格拿骑士旗，而只能听命于它。此外，由于国王设立了骑士这一称号，并创建了男爵、侯爵、子爵、公爵等爵位，所以英格兰的绅士们才能够按照严格的等级次序维持下去。

英格兰和其他国家一样，无论是谁，只要他能够学习国家的法律，或者待在大学里学习，或者能把有用的思想写成书，或者能够宣称信奉医学和自由主义的科学，又或者能在战争中体现出自己的价值，或者在家里提供好的决策从而使国家受益，那他都可以不用进行体力劳动而生存。还有一些人，愿意忍受贵族们的嘴脸，为了生存可以放下自己的尊严，可以让很多快乐的事变得十分不值钱，这些人，甚至也可以被称为"大师"（这个头衔正是人们私底下称呼绅士用的）。当然，绅士们似乎对自己的这个头衔并不反感，也并不认为这个头衔有损他们的荣誉，所以很少有绅士会站出来当面反对这种称呼。而对于国王，这也没什么损失，反正不管绅士们有什么头衔，只要他们愿意和农夫或者平民一样，能够履行缴纳税金的义务就行了。而对于那些平民和农夫来说，就更加不会反对这么称呼绅士们了，反正他们也很少和那些绅士们待在一起。

和英格兰比起来，在罗马，不管任何时候，只要有新的贵族或者绅士产生，就会在整个上层社会引起很大的冲突，特别是当诺维家族产生的时候，那些古老的家族更是处处针对，完全看不到诺维家族所起到的积极作用，更别说是心甘情愿地看着这个家族日益发展壮大了，特别是在近期，这些古老的家族开始处处诋毁诺维家族的后代，认为他们是胆小和邪恶的化身，不许他们进入国会。无论如何，嫉妒与司法和公平都是无关的，所以虽然诺维家族经常受到语言上的恶意攻击，处处受到上流社会各阶层的指责，这都无法阻止诺维家族的人用自己的聪明才智使自己的家族发展壮大。

在英格兰，贵族和下等绅士的儿子常常会被派到意大利去学习，但是他们从那儿带回来的东西却只有无神论，而无神论宣扬的则是否定神的存在，主张堕落的言语和充满野心的自负行为。曾经有一个绅士从意大利回来后，一直在国内宣扬他在意大利参加的一个新教，受到这个新教风俗的熏染，他一直在国内宣讲说："信仰和真理被保存在对未来的期待中，它既不会被损坏，也不会被阻止。此外，人类的宽容之心只有在大仇已报之后才能显现出来。"另一个从意大利回来的绅士，和之前这位宣扬新教的绅士也算是不相上下了，他一直在宣称自己是一个没有任何宗教信仰的傻瓜，他甚至还大肆宣扬说："虽然这样的傻可能会让我失去我的所有财产，或者会让我在学习的过程中陷入困境，但是我仅仅是为了财产或者生活就放弃我的这种信仰，那我就绝对是疯了，而且，还可以算是世上最愚蠢的人了。"还有一个意大利回来的绅士说道："无论你跟我宣讲任何关于上帝的东西，都不会改变我要和国王及国家的法律站在同一边的观点。"还有一个绅士从意大利回来之后，可以说是一夜成名，因为他在意大利已经学会了穿着精美的高跟鞋，带着一大群青年在大家面前晃来晃去，同时脸上还一直表现出非常智慧的做作表情。关于这些从意大利学习后回来的绅士们，我还有很多有趣的事情要讲，但是为了避免过多地冒犯这些绅士和意大利的风俗，我在此就不再多讲了。总之，在此我只能长叹一句："唉，这个世界对于这些人实在是太过于开放、太过于包容了。"

接下来，我再来讲讲英格兰的公民和议员吧。英格兰的公民和议员对于绅士来说，地位是完全不同的，他们在城市里相对来说比较自由，而且他们同样拥有自己的一些资产。但这些市民或议员只能待在他们自己的城市和自治区，来服务他们的国家。事实上，他们只能在他们共同居住的乡镇范围内，通过公共集会的方式（这种集会方式，被称为英格兰的高等法院）来为国家制定相应的法律。在这些古老城镇的集会过程中，通常会任命四个或四个以上的议员在法院中发表意见，以此来表达大家对某一事件同意或不同意的看法。

我们的商人也被赋予了议员的身份（尽管他们经常通过自己的方式，让自己跻身到绅士的行列里面去），而且这些商人兼议员身份的人数在逐年增加。这一部分人靠贩卖国外商品为生，他们把外国的商品运到国内，高价出售，同时把国内的一些更好、更便宜的商品，通过良好的交通运到国外倒卖，以此获取利益。不过，我认为，即使没有这些商人，这些商品也能够在各个国家之间很好地流通。就比如在古代的斯巴达，大量的商人并没有真正的促进国家发展的作用，因此大批商人的商贸活动都受到了政府的严格限制，如此一来，剩下的那部分商人，因为竞争减少，所以生活就会变得更加轻松了。当然，有一点我并不否定，海上的交通在某种程度上离不开海军的维护，同样，海上贸易的发展也离不开这些商人们。然而随着时间的流逝，一些奇怪的现象便随着商人们的贸易发展而产生，比如现在我们吃的糖涨到了四便士一镑，一便士的葡萄干或红醋栗现在也涨到六便士，有时甚至暴涨到了八便士或十便士一镑；买少量的肉豆蔻就得花上两个半便士，而买少量的生姜则要花上一便士，还有少量西梅要半便士，好的葡萄干三磅要一便士，少量肉桂要四便士，丁香要两便士，一磅胡椒要十二便士或十六便士。这样一来，我们手里面的钱能够买的东西就越来越少了，这就是放任商人的结果。另一方面，这些商人还将大量的布匹、颜料、棉花、起绒粗呢、地毯锡、羊毛、啤酒、粗呢、麻布、铅、兽皮等货物，通过在海岸港口转船，运送到世界各地贩卖，交换成其他的货物或现金，来增加我们商人的利润和商品。以前，这些商人的商贸范围主要在西班牙、葡萄牙、法国、佛兰德斯、丹麦、挪威、苏格兰、爱尔兰等国家。而现在，这些商人们不再满足于这么小的商贸范围了，他们将贸易圈扩大到了东方国家和西印度群岛，其中包括利群岛、新西班牙、中国、俄国、塔尔奎尼亚和附近的地区，按照商人们自己的话来说，他们这样做的好处，就是给自己的国家带回了很好的商品，但是，他们的贸易越做越大，我却没有看到商品的价格有任何下降。不过对商人们的商业暴行，爱德华三世倒是十分支持，其支持的理由就如商人们自己所说的那样，能给自己的国家带来好的商品。

在英格兰，自耕农在法律上被称为"使节"，其是专指那些出生在英格兰的自由人，他们每年必须将自己收入的百分之四十作为税金上缴国库。不过法国人却把这一类人统称为"恶棍"。大家可别误会，"恶棍"这个词语在那个时代可不是大家通常以为的那个意思，事实上，这个词来自于撒克逊人的术语"恶蛮"或"戈蛮"，它是指（如我所读到的）一个定居的或古板的人，已婚并且会定时待在自己的经营场所，以此来为自己和自己的家庭赚取生活费。这类人没有尊严，但是他们可以通过自己的努力和决心，使自己的地位在短时间内得到飞速的提升。而且，这类人有一定的优点，甚至那些生活富足，住着好房子的劳动者和大部分技工们，也会非常尊重这些"恶棍"。

英格兰的大部分绅士都拥有自己的仆人，这些仆人专门照料绅士们的起居生活，所以和整天无所事事的绅士们不一样，这些仆人每天都很忙碌。不过大部分仆人也会慢慢变得非常富有，因为他们大多数人可以从挥霍的绅士那儿买到土地，还可以送他们的儿子去学校读书、去大学学习、去法院工作。而且，绅士们通常还会额外赠予他们一定的土地，这些土地足以仆人们以后不用劳动就可以维持生计了。

英格兰的第四类人，也是最后一类人，就是劳工，这类人包括贫穷的百姓、零售商、校对助手、技工、裁缝、鞋匠、木匠、瓦匠等，而且他们都有一个共同点，就是都没有自己的土地。他们似乎看起来地位非常低贱，他们的生活和其他国家的奴隶是有本质上的区别的。说到奴隶，我倒是要提一提：在英格兰是没有奴隶的。不仅如此，美丽的神和我们慷慨的国王赋予了我们的国民一项特殊的权利，那就是任何一个奴隶从自己的国家来到英格兰，只要他踏上英格兰的国土，他就立刻获得和他以前的主人一样的自由，奴隶的印记可以从他身上完全移除。关于这一点，我们和德国人完全不一样，德国不仅有奴隶，而且奴隶们完全没有尊严可讲（尽管其他一些奴隶制国家一直在宣扬奴隶也有尊严，实际上，他们根本没把奴隶的尊严放在眼里）。

当然，这最后的第四类人在国家中是没有发言权和权力的，他们只是被人统治，受人约束而已，是绝对没有权力去约束他人的。然而他们没有完全被忽视，因为在城市和乡镇，因为农民们拖欠税金，不遵守法律等原因，国家不得不在乡村增设教会委员、教会执事、酒类检察官、治安官等职位，并允许第四类人来担任这些职位，然后还将这些由第四类人管制的城镇冠以好听的名字，叫做“自治市镇”。除此以外，政府也会将一部分第四类人进行从业安置，只不过大多数年轻人只能被安置去当服务员而已，所以在这些被安置人员当中一直流传着一句谚语：“古老的城镇，年轻的服务员。”因为这些被安置的服务员不被允许将他们的工作一代代继承下去，所以他们便想方设法地利用自己的工作之便，谋取一些好处，比如旅馆的服务员就经常会从他们的房客那里获得一些不合法的收入，又或者仆人们会从他们的主人那里偷偷搞到一点好处等等。当然，他们这样做，也是因为他们没有足够的钱财来维持自己和自己家庭的生计而已，倘若他们能够像那些绅士一样，只需要装模作样去为公路设施做做检查，给国库做做预算，给邮政、马厩牛棚做做调查就能够得到想要的东西的话，那他们就不必去做这些偷鸡摸狗的勾当，我们的国家自然也就不会有那么多小偷了。不过他们也不是所有人都如此，其中也会出现一些与众不同的人，他们有远大的志向，想要通过努力跻身于贵族和绅士的行列。除此之外，我不得不说我们的农夫和技工，他们从没像现在这样擅长他们的交易，两者相比较，技工们的手艺要更好一些。而且从表面上看起来，技工们更能够考虑到买主们的长期利益，因此他们都不会匆忙地赶工，要知道，没有什么比匆忙更能降低我们的工匠手艺的了，如果他们只是一味盲目地、野蛮地希望赚钱，通过减少他们的工作，快速地造出商品的话，这只能损害买主们的利益。

唉，现在英格兰居然有那么多已经被其他国家淘汰了的贸易和手工艺，这也是导致英格兰商品价格高昂的重要原因之一，从而也就直接导致了英格兰很多价格低廉的商品都是从国外进口的，比如玻璃、烙铁等等，而将外国商品运到英格兰的，主要就是那些商人，也就是我们之前提到的第三类人里面的一部分，在此我就不再多说了。接下来让我们再来看看在英格兰能够管理和保持社会秩序的三类人吧：

一是王子、君主、主管人员的头，被称为国王或女王（这女人能被称为女王，前提是她已经戴上了皇冠）。这类人的权力和名誉是至高无上的，国家的一切事务都归他们管理。

二是被分成两类的绅士，男爵或上议院议员（包括男爵及比爵士身份更高的上议员）和那些不是上议院议员的绅士，比如骑士、先生和单纯身份的绅士，就如同我之前提到的一样。这类人一般都是由国王或者国王委派的代表任命或者赐封的，其中有一些人非常有名，比如曾在爱尔兰任职的首领和曾在贝里克郡当过首领的那位绅士，还有曾管理过威尔士的那些绅士，以及被亨利八世大力扶持过的法律顾问和审判官，其影响和名声都足以使其被这个时代牢牢记住。

第三类叫做自由民、劳工和技工，关于这类人，我前面也已经说过一些了。不过在此我还需要补充一点：这类人不会被称为绅士，也不会有仆人叫他们主人，他们中有一部分同样也是很有教养的人，比如我所知道的史密斯君、康奈尔君等。还有和这几位差不多的农民，比如贾尔斯农民、爱德华农民、詹姆斯农民等。关于这些通过阶级划分出来的第四类人，如果大家想要了解得更多，可以去阅读马斯·史密斯先生写的关于这个岛的书，所以我在此就不再多讲了。

第二章

英格兰城镇

【1577年，第二册，第7章；1587年，第二册，第13章】

在古代，居住在南部的这个小岛上的居民中，有28%的人都是祭司，而现在，这个岛上的大城市都是自己管辖的，因此我们只有一个或两个大主教或主教进行管理、收费和监督，不过在许多城市——比如英格兰和威尔士——仍然保留着许多古老的教区和教舍。

在英格兰和威尔士，所有的城镇和村庄都不会像我们这个小岛上这样，按照经度和纬度来排列城市的顺序。我们很快发现这个岛上所有的城市都有一个共同点，那就是它们都是被西斯通过教区来赐予城市的名字的。当然，这些被赐予名字的城市所在的位置，都是在西斯被限定活动的区域之内，而且这些城市都被西斯授予了一定的特权。这些被授予特权的各式各样的古老城镇大多数都分布在北方，因为北方的人口数量和南方比起来要多得多。而且和南方的城市比起来，这些被授予特权的北方城市显然是皇室和帝国的政治经济中心。因此，哈里森在描述这个小岛的书中，给我们的印象是：一个城市是绝对不应该与圣公会事务有任何直接联系的，因为很明显，城市应该是皇室和帝国的机构，比如书中讲到的圣奥尔本斯，它就是一个在罗马和其他框架里出现的早期城镇之一，关于这个城市的描述，将有一部分会出现在我们的附录里。而我们岛上的城市则主要有这些：伦敦、纽约、坎特伯雷、温彻斯特、卡莱尔达拉谟、伊利、诺维奇、林肯、伍斯特、格洛斯特赫里福德、索尔兹伯里、埃克塞特、利奇菲尔德、布里斯托尔、罗切斯特、切斯特、奇切斯特、牛津、彼得堡、圣·戴维斯、班戈大学圣亚萨，因为本书特定的情节和叙述模式，我们将在后面对其进行描述。现在，我们还是接着讲讲关于教区和教堂的事情吧。这些天，我们发现了很多的废墟，还有一些以前人们的笔记，笔记里面描述了很多过去人们捐赠给教会的东西，比如房屋、金钱、土地等等。通过观察这些废墟里面的教堂（大概有十二个左右），我们还发现，那时教区在大城市和小城镇里面都有衰退的迹象，这一点，需要特别注意。另外，我们还发现撒克逊人建造了许多城镇和村庄，这时诺曼人也第一次来到此地，在诺曼人征服撒克逊人，统治了这片土地之后的几百年当中，这些城市和村庄便很快开始衰退了，其数量也开始锐减。瑞曼来和尚切斯特将军在所做的调查中发现，当时有 52000 个城镇，45002 个教区教堂和 75000 位骑士，另外还有 28015 个举行仪式的神职人员。此外，还有人发现，当时大部分建筑都是由威廉·鲁弗斯命人建造的，所以这些建筑的建造时间几乎都集中在一百年的时间里面。我们还发现了一本古老的书，通过一些专业人员的解析我们发现书里面记载的是爱德华四世的时候，有 45120 个教区教堂，60216 个骑士，28015 个神职人员。

过去在林肯（高斯也是同样情况）有 251 个教区教堂，还有 8 个保存良好的宗教权威机构出现，现在，如果还有 24 个教区能保存下来，恐怕就已经算是很多的了，不过用于教堂教区发展的拨款还是不算少的，因为人们还需要教堂教区来对抗可怕的疾病和其他宗教敌人。总之，教区的发展和民区的发展是相对立的，教区要扩大，就必然会侵占到民区，所以在我国的许多地方，教区正在吞噬人们的房子，导致很多民房被拆除，居住区也在逐渐地缩小。不仅是居住地，教区侵占的还有农民们赖以生存的耕地，而对于农民来讲，如果能够拥有一英亩[1]土地，再加上一头耕牛，就可以种白菜、萝卜、防风草、胡萝卜、西瓜或类似的东西，并以此为主食来维持全家人的生计了，而现在的情况是，教区扩大以后，农民们的耕地越来越少，导致各种农作物的价格节节攀升，而农民们却没有足够的土地来耕种农作物，所以就连小麦面包，农民们自己也只是偶尔才能吃到了，大多数时候，他们只能吃用燕麦或者大麦做成的面包。虽然农民的生活非常凄苦，不过在有些地方也住着一些有钱的男人，他们住的都是很好的公寓，当然，也有些人到现在为止，根本就没有房子住。相对于林肯的居民而言，波兰人似乎就幸运得多了，因为对波兰人来说，住房和花园似乎都是很容易拥有的，因此我们在波兰的城堡周围和其他地方都可以看到大片的住房和大片的花园。和波兰的国土不同，我们的国土被分为地面和香槟林地，房屋多是建造在各个城镇里，而城镇则是由很多街道和巷子组成的，这就造成了我们城镇房子的布局乱七八糟的局面。而且因为地势的原因，我们的许多主要城镇都分布在国家的东部。和我们国家不同的是，在那些森林和平地居多的国家，许多大型的城镇都分布在西部，城镇里面一般都会有不下三四百个家庭或豪宅，而处于衰退中的则多是东部的城市。不过我们发现，不管它们属于哪种类型的国家，一般都不会超过两三百个城镇，而且所有的城镇都有一个共同点，那就是绝大部分居民仍然是很穷的人。而在我们国家，造成贫民遍地的主要原因是西斯的地面教区通过各种各样的方法，在不断地占领贫民们的居住地和耕地。那些被驱逐的贫民们要么被迫成为奴仆，要么成了乞丐。不过，反过来想想，正如雷德所说，有时土地太多也不一定就是好事，所以当教区拥有的土地过多的时候，偶尔也会把部分土地分给贫民。现在，教区扩展所造成的土地所有权过于集中的矛盾已经越来越明显了，我们经常可以看到，有的绅士手里面甚至拥有三个城镇的土地所有权，这种现象直接造成了贫民们生活窘迫，饿殍遍野的现象。关于这一点，雷德在结束这个小岛上的旅行时，在他的旅行日志中进行了特

---

① 英亩=4046.86平方米。

别的描述，我在此就不多讲。贫民们的生活困苦，饥荒成灾，导致那时无论是在内陆地区还是在沿海地区，瘟疫和暴行都是十分常见的，而反过来，瘟疫和暴行又会让贫困人口的数量急剧增加，这就形成了一个恶性循环，而这样的恶性循环似乎正是上帝在惩罚人类的罪恶和那些侵占行为。和我们这个小岛比起来，罗马人的做法就显然要明智许多了。罗马人发现，罗马帝国之所以能够达到如此兴旺的地步，是因为罗马教廷即使在最兴旺的时期，也严格限定每个人的任期和占领范围。在我们这个小岛上，大家来看看吧，教区侵占得有多么疯狂，如果还有人看不出来这些疯狂的教区扩张，我甚至可以记下这个地方的宗教房屋号码和修道院的创始人的名字，因为这些都已经在这个岛上显示出来了。教区我可以考察，但是西斯我却没办法去考究，这大概是因为我想要考究她的目的显得有点粗俗无理吧。事实上，虽然我并不赞同教区的疯狂侵占，但是对于西斯本人，我确实非常赞赏和敬仰。但是，她下面的那些僧侣，我就不敢恭维了，这些僧侣都十分贪得无厌，肉体上那强烈而无法自制的欲望促使他们想尽了一切办法去聚敛财物。我因为比较大胆，所以还不时地去拜访这些僧侣们的租户，所以能够看到他们对那些租户们所犯下的罪恶，唉，关于这一点，我还是不要再提了吧。最后，我统计了一下那些现有的城镇里面的教区，它们是：德尔塞克斯教区、伦敦教区、萨里教区、苏塞克斯教区、肯特教区、剑桥教区、贝德福德九教区、霍庭顿教区、拉特兰教区、伯克希尔教区、北安普顿教区、白金汉教区、牛津教区、南安普顿教区、赛特教区、诺福克教区、萨福克教区、埃塞克斯教区等。我和我的朋友们在旅行中经过了这其中的很多教区和城镇，也亲眼目睹了这些教区和城镇在处理税收等问题上大同小异，不可否认，这些税收虽然对于那些贫民来说是一个巨大的灾难，但是从另外一个角度来看，也正是因为这些大同小异的税收方式才使得我们伟大国家的利益能够不被损害，保证我们国家能够强大至今，国名能够永垂史册。

第三章

花园和果园

【1587年，第二册，第20章】

在加莱征服法国的同时，我们的同胞也学会了用贸易来控制国家，当他们不再为生计而发愁的同时，他们也忘记了之前的痛苦和节俭，开始过过度奢侈的生活。随之而来的，便是许多的商品贸易开始不断失败，同时我们还发现，这种懒惰和迟缓行动可能有助于另外一些和我们做生意的外来人员获得更多的利益。为了改变这种不利的状况，后来我们便开始雇用一些外来人员，努力满足出口生产的需求，最后我们却发现，这样做的后果只能让我们本地人变得更加懒惰。因为，当我们发现，我们的产品以我们自认为合理的价格能够卖出去之后，我们那些成年男性便开始整日在家中安心地呼呼大睡，根本无心管理生产，也许这就是我们自己所谓的幸福吧（虽然战后国家开始呼吁大家无论在家里还是在其他地方，都要注意经常锻炼，但是似乎大家早就把这一点给忘得一干二净了）。

除此之外，人类所推崇的自然的欲望，在这个国家里，也是相当罕见的。虽然大家已经富裕起来，但是苦恼的事情和蔑视的情感随处可见。我们忽略了上帝为我们准备好的礼物，我们生于此，长于此，却一直看不到邪恶是没有意义的，也看不到每个蛋糕和玩具都有它自己的价值。有些思想从很远的国家被带到这里，虽然算不上伟大和庄严，如果我们不去藐视它们，便能够通过这些思想来认识我们自己，从而放下许多事情。接下来我想再讲讲我们国家的花园，不过因为我自己的原因，我只想用一句话来概括这个东西，实际上我所理解的“花园”一词，就是指人们拿着铁锹，整天翻弄的东西而已。另外，还有酒，我之前已经写过很多关于其他地方的酒的文章，但是这个岛上的酒我还没讲过。在这个岛上，大宗商品非常丰富，而酒就是其中最重要的商品，就连当时的罗马人也被我们用酒给征服了（虽然这种事情当时有记录，现在已经没有人记得起来了），还有生长在这个岛上的草本植物、水果也是非常丰富的，从爱德华开始执政那天起，人们就一直忽视这些草本植物和水果的种植。从亨利四世直到亨利七世末期和亨利八世之初，在英格兰几乎没有人种植它们了，只有那些野生的水果和植物作为野兽的食物，被那些比人类更野蛮的动物们给充分利用起来了。直到我生活的那个时代，人们才开始渐渐意识到水果和植物的重要性，开始慢慢种植起来，以至于我一想到那些甜瓜、葫芦、黄瓜、水萝卜、欧洲萝卜、胡萝卜、卷心菜、萝卜和各种各样的沙拉，就想到了那些贩卖这些东西到我们国家的精明商人们。我们国家的绅士和贵族们每年都要从拥有丰富水果种子的国家引进新种子。这些种类的水果虽然生长在自己本土的时候对人类来说非常健康有益，但要跋山涉水被引进到我们国家，就不一定那么好了，因为不同地域的微生物和各种真菌都为所有植物的生长环境设立了自然的界限，从某个角度来讲，也许就是我们所说的“主的赐予”吧。不过跳过这一点不看，我们国家的植物品种也还算是相当丰富的。而现在，正是我们国家的复兴时期，我的同胞们又有何更好的对策和更好的商品来加快国家的发展呢？事实上，西斯人已经学会了晚种技术。比如蔬菜当中的胡萝卜和茜草在这个岛上一直被人们广泛种植，但其重要性却长时间被大家所忽视，现在复兴了，人们才开始重新重视起它们来。

另外，如果你看看我们花园附近的房子，你就会发现它们是多么美妙，房子周围种满鲜花的地方叫做花厅。塞德曼曾经说过：“在花类等各类种子和各种各样的珍奇的草本植物中，我们也有在目前来说算是比较古老和罕见的草药（最罕见的甚至有四十年的药龄）。这似乎是一件难以置信的事情：以前这些珍奇的水果、植物和草药只能在大自然中看到，而现在，这些好奇和聪明的园丁们居然能够将他们罗列到自己的种植名单中，而且还能像对待自己的上司那样精心培育这些水果。草药和植物，这真是一个奇迹。现在一看到这些名字，我们就感觉像是被带到了印度群岛、加那利群岛一样。正因为有了这些园丁和他们种植的水果、植物和草药，我们每天才能闻到好闻的味道，看到好看的东西，这应该被我们所珍惜，因为这是我们的荣耀，也是上帝的荣耀，是上帝赐予我们最好的礼物。此外，我们还必须承认，如果没有那些贵族、绅士或商人，我们就不能储存如此大量的花。而这些植物和花现在也开始渐渐地熟悉我们的土壤了，我们也越来越重视它们，开始将它们作为自己的商品包装了。当然，这些园丁们并没有因为重视外来的植物而忽视本地传统的草药，我曾经看到过在一些花园里面，密密麻麻地种植着三四百种各式各样的花卉，就像是满天繁星一样。而在这些植物当中，至少有一半植物的名字在过去不到四十年的时间里我们是完全不知道的。

尽管如此，我们却看到了很多人对引进外来植物的种种抱怨，因为很多人认为，到目前为止，这种做法让我们陷入自己对自己的藐视。就像我以前所说的那样，在西斯，每一个地区对人们种植和使用植物都有诸多限制，比如男性应该如何在正确的时间使用烟草，而事实上，我不敢肯定这样的明文规定比起其他方式来是不是显得更为有效（反正我在写字时没有发现文字有如此巨大的功效）。在此，我们常见的石茧或者蓟博和其他草本植物一样，也是因为大家发现了它们在医学上面的巨大作用之后，才被批准在我们国家种植和使用的。我还可以举例说明其他草本植物也是一样的，如萨尔萨舞等。所以，我个人认为，一味限制和禁止外来植物的种植和使用，是极为不明智的做法。

此外，我们的草药产量需要满足复合药品的制成，用于出口，这也是重要原因之一。完整的医药知识和使用让我们自己的药品在这么长的时间里面已经赚取了相当丰厚的利润了，而对于任何一种药，最大的困难就是要发现其中的奥妙，因为品质和操作的细节是很难被人们彻底认识的。即便如此，我们对奇怪药物不断增长的欲望，对医生和药剂师们来说也是有很大好处的，因为它是草药种植和使用不断发展的重要推动力。所以只要我们能够做到，我们就必须尊重这些被我们踩在脚下的草药！另外，对于阿拉伯人和希腊人来说，虽然他们的种植技能可以被我们借鉴，他们却比我们更擅长应用外国的药品。在印度，人们现在就在大量使用外国进口的药品和治疗方法。而对于这些外来的药品和治疗方法，他们从来就没有对其疗效产生过怀疑，他们认为只要是外国药品就能够在短时间内治愈疾病，所以他们将我们出口给他们的药品进行大力推广和应用。而对于西班牙人或英格兰人来说，他们需要使用进口药品，那也是因为他们的治疗需要更长的时间，因为无论是在西班牙还是在英格兰，人们都不注重锻炼，一般那些经常锻炼的，只有军人和少数男人而已，要知道，英格兰人和西班牙人才不会去理会国家提倡的所谓健康之类的东西呢，所以有时他们的治疗更加依赖药物。即使这样，马卡斯卡托（著名医药学家）还是在治疗各式各样的疾病的过程中，检验并学会了处理各种药品，现在在一些书和名册中，也会很容易看到他的书籍。就我而言，我相信如果使用那些外来的古怪药物没有蒙蔽我们英格兰医师的眼睛，我们国家便会对药物有更进一步的认识，这样才能发展我们的医药业，制造出更好的药品。这样对我们来说是有好处的，而且这也会让我们在医药方面，从外国人那里赚更多的钱。

有时，我们甚至会为了那些最常见的理由和利益去添加这些植物用药。当然，前提是这些植物有一些普遍和特殊功效，并且我们对这些植物的药性都已经十分熟悉了。因此，我非常感谢我们国家的医师，他们不仅努力寻找并使用草药，而且为我们不断地研究和付出。还有一些人，他们在草药的种植时间上做出了一些改变，可以种出更好的草药，这些革新的做法让他们成为了我们国家的首席工人，比如卡罗勒思、罗伯特和罗贝尔等人。由此我们不得不说，确实是医学这一高贵而奇妙的产业激发了他们的好胜的行为。除了罗伯特和罗贝尔之外，还有一人在我国草药种植业的发展过程中功勋卓著，他就是克鲁休思。尽管罗伯特、罗贝尔和其他人在这方面有很高的成就，但没有一个能够比得上克鲁休思，更不用说超过他了，在这一点上我从来就没有怀疑过，因为我既不是医师，也不是药剂师，在医学方面可谓一窍不通。

说起我们的花园和果园，此前我们可从来没有这么好的水果作为礼物送人。现在，我们拥有最精致的苹果、李子、梨、核桃、榛子和各式各样的水果，我们过去四十年中种植的果树，大部分都是价值不高的，所以在贵族古老的果园，我们根本看不到一些奇怪的水果，如杏、桃、无花果等。而现在，我已经可以看到刺山柑、橘子、柠檬、野生橄榄在这儿生长，还有其他一些从遥远的地方运过来的果类，有的水果我甚至连名字都叫不出来。我们喜欢的不仅是良好的天然水果，还有我们经过人工混合而种植出来的一些新鲜玩意儿，比如让一棵树生出各式各样的水果，或者让同一样水果长出不同的颜色、有着不同的味道等等。如果我们想要在水果贸易中占尽优势，我们就必须对我们自己所种植的水果相当熟悉，对它们的相关知识十分了解，只有这样，才能种出更好、更甜、更精致的水果，才能品尝到其中的快乐。在这一过程中，有一些工作人员还写出了大量有关水果的实践论文，其中一些是讲述人工如何转换核心桃子到杏仁、让小水果长得更大、如何清除水果里多余的水分、如何保存果树和果实之类的文章，这些技术对我来说是都是很奇怪的。

再来看看我们的园丁与他们的草药。园丁们每年采割草药之后，或者将其放在家里，或者将其保存在地窖中，有可能将其风干，也有可能选择有水的地方保存，让它们保持湿润，总之各式各样的智慧尽显其中。厨师要做出各式美味，也是少不了这些草药的，因此，过去的管赫斯帕里得斯花园里种满了各式各样的草药，而且，作为餐桌上的美味，这些草药都有各自的特点，这是毋庸置疑的。所以，如果要为美味颁奖的话，我们肯定会把奖项颁发给我们的花园。说到花园，我自己倒是很想拥有一个小小的、属于我自己的花园，虽然小，但可以种将近三百个品种的植物。有了这么一座花园的话，我就不需要去想那些汉普顿、楠萨奇、科巴姆的花园了，而且我还会为我自己的花园取一个独特的名字，我可不想因为名字的问题让其他花园的主人们认为我冒犯了他们！

第四章

交易会和市场

【1577 年，第二册，第 11 章；1587 年，第二册，第 18 章】

在英格兰有几个大城镇，这些大城镇并不是每周都会有赶集日，只有王子因为国家的利益而为家庭设立的各种各样可以买卖的条款。因此，买方没有购买任何大的生活必需品的需求，卖方自然也就没有机会出售大的生活必需品了。在这种没有大宗商品买卖的情况下，人们为了能够将自己手里的商品卖个好价钱，就只好到附近城市的市场上去销售了，这样一来，买方想要买到商品就更加困难了，所以这样的买卖方式，与其说是在打压卖方，倒不如说是在打压买方。而大部分法官因为不愿意得罪管辖范围内的平民，所以每天也只是小心翼翼地坐在办公室，他们不愿意站出来制定新的规定，来维护商人们的权利。而英格兰的大多数市场都有一个特点，那就是无论是面包还是其他粮食，只要是大宗商品，只要运到英格兰的这些市场上，价格就会比其他地方要低两成，正因为如此，所以许多商人都不愿意把自己的货物运到这些英格兰市场上出售，关于这一点，在很多地方都体现出来了，特别是西斯，我想，除了西斯以外，恐怕我们在其他任何国家的城镇都很难看到对面包居然还有如此完整的法案规定吧。除了面包之外，还有啤酒和麦芽酒的贸易也面临着同样的问题。在英格兰，啤酒和燕麦酒还有一些很有意思的绰号，比如“疯狗”、“父亲”、“天使的食物”、“龙”、“跨步宽”和“举起腿”等。其中“父亲”这个绰号似乎与一个叫普罗维登斯的人有关。据说以前英格兰有一户非常贫困的家庭，当上帝将普罗维登斯降临在这陷入困境的家庭之后，普罗维登斯便下定决心要改变他的人生。于是长大后的普罗维登斯在父亲的鼓励下，做为一个医生，径直带着他的啤酒踏上了漫漫的人生之路，后来为了纪念自己的父亲，他便把自己带着的啤酒命名为“父亲”了。

结束完英格兰城镇的考察，在返回的路上我一直在思考问题，我发现，在英格兰，无论是在城镇还是在乡村，玉米都是被广泛种植和食用的。那些可怜的穷人没有土地耕种，他们劳动一周所能买到的东西为一蒲式耳，这点钱只能在市场上买到够吃一两天的谷物而已。而要种植玉米，就得买下装载机和普通的玉米种子，而这些东西都需要支付昂贵的金钱和服务费。此外，我还要说一些有关我自己的经验。在米迦勒时期，穷人必须出售五谷来赚钱和支付租金。经过长时间的种植期后，穷人开始出售农作物时，富人们却都不愿意收购他们收成的谷物，而是直接购买那些穷人带来的玉米种子或其他谷物种子，因为用于播种的小麦种子，如果还有剩下没用完的，很快就会腐烂和被转换成莠子，所以农民们必须尽快将剩下的种子出售，富人们正好利用农民们急于出售种子的心理，使劲压低价格，再进行收购。因为富人们的奸诈，贫民们必须要到二十英里以外的市场去出售他们的农作物，因为这些市场承诺如果他们碰巧遇到行情好的时候 ，就能稍微把价格提高一点。这样的情况将市场和村庄紧紧地束缚住了。有的富人甚至会为了一壶酒或其他东西，就不去买穷人们的农作物，直到价钱被压到最低。因为在他们看来，他们花钱买了穷人们的东西，等于是在给他们支付工资。富人们就一直这样压榨穷人，直到他们购买的谷物填满了阁楼，然后，他们就可以做任何有利于自己的事情了，可怜的贫民们就这样年复一年地忍受着富人们的剥削和压榨。如果富人们买到的谷物没有填满阁楼，他们就会把买到的谷物储备到下一年，以便再次压价。也许，从别人的角度来看，这个例子实在是太普通了，但在我看来，贫民们根本就不应该为一个有房子、有玉米、有土地的绅士服务，特别是当他吹嘘他可以在市场买到比在他的土地里耕种的更便宜的谷物的时候，就更不应该让他们得逞。再看看市场上那些小贩们的嘴脸吧。如果有人来买一两个蒲式耳的东西，小贩就会对着市场的十字架说：“我希望上帝能看到我现在已经卖了东西给他了。”那说实在话，这些小贩还算是比较有良心的，实际上除了这个词，我也没有其他别的评价可以用在他们身上了。因此，那些可怜的劳动者必须要做好他们不能在市场实现他们商品的价值的准备，现在他们想要挣钱，真是比登天还难。可怜的人不可能待在家里等着天上掉钱下来，所以他们只有期望他们的商品能够有一天卖出一个好价钱，否则，他们就只有饿肚子了。事实上，我们在国外不但有很多朋友，也有很多对手，他们不但在玉米贸易上和我们钩心斗角，在海上贸易上也不放过我们，因此，我悟出了一个真理，在生意场上，绝对不要相信自己的耳朵。

让我们再一次回到我们的市场。这时，富人们用其所有的钱购买玉米，这造成了现在玉米大多数被集中在了富人们手中的局面，以至于那些手里还有很少玉米的卖家最后也不得不开始出售手中的存货，因为现在价格的涨跌完全被控制在富人们的手里了。当然也许还是会有极个别的卖家，会始终顽固地认为价格可能会上涨，因为他们始终认为，在一年当中，玉米的价格不可能只会下跌而不上涨，或者今年不涨，至少明年会涨，却忽略了价格的涨跌不是市场说了算，而是那些富人们说了算。

部分陈年的玉米，在夏季结束时，可以被保存到来年的春天而不会发霉，价格也会相应地有所下跌。这些都不是农民的错，但他们也只有以这样的方式继续下去。不仅是玉米，其他谷物也是如此，至今他们还没有想到解决这个问题的办法，好像在他们看来，这些农作物要么就在商店，要么就只能剩在仓库一样。如果在市场中任何一天刚巧这样的情况很多，农民们不能以理想的价格把玉米卖出去，他们便不卖，然后将它们堆置在某些朋友的房子里，等到下一个销售季节再拿出来销售，也许他们在市场上卖到的价钱也就多一两个蒲式耳而已。但是，这些商品的价格实际上都是可以由市场规律来调整的，所以我希望上帝一旦睁开眼睛，就能发现自己的错误：因为他们中的一些人不关心许多面临绝境的穷人，他们关心的只是怎样把自己的钱包填满，然后走人。这种情况，在世界上大多数地方都能够看到，比如在伦敦，你可以看到商人们带着鸡蛋、黄油、奶酪、猪、母鸡、培根等，在市场的伪装下，疯狂赚取农民们的血汗，而他们的妻子则在另一个市场卖相同的东西。这些人靠着这样赚来的钱，过着富足的生活。

再来看看黄油，商人们几乎让买家们难以看到黄油价格里面所附含的暴利，所以，当商人们把黄油带到城镇的市场上销售时，黄油买家们便激动得不得了，一个劲儿抢购。但事实上，我们的黄油是根本不值十八便士每加仑的，它的正常价格最多也就三到五便士每加仑而已。而我国大宗商品的购买和出售，通常是在我们的私人住宅里面进行的，所以我们从来没有奢望过我们能够通过市场来调整商品的价格。事实就是这样，尽管有些人认为英格兰现在的交易方式没什么错，但这是令人遗憾的，在英格兰就缺少一个可以被普遍使用的市场规定，来对市场进行规范。还有另一件事在我们的市场中值得考虑，将粮仓改造成为酒窖，这一措施对于我们也算是一种提示，只要我们能够正确估测市场，并合理设置玉米的销售和储存，我深信，市场价格不合理的现象和粮食积压的现象很快就会得到缓解。最后，如果人们能够在收割玉米后就立即查看市场，便可以充分利用一切可以让玉米涨价的因素，让自己的玉米卖上个好价钱，可惜的是在国内迄今为止还有很多可以补救的方法尚未被发现。我又该怎么去评论这些市场中存在的不合理现象，或期望国家能突然出台一个什么规定来打击这些哄抬价格的人呢？我只能说，我也只是一个买家，我的生活也只不过在这一不合理的交易中进行。因此我得出结论：在我们的市场中，任何商品都是那些需要的人才会去购买的，所以，在我们这样一个没有周期市场、可以利用市场规律来进行价格调整的国家来说，所有商品的价格涨跌都掌握在那些拥有绝大多数商品的卖家手里。而这一问题，已经不是一个或两个展会能够从根本上解决的了。

第五章

英格兰教会

【1577 年，第二册，第 11 章；1585 年，第二册，第 18 章】

英格兰现在有两个省份，整个坎布里亚和爱尔兰属于第一个省。在这第一个省里面，曾经来了几位主教，他们从其他地方带来了一些具有援助意义的教宗思想，因此产生了雄心勃勃的大主教坎特伯雷。第二个省是纽约，这里有大主教，居民们也有自己的权力，大主教是一个省的高层管理者，不仅可以在教堂里面行使自己的管辖权，在联邦政府里也拥有很大权力。从前，在这个岛上有三位大主教，一个在伦敦，另一个在纽约，第三个在英格兰。伦敦的主教名叫坎特伯雷，但是，那时坎特伯雷把伦敦城叫做“奥古斯汀”（奥古斯汀是苏格兰大主教管辖范围内最好的城市），坎特伯雷的主教位置后来传给了他的继承人——大卫，而大卫的叔叔就是赫赫有名的亚瑟王。

亚瑟王在 519 年得到恩典，成为了国王，最后为了避开残酷的撒克逊人的入侵，亚瑟王率领部下离开了伦敦，随后，坎特伯雷便不得不亲眼目睹伦敦城被残暴的撒克逊人占领了。按照这个岛上的惯例，所有王子都应当戴上他的皇冠，继承他们上一辈牧师的名字，让他们的同辈顺服于他们。

关于这一点，有一些书信和出版物记录下了他们的此种风俗。从这些记录当中，我们可以看出，他们一直都在按照这样的惯例来执行，他们的敌人却对他们长期以来形成的这种习俗一直都持否定态度，因为这些人都想每个大主教的国王是自己省的人，但是这种厚颜无耻的行为必定不会被大家记住，就连邓斯坦的作者也曾经说过，他们所有的骄傲和狂妄都在英格兰人的身上体现出来了。同时我还把这些关于安瑟伦与贝克特的报道撰写了出来，其中有一首诗，翻译成英文是这样说的："我承认我的无能，因为我不知道如何来阻止他们这些厚颜无耻的行径；我甚至憎恶麻烦的崛起，去做出哪怕一点点努力来阻止他们。我穷尽毕生精力想要规范经文，事实却恰恰相反，特别是神圣的教会和国王，这两个强大的势力都认为各自是对的，正因为此，他们才显得更加可怕。"

在查看国王们保存下来的书信时，我发现有一个人，就是贝克特，他是如此骄傲，以致他给英王亨利（他的主）写信时，对他所立的国王和他的儿子完全没有表现出敬畏。其他人也抗议说他们的国王和这片土地毫无干系，由此，我们可以很容易地看到这些骄傲和野心勃勃的神职人员在盲目无知地浪费时间。在坎特伯雷写的一本名为《牛犊》的书中，我们可以看到，坎特伯雷是一个脾气暴躁的人，同时也可以看到国王的统治是不能超过教皇的。这一点也不奇怪，因为只有宗教才能说服人民，君王和首领是神派来的，他们身上有着神赐予的特殊力量，所以人民必须尊重和服从他们的君王和首领。正因为国王和首领的统治在极大程度上要依赖于宗教，所以历代君王的法典里面都少不了关于主教的记载。君王和主教就是以这样的方式，一直保持着对国家和国民的统治。所以，尽管在坎特伯雷时代，人们对坎特伯雷大主教有诸多不满，却没有人敢真正站出来公开指责他，况且，坎特伯雷大主教还是一个不折不扣的实干家，他在维护神圣的教会特权的过程中所做出的贡献是谁也不能否认的。

但是，从另一个方面来看，主教们的特权也在一定程度上受到君王的限制。比如我们曾经有几位主教，阿伦德尔、托马斯和贝尔，在我看来，他们应该被剥夺权力，然后另外选择大主教来代替他们才对。因为国王一开始就纵容他们，导致这几位主教越来越不把国王放在眼里，他们依仗自己教皇的地位，在自己的教区肆意妄为，完全不理会国王的命令，终于，这群骄傲的人还没有在教区待上多久，作为对他们不虔诚和野蛮统治的惩罚，国王将灾难降到了他们的头上。因为他们的行径已经严重损害到了国王的利益，于是国王开始拒绝支付给他们大笔经费，并将他们限制在一定的权力范围之内。然后他们之间就开始互相谴责起来，最后，贝尔被逐出了教会，阿伦德尔和托马斯也被放逐。在对三人宣判罪行的会议上，国王本人也赶来了，几位主教看到国王，立刻痛哭流涕，伏在国王脚下，祈求国王原谅他们的罪行，恳请国王能再次收纳他们，同时承诺，以后英格兰的每一个地方都归国王亲自分配。去年十一月，苏格兰教皇返回到苏格兰，离开了国王，即斯特拉特福德和爱德华。事实上，我讲这些的目的是要讲下面这些内容：就像和同等权威的两位大主教一样，约克大主教仍然是英格兰的书面最高统治者，现在，英格兰教堂的统治地位正在逐渐减弱。其中选择成为神职人员的人会把神职当成一种特殊的职业。通过布道和教学可以探讨阐述神的荣耀，并进一步推翻反基督的官员的职权。这些教堂被称为大教堂，因为大主教就住在这些大教堂里，所以他们肯定会想尽办法以大教堂为中心，朝周围的辖区扩展和巩固宗教的统治和监督。当然，也会有一些教堂，里面没有人，但有一些祈祷物或其他的维护牧师，因为教堂一直被大家视为一个没有任何窥视和耻辱的地方。正因为教堂被塑造得如此伟大，主教们才能依靠它来稳定和统治群众。主教们在教堂里为人们说道，为人们授予圣礼，使得基督徒的人数不断增加，所以就必须在每个地区都建修道院和教堂。剩余的地方便会以镇为单位，建立一些小的教堂来进行管理。

此外，在星期天，教会的大教堂都会有一些常见的讲道的课程，其中最为经典的课程就是讲《圣经》。主教喜欢召集神职人员，然后对其传经布道，而且这些主教每天讲《圣经》时，还不忘记动脑筋想出一些管理的措施和办法。对于王子来说，一个主教或牧师可以从一个教堂管到另一个教堂，这直接影响到了王室的权威。因为主教们的这种特权使得王子每做一件事情都必须做得非常完美，一旦出现什么纰漏，主教们便开始大肆宣扬王子的过错，因为他们的眼线到处都是，这就是所谓的“主教的眼睛”了。主教们在数量上占尽了优势，所以王子得处处提防，为此，对于国王来说，采取措施、实施严厉的惩罚就变得非常必要了。除此之外，许多宗教活动也可以给予我们在神职方面练习的机会，比如最近开始的预言或会议就可以让那些勤奋的神职人员们一起与主教们研究《圣经》。这样一来，这些具有强烈欲望的人们，要听神的道来获得更多的知识，要花一个小时或更多的时间进行交流。他们互相交流时，每个人都需要组织自己的话语，然后还要滔滔不绝地讲出自己知道的所有相关的知识，这样算下来，他们开一个会至少要两个小时。所有工作完成之后，表现得最为勤奋的那个人就会被主教们大大地鼓励一番。相反，如果有人被发现在会议过程中不够虔诚或者讲不出他所学习的教条，就会被大家集体责骂。主教们开设这样的实践课程，其目的主要是想通过这样的实践，让议会成员们能够驱逐内心邪恶的念头，这样他们就能够有力地控制这些议会成员了。但我们的长者、部长、执事和其他会议成员们似乎并不太欢迎这类说教式的活动，这其中就包括爱德华国王。他小时候就是英格兰的第六代教士，他掌权不久，便联合国家最高法院的议会共同提出：地方教区的主教和院长应该由更高层次的教堂来选任。

英格兰的教会在许多年前就已经建立起来了。所以，虽然现在有很多的人起来呼吁，要反对教会的势力，但是那些牧师们的权利和俸禄并没有受到什么影响。事实上，人们应该看到，教会有如此多的追随者，只要有这些追随者在维护教会，那么，想要推翻教会的统治是不大现实的。所以，我也认为那些高喊着推翻教会制度的呼声并没有什么实际意义，如果这些人能够理智地去看待这些事情，就会发现，与其花那么多精力去制造谣言，还不如去尊重这些国家固有的东西。因为即便你是毕业于剑桥大学或牛津大学的传教士，又能有多少新知识注入法院呢？所以，如果在国家的城镇和城市，这些为数不多的教堂都能够在管理上取得成功，那就说明它们的存在有自己的合理性。至于那些学者，如果他们的言论不能得到认同，那就意味着他们的呼吁没有什么价值，同时也就意味着，这些学者连维持生计都会成问题，想想吧，一个学者的言论要是连10镑或20镑都不值，那它还能有多大的价值呢？而这些学者们之所以会失败，是因为他们没有看到，一个国家的政策不是由言论决定的，而是由一个公会来决定的，在这个公会当中，谁拥有决定权，取决于谁持有股份的比重最大。国王和教皇的股份则是由我们的税收来支撑的。对于我们平民们来讲，我们每年的税收根本就不够国王和教皇用的，根据这样的估测，我们就必须上缴更多的税收以达到国王或者教皇的开销需求。这个税收的额度，则是由国家的办公室或法院共同制定和修改的，只要任何一方稍有异议，这个法令就不能实施。除了平民之外，就连神职人员也得缴纳各种各样的补贴，一般情况下，每个神职人员每隔一定时期就得缴纳六英镑六先令，这样下来，一年也得缴纳20英镑左右。从这个角度来说，那些底层的牧师和平民一样，日子也过得比较悲惨，他们所缴纳的税款根本不可能被用到自己身上。因为生活窘迫，他们当中有很多人的孩子连结婚都成问题，所以从我的立场来看，一味地去抱怨我们的一些邻国所提供的大众化政策，倒不如多花点精力和时间努力弄好我们自己国家的事情。以下是一个故事，教皇派出的使节曾经将税收中饱私囊，而这位使节前去征税的整个领域，一共上缴了37930英镑，如此重的税收，让当地的人民全都陷入了困苦之中，他们还不知道，自己上缴的税款全部都被使节给侵吞了。当然，使节欺骗教皇和国王，中饱私囊，是肯定不对的，这同时说明当时的平民缺乏警惕性，也说明当时的税收制度存在很多弊端。当我们还在因为买卖盔甲和弹药赚取了30英镑而被指控的时候，国王和主教，还有那些太监、侏儒、培训师和走狗们却像寄生虫一样，不停地在压榨我们的血汗。即便如此他们还不满足，总是希望在适当的时间，找个理由，把我们更多的血汗搜刮到他们囊中。过去，教区的人们为了迎合王子，就会按照教皇的命令，让得到帮助的每一个职员都必须给王子送上一件礼物或红包。正因为教皇大肆搜刮，凡是去看过教皇金库的人，都会看到里面堆满了奇珍异宝。

另外我还想讲讲教会里的经文。在以前，教会里面是没有什么比较规范的经文供大家阅读的，当时做一篇诗文一般需要三十天左右的时间，而《旧约》就是其中一篇。除此之外，还有我们平时读到的《十戒》、《书信》、《福音》和《尼西亚信经》，牧师们就利用这些经文进行说教或布道。通常，在读诗篇之前的一天和读完诗篇之后的一天，就是婴儿的洗礼日，每逢这时，很多人就会把自己的婴儿带到教堂里面接收洗礼。洗礼仪式一般是上午、下午各有一次。《圣经》朗诵结束时，大家都会虔诚地做一次布道，在大教堂和大学教堂也有这样的规定。需要注意的是，《圣经》中被唱出来的部分，当朗诵《圣经》时，部长大声读着其他部分，唱诗班的管理则带领着唱诗班开始唱《圣经》中的歌唱部分，每个人都可以理解他们唱的歌词，尽管整个歌词由很多部分组成，但每个词都有注释。总之，无论采用什么方式，有一点可以肯定，几乎在每一个时代，国王都害怕别人推翻他的宗教和统治，所以他们不会轻易冒犯教皇。比如我所知道的杜克的波西米亚，做了很久的国王，但是他也不敢冒险去冒犯教皇，所以他做什么事都得遵循教皇的意见。当然，也有一些地方的国王和王子，因为不在教皇的眼皮底下，所以仍然可以在教皇的势力范围之外为所欲为。

至于教会本身，早祷和晚祷跟过去没有什么差别，不过教会中有一些神龛、帐篷、纪念碑已经被损毁了，只有玻璃窗还保存完好，不过也应该给窗框重新上色了。现在，大多数地区的教会正在一步步衰退，白色玻璃可能出现在人们的房间里，但却不再会出现在教堂里了。现在这些地区中，要么只有很小的教堂，要么干脆连教堂都没有。现在的牧师一般都是在一个小房子里诵读祷文和《圣经》。虽然比起以前的牧师来说，现在的牧师显得很无知，但祷文他们还是能读得懂的，而且这些牧师们似乎对于在教堂里面工作还是充满了热情的。

在圣诞节、复活节这些神圣的节日里，我们会把我们所有的使徒、牧师、烈士以及所有的圣人送到教堂里，以此来荡涤他们的心灵。而牧师的穿着也是有严格规定的，你不难发现，他们服装的色调为黄、红、绿等，须脱鞋，头发卷曲，腰带上装备银饰，他们的鞋子、热刺、嚼环等都有金属扣，他们的服装（大多数情况）为丝绸和皮毛，他们的帽子用金色细绳捆住并扣好扣子，所以那些穿着讲究的牧师令人印象深刻。

西斯地区的神职人员在婚姻和日常生活上都有着严格的限制，他们只能在被限定的那块土地上结婚和生活，不能离开。他们的饮食也很有规律，穿着节约而讲究，他们的家具很好用，家庭也很和谐，穷人通常将他们比做今天的神仙美眷。在当时，只有少数主教和领双倍工资的男性在圣诞节过得快乐，或者在其他方面富足，经常娱乐，并且经常有人拜访他们。但是，这只是他们生活的缩影，不能说明当时的物价水平，因为当时的教育里面所设置的课程对于这方面的研究是相当有限的，导致这种情况的原因很多，在此我就不一一细说了。

古时候，人们一直认为一个人死后，其财产不应该留给自己的妻儿，而应该分给他的家族亲戚，因为他们认为，如果一个人能把财产留给他们的弟兄和亲族，将会建立起良好的社会关系。当时，他们曾做过一个实验并发现，任何年龄段的人都会尽力去救济穷苦人，捐建学校。而在我们这个时代，你很少看到慈善机构有这样的举动，而且我们也不难发现，现在的人和以前比起来，根本就没有那么虔诚了。现在我所看到的，就是妻子在自己的丈夫去世后，会问一些关于财产的事情，其中一些是公爵夫人、贵族或骑士的妻子，但也不完全如此，至少夏娃就不会，因为她清楚，亚当肯定会说“不”。据我所知，埃塞克斯的一个部长曾经支付他的赞助人十个硬币，二十季燕麦、小麦和大麦，而另一个农场主则支付他的赞助人十英磅。所以我不妨说，这样一个礼服破旧的部长要么是一个坏人或有一个生病的赞助者，或两者皆是。

我们这个伟大国家有一百四十年的历史，五个教区，七百四十个修道院，十一所大学。有部分人认为，只要从大学里派出一些男性到各镇进行管理，就可以把所有城镇治理得很好，但在这方面，我持保留态度。因为据我所知，当一些学校开始出现奖学金时，为了争得利益，语法学校的一些校长、学者们便开始装腔作势，搞得社会无力为残疾的老人建造养老院。我们的士兵原本对君主忠心耿耿，因为考虑到穷人的困境，统治者不知道如何发放奖学金和养老金，这就搞得普通士兵没有得到一点利益。所以，如果荷马现在还活着，我一定会当面反驳他的言论。如果可以，在这一章结束之前，我还将添加一两句话，这些话是我之前收集的一些作家的原话。我们发现，在教会的管辖区内，甚至一所学校都有它的基督教圣地了。如此看来，我们可能因为太过于关注伟大的亚历山大、安提阿、罗马和耶路撒冷，以至于我们把其他地方给忽略了。现在看来，这些学校教堂的主教，没有将博学的学者派去外交部任职，反而将他们派去教堂，在那里他们不仅要学习知识，还要学习待人处事，那些因探望病人和弟兄而被监禁的部长们来这里尽职就会免遭惩罚。主教自己和教会的长老也不得不遵守一定的规章制度。这说明，贪婪的人们给社会带来的破坏和损害是难以想象的。因为这是一个不合理的模式，所以我希望大教堂能再次被恢复到正常的秩序，西斯的学校都建立在教区里。大学应该是一个重视知识和礼仪的地方，而不应该是教会用来统治学者，在思想上囚禁学者的地方，事实上，把所有的学者都囚禁于此，直到他们喜欢上某些教会的行为是完全多余的。现在，我们必须要祈祷一场改革的到来。

第六章

英格兰的食品和饮食

【1577年，第三册，第1章；1587年，第二册，第6章】

我们生活在北边附近的地区，也许是我们的胃产生的热量造成了一些强大的力量，因此我们的身体渴望更多充足的营养。相比热带地区的人，我们的消化能力并不是如此强大，因为他们内部所需的热量不像我们如此强大，我们需要高热量来抵御寒冷的空气。从那以后，尤其在冬天，我们的身体需要更多的能量，因而我们的餐桌上通常比其他国家的餐桌上摆放有更多的食物，这样的情况我们一直持续到现在，甚至从一开始就是这样的。也许在罗马人发现通往我们国家的路之前，我们的前辈就已经开始大量地吃肉和喝牛奶了，因为在这个小岛上，牛奶和肉类是很丰富的。这是因为我们的主要生产方式就是牧场和喂养。这种方式后来也成了威尔士英格兰人在饮食上的主要研究内容（当然，主要是他们自己的生活）。但是他们成为曼联后，他们的饮食生活方式也变成了我们的方式，所以，现在他们和我们的饮食没有多大的区别。同样在苏格兰，近年来他们的食物已很充足，特别是在一些大型饮食场合，他们更是尊敬那些尊重自然并且认为我们和它们平等相处的人。

目前一项法律的确立，克制了英格兰人很多的饮食习惯，因此，那些以往不合法的饮食方式很快就被英格兰人给遗忘了。以前，因为战争原因，英格兰人也曾经发动过一场禁食的运动，在运动期间，人们两三天才进食一次。尤其是那些士兵在通过敌人的所在地时，因为身处沼泽或湿地，窘迫之中，只能靠着吃某种蜜饯果子来果腹，至于豆子，那就完全是奢望了。此外，他们住在树林里时吃草药和草根。要么就悄悄潜入水中找一些吃的，目的只有一个，就是满足他们的胃，否则他们肯定会因为饥饿而引发暴动，而一旦发生动乱，就肯定会被镇压。在那些日子里，吃鹅、兔子或母鸡同样是一个重大的犯罪行为。这是因为某一种特定的迷信，他们所构想的观点是关于这三种生物的，认为人们绝对不能吃它们。然而不久之后，罗马人在一次船难中，偶然发现了一个到这个岛的入口，便踏上了这个岛。自此以后，罗马人又把英格兰人带回了禁食运动以前的正常状态。相比起那时，我们的生活虽然在这个时间很无奈，但是在我们活着的时候，是没有任何肉类的限制的。在现在的英格兰，维持社会管理的，要么是宗教秩序，要么是公共秩序。无论是哪种秩序来进行管理，都没有对人们的饮食做出特别的限制，因为每个人的273种食物和饮食是依靠他自己的一切来购买的，而且也是合法的，除非他是食用法律禁止食用的肉类。所以，现在我们牛的数量得以更好地增加，大量的鱼类被普遍地接受。除此之外，我们还在考虑，通过类似的法律，放松海军的饮食限制，因为只有这样，才能维护海军的数量。要知道，在这之前，因为对海军严格的饮食限制，已经造成了海军数量的锐减。

在英格兰，肉类、牛奶、黄油和奶酪（在我那个年代，这些东西都是人们的主食，而且也没有现在卖得那么贵）现在都被誉为食品之王，同时我们还开始习惯于吃各种各样的牛肉。在我们的海岸和我们的河水中生活着各种各样的鱼，这种多样性的野生动物和家禽（要么是土生土长的，要么是从其他国家进入我们岛屿的）使得英格兰的菜肴和优质肉的数量都得以大大改善。

英格兰有名的厨师大部分都是法国人，而且他们之中，大部分没有经历过西斯人的饮食方式。在他们那里，他们不仅吃牛肉和羊肉，而且猪肉也是重要的原材料。在很多这样食物匮乏的季节里，也有一部分的红色休耕鹿、品种繁多的鱼类和野生动物，还有其他的动物掺杂其中，被端上餐桌，供人们食用。其中，每一道菜都可能被品尝，对有些人来说，体重增加得如此地迅速，自然是因为食用了大量的肉，但是对于一个聪明人来说，健康就是用饮食来维持自己的身体，吃太多的肉类，也并不就是一件好事。

在我国，如果他们是大亨、主教，或上校，通常餐桌上都会摆上一些白银制作的餐具。他们会选取自己所喜欢的留下自己用，余下的就送给他们的男仆和侍者。除此之外，在他们的大厅都会有仆人待命，首席官员和家庭仆人是不允许随意侍候主人的，用这样低等的人为客人配餐，其目的无非是特别强调自己是贵族；在贵族的房屋，通常在酒杯、水壶和银碗里都会装满酒。还有那种很精细的威尼斯杯，上面镶有银饰，花盆和装杂物的容器至少也得是锡的，而且还得一样不少，尽管它们很少被摆在桌子上。

以前，当贵族喝完一杯水之后，站在一旁的侍者就应该马上接过杯子，倒出贵族喝剩的东西并将杯子马上清洗干净，放回橱柜。至于酒，贵族们也喝得很少，除非是在有必要的时候，才会多喝一点，这是为了避免过量的饮酒，而造成酒精腐蚀杯子那光辉明亮的表面。然而现在大多数贵族都不再讲究这一套了，也不是任何人家都像骑士或“时尚先生”吃喝都这么讲究，况且，人们已经习惯喝葡萄酒和啤酒了，这就是人类的天性。

在英格兰，许多富人都把新的贸易领域扩大到了莫南拉镇（一个靠近威尼斯，位于亚得里亚海边的城镇），因为那里对日用品的需求量非常大，比如一种美丽而古老的“莫瑞娜”商品（不过现在人都不知道莫瑞娜到底是一种什么东西了）。而在威尼斯，玻璃是一种非常昂贵的材料，所以他们只是用玻璃来制造眼镜，因此，从开采玻璃原料的矿山的角度来看，他们开采出来的原料因为市场太小，所以根本就没什么利润，这对那些开采工来说是相当糟糕的。直到后来，哲学家斯通发现了一本关于如何混合四十种熔化玻璃的书，书中提到的一些方法可以增强玻璃的韧性。以这样的方式制造出来的玻璃，极大地提高了使用当中的安全性。于是英格兰人便根据这本书中提到的方法，发明了制造混合材料的办法，这之后，玻璃才开始真正在英格兰得到了普遍的使用。

在英格兰，有很多的绅士和商人，他们用餐的时候，每个人面前都会摆上五六个盘子，即使是没有客人一同用餐时，也是如此。就连他们的仆人，也有自己的日常饮食规定，如分配留在主人身边的人，第二次就将不会被安排在那个位置。还有鹿肉、羊肉，通常会被放在一些特殊的盘子里。而且盘子里的食物一旦变凉，侍者们便马上会用五花八门的方式将食物弄热。总而言之，这时，这些商人和绅士发明出了一些在各种盛宴当中都会被利用到的绝妙方法。还有餐桌上那各种各样美味的肉类，都是从其他国家丰富多样的肉类中选择出来的。因为肉类的大量需求，所以屠夫的地位也开始迅速提升，最后，他们的地位甚至可以与贵族的地位不相上下了，而且贵族们也很少会因为屠夫犯罪而杀他们，因为对他们来说，那样等同于自断食路。不仅是肉类，就连果冻，其中也混合了各式各样鲜花的草本植物、草药等，至于其他的野兽、鱼、禽和水果，在英格兰就更是非常常见了。此外，还有橘子果酱、姜饼、野鸟、鹿肉，各种稀奇古怪的甜点和糖类。这些食物当中，除了我们能记得的，除了原产于西班牙、葡萄牙和印度的马铃薯一般是简单烹制之外，其他几乎所有类型的食物，特别是肉类，都会花上很高的烹饪成本，采取最精致的做法以确保每个客人都能得到最快最好的配餐。不过，在吃这些陌生而昂贵的菜时，可千万不要忘记喝葡萄酒。说到酒，在英格兰，除了小酒之外，还有波尔多红酒、波尔多白酒等，总计约五十六种，其他的饮品更是多达二百七十七种，而在意大利、希腊、西班牙等地区，酒也多达三十多种。在古时，那些最虔诚的神职人员和教徒们，常常会用很多大众化的瓶子装东西，此外，他们有自己的课程，这些课程一般是关于自然和各式各样的人工东西的知识讲解的。里面就有一些关于酒的知识。因为神职人员和教徒们是不能乱喝酒的，特别是苦艾酒、麦酒和烈性的啤酒，他们必须保证自己不会误喝下酒，因为他们认为，一旦喝了酒，自己的灵魂就会变成魔鬼。但是，啤酒却是贵族们餐桌上必不可少的，通常啤酒的酿造需要三个月，因此啤酒也被称为三月酒。贵族们的食物也不仅仅是牛肉，还有羊肉、猪肉等，此外还有布朗、培根、水果、馅饼等，另外还配有奶酪、黄油、鸡蛋等，而在宴会中常见的还有面包、饮料、酱油等。

在英格兰，那些住在城市和城镇里的技师比较好做生意，因为，尽管他们中的一些人确实有一些不好的习惯，比如经常用手抓他们的下巴（这个习惯经常搞得客人不打愿意和他们交流），但是他们的生意依然很兴隆，而且他们良好的信誉也应该受到表彰。尽管如此，当这些技师和那些不喜欢他们的人坐到同一张餐桌上时，他们还是会因为一块鹿肉和一杯葡萄酒或浓烈的啤酒而开始热烈讨论起来，并且在讨论中获得巨大的快乐。正如耶和华伦敦市长，他最喜欢的一件事情就是吃饱喝足之后，坐在办公室里面和其他人讨论关于食物的事情了，当然，在谈论的时候，他总是对的，因为其他官员都不敢和他争论。实际上，不仅仅是在讨论食物方面，即使在讨论其他方面的事情，英格兰人也喜欢高谈阔论，不过我倒是认为这种坦然面对、热烈讨论的谈话方式，也算是男人们比较明智的交流方式了。不过这种谈话方式还是有一个致命的缺陷，那就是人们在讨论的时候很可能会不经意地得罪对方而浑然不知，特别是在喝了一点酒之后，更容易会冒犯别人。所以，我认为，当他们参加宴会时，只要努力把握饮食，小酌一些就够了。在英格兰，如果自己还比较富裕的话，只要有朋友从远方来到他们的住所，他们一般都是热情款待直到他们满意离开为止。而在一些乡镇和城市，像伦敦等地，男人通常会抱怨自己的房间太小，还会抱怨该国赐给他们的脂肪或牛羊肉不够多，所以，在招待朋友的时候，他们一般只是喝上一杯葡萄酒或啤酒，然后用餐巾擦拭自己的嘴唇，再来一句“衷心地欢迎您”，这就算是对朋友最盛情的款待了。

除此之外，尽管现在有很多的土地种植玉米，但是在每个城镇和市场，玉米都没有固定的价格，因为商人们为了谋取更多的利益，总是会找借口说农民们种出来的玉米不能达到要求，从而借机压价。因为商人们的奸行，使得农民们的生活非常困苦，当时在农民们之间最流行的一句话，就是“饥饿的一脚都已经伸进了马肚子里了”，照这样下去，我看就是到世界末日那一天，穷人们连小麦和黑麦都吃不饱，就跟别提能吃上面包了，说到面包，我们这最好的面包，通常称为白面包。第二个是小麦面包，因为其独特的黄色，所以又命名为黄面包，这种面包是由淡黄色小麦制成，之所以是黄色的，是因为这是粗麸皮的颜色（通常被称为波拉德）。还有一种面包，叫做粗麦面包，是一种粗粮面包，含有很少的纯物质小麦，这是由于人们为了节省制作成本而造成的。为了节省一点钱，那些穷人通常会筛选出一蒲式耳二十磅的麦麸作为主要食用材料，然后再按照每蒲式耳餐添加二十磅的比例进行调和，然后再添加一些洗干净的玉米，最后拿到磨坊去磨，这样制做出来的面包色泽更鲜艳，更赏心悦目，这也是它长期作为人们的主食而未被其他食物替代的重要原因之一。接下来是叫布朗的面包，这种面包烤制出来通常有一两种颜色，所以，无论是麸皮和面粉的选择都有没那么讲究，这种面包被克理索人称为“潘尼斯”，比起黄面包，这种布朗面包的营养要略逊一筹。还有一种最次的面包，一般只在面粉很少甚至根本就没有面粉的地方才会有人吃，在这些地方，人们管这种面包叫做“施惠国”，因为它营养很差，所以一般都是给下人和奴隶们吃的。在我们的时代，还有一种面包，制作的时候会在里面添加一部分黑麦，这使得做出来的面包既粗糙又干涩，所以人们将它命名为“米思林”。还有一些做成的面包里面掺杂着一些玉米，这种面包虽然在磨坊里面制作的时候也添加了一些小麦和黑麦，但在市场出售的名字同和上述的一样，也被人们叫做“米思林”。

在许多其他的国家也有很多的黑麦和大麦面包吃，特别是在小麦和荞麦不足的地方。但是大多数的农夫根本就搞不明白夏天和冬天两季的麦子到底有什么区别，特别在西斯，他们既不了解夏天的小麦特性也不了解冬天的小麦特点。然而，在那儿，我发现有两种类型的麦子，特别是在肯德尔的北部，在那里他们将这两种麦子称为三月小麦和夏天的黑麦。我们的饮料是用大麦、水和鲜花酿成的，而我们的酿酒的原材料也是按一定的比例配制出来的。这些传统的配方被我们一辈一辈地传承了下来，因为我们实在是缺少一个更好的配方。

接下来，我可爱的读者们，请允许我再为你们讲述一下我们这儿的饮食制作吧，希望大家不要介意我的啰唆。在我们的一些大城镇里，麦芽长得很好，但在那些勤劳人们的家里，麦芽的产量却只能满足他们自己的需求。然而得天独厚的自然条件还是使得我们这里出产的小麦成为了品质最好的麦子。人们在制作麦芽的时候，会先将少量的麦种放在一个水池里泡上三天三夜，直到种子被彻底浸泡，这项工作做完了以后，再将种子里面的水一点一点地排干，直到种子里面的水分完全消失，接下来，再将种子取出来，放在地板上，堆成一个圆锥形晾晒凉。这种制作麦芽的方式很快就被传到了国外，并加以改进，大大地提高了麦子的产量。需要注意的是，无论在哪个环节，都必须严格控制温度，否则，麦种发出的麦芽很可能就不行。还有就是在窖里面烘烤麦芽的时候，必须要一边烘烤，一边不断地翻炒它们，而且还必须用文火烘烤，这样才能做出上等的麦芽。反之，如果不是干燥后再做宽松的处理，它就会滋生出一种蠕虫被称为象鼻虫，而要确定麦芽是否已经烘烤到位的最好办法，就是直接咬开它，看看里面是否已经干透了。总之，判断麦芽的好坏，最关键是看它的颜色和硬度。在有些地方，人们将干燥的木头和稻草混在一起来烘烤麦芽，这样烘烤出来的麦芽，酿造出来的酒颜色会变得比较深，而且人喝了这种深颜色的酒，会对大脑有很大的损害，所以这样酿造出来的酒是不适宜饮用的。实际上，正确的烘烤办法，应该是将树皮和树干分开，分别放入木材烤箱中。当然除了用烘烤的办法来干燥麦芽之外，还可以用熏的方法，如果熏得不到位，麦芽很可能就会大部分是绿色的。我们这儿大部分人酿造的是纯麦威士忌，人们会在酿造过程中，在沸腾的酒浆原液中加入一些麦芽，这种酿制办法也存在着一些弊端。所以，就像我说的那样，在西斯酿造出来的啤酒，其配方才是最好的。西斯人酿酒分两个主要步骤，第一就是将酒浆加热至滚烫时，再倒入烘烤好的麦芽，然后一直搅拌。做完此事后就到了第二步，还要在原液里面加入一些土豆泥和麦面的混合物，这样制作出来的啤酒品质才是最好的。

在英格兰，人们为了喝到最好的啤酒，都情愿多花几个钱去买质量上等的啤酒。而判断啤酒的好坏，关键就要看它的色泽和味道，为了让啤酒变成金黄的颜色和去掉酒里面的酸味，人们制做出酒浆原液的时候，还需要混合一定的水，然后放置一定的时间发酵（发酵的时间一般是夏天两个小时，冬天一个半小时）。而当地人烤制白酒的时候步骤也差不多，首先将原液放入炉内加热，然后倒入捣碎的土豆泥，让其发酵。我的妻子也经常酿酒，她有时酿造出来的啤酒并不好，只能卖一两个英镑，但在她看来，酿酒只是她的爱好，至于价钱，并不是她最关心的。有时，她会酿造出三大桶上好的啤酒，可以卖到四十英镑，这些钱在我们这儿，需要工人每天干上十四个小时，整整干一年才能赚到。

对于我们来说，西斯的水质永远是最好的，因为泰晤士水务公司对于水域的管理和运行是最优秀的，再加上我这里的日照最长，所以河里面还盛产许多肥美的鱼类。特别比起那些沼泽地来说，我们这些地方的清澈泉水真是极品了，所以我们这儿酿造出来的啤酒，品质自然也非常好，因为水质也是酿造啤酒所要考虑的重要因素之一，也许这也正是我们这儿为什么有那么多人如此沉迷于酒精的原因吧。也有人说出了另一种酒，这种酒在酿造过程中混入了罗森和盐。而在英格兰的一些地方有一种由苹果制作的酒他们称之为苹果酒。在苏塞克斯、肯特、伍斯特和其他地区，不同种类的水果比比皆是，所以苹果酒并不是他们唯一的饮料，提到精致的饮料的话，就非得说到米思林了，这可是威尔士人最引以为豪的酒了。这种酒，比起希腊人做的蜜糖或者花蜜，都是有过之而无不及。还有一种叫做思维西的酒，其产地也在埃塞克斯。另外，当地妇女还会在酿酒原料中加入一些胡椒和一点其他香料酿造出一种名为米德的酒，这种酒能够帮助人缓解疲劳，还能治疗咳嗽。

关于啤酒的整个酿造过程，我都已经跟大家说得很清楚了（我之前就答应过我的朋友，一定要把啤酒的酿造过程给写出来，现在我算是实现了我对他的承诺了）。迄今为止，我们已经花了相当多的精力和时间在饮食和喝酒上面了，而以前的我们，每一餐都有时间的规定，早餐是在上午进行的，饮料或甜点在晚饭后，而且我们吃完晚餐后，通常还会找个地方休息一下。这样日复一日，循规蹈矩，直到有一天，霍庭顿国王厌倦了大家这种节俭而守旧的饮食方式，便下令制定了新的宪法，放开了人民饮食的自由。以前的那些习俗，什么吃饭的时候必须坐得端端正正，不能交谈之类的，都一并被废除了。即便如此，我们的午餐也大致会在正午时分进行，吃晚饭在下午五点左右。对于商人们而言，午餐时间一般不会超过中午十二点，晚餐时间也不会超过晚上六点。而在伦敦，人们吃晚餐的时间会稍微晚一些，一般是在晚上七点或八点。和商人们比起来，我们大学的学者们在用餐时，通常会坐在一起，讨论他们订购的餐饭或者其他一些问题。在之后，沙拉几乎开始在每一个国家都流行起来，一些人甚至开始在冬天也定制沙拉作为晚餐（如同我们在夏天做的那样），然后以一些生菜结束晚餐，再配上鸡蛋和各种各样的水果。还有一些人会学以前的罗马人或者威尼斯人那样，把一种叫做戈比鲁斯的鱼身上抹上黄油，或者（如同我们）将黄油和鸡蛋放在鱼中来食用。然而我们通常是吃一些普通的食物，把最好的留给那些卑微的仆人，让他们吃到最好的。我们喝葡萄酒也是有一定的限度的，这是为了尽量不给餐桌上的女主人添太多的麻烦。

第七章

我们的服装

【1577年，第二册，第12章；1577年，第二册，第7章】

我们英格兰人有时会很用心地设计我们的服装，其目的是为了能在各种各样的场合都穿得大方得体，因为对于英格兰人来说，所有场合，都是展示大方优雅的平台，绝不容有半点马虎。但到后来，就像演讲者长时间没有经过训练一样，英格兰人突然发现，要一直坚持把如此多的经历放在服装设计上面，是一件多么困难的事情时，他们便决定放弃了，于是那些偷懒的服装设计师们，在设计衣服的时候，就只在设计图上画上一个裸体男人，然后随便添上几笔衣服的图案，就是应付交差了。虽然我们的服装设计师们变得越来越懒惰，但是当他们发现，他们设计出来的衣服根本无法让自己满意，也不能让穿的人开心时，只要有人给他们一把剪刀，一块布，要他们认真做的话，他们最后还是可以塑造出让人满意的时尚的服饰。我曾经看过一本专门讲述英格兰服装设计方面的书，这本书的作者在书里面对于英格兰服装的描述并不完全正确，而且就这个作者本人而言，他就是一个英格兰人，但是我听说他是一个淫荡的天主教的伪善者和无教养的神父。此人在这本书中提到了一件事：自从我们国家的人民，上至官员，下至车夫都变得如此愚昧之后，我们所穿的衣服跟我们以前所穿的衣服，无论是样式，还是质量，都已经完全没法比了。我们愚蠢的人们宁愿一直穿着如此拙劣的衣服混日子，而从来没想过对我们的服饰进行一些推陈出新的改革（要么改变剪裁设计，要么添加一些小饰物），以此来让我们的服装更受别人的欢迎。相反，这些顽固的家伙们，总是执著于一些关于剪裁的陈旧的技巧，并企图以此来吸引对此感兴趣的顾客，进而赚取更多的利益，这是完全行不通的。就我个人而言，我是比较同意这个观点的，因为我也觉得现在英格兰人在服装设计上面所表现出来的愚蠢，实在是无法用言语来形容了，而且，英格兰人向来就是朝三暮四的，这一点，在我们的服装上也表现出来了，所以没有服装设计师真正愿意去坚持改革和创新，我们的装束比不上那些西班牙人或者是法国人，也就不足为奇了。不过从另一个角度来看，也许这也算得上是我们英格兰人直率乐观的表现吧，这正如安德鲁和弗尼瓦尔在 1541 年至 1542 年间写成的《宣言》一书当中所写的曼德教授的自我介绍一样："我是一个直率的英格兰人，你们应该称呼我曼德教授，从现在开始我便是你们的朋友，我是一个乐观的人，所以身边的小事都可以让我快乐起来，不管我以后的生活怎样，我都会执著于这样的快乐。"尽管我认为这是一本最稀奇古怪、最有趣的册子，不过曼德教授的这句话倒是把英格兰人的性格表现得淋漓尽致了。

当然，我们的服饰也并不是一无是处的，至少我们还有一些服饰是值得骄傲的，这些服饰我们以前并没有，直到德国服饰的时尚概念传到了英格兰，我们才有了这些新款的衣服。除此以外，土耳其的礼服样式在英格兰也是受到人们的公认和喜欢的，还有那些摩尔斯科式的长袍、野蛮的卫衣、韦斯顿病房里的水手大衣、法国短式马裤，我们也觉得穿上就会显得很够味，而且大家还会发现我们英格兰的乡下人服装的搭配最为多样，这正从侧面体现了英格兰的时尚是如此多样化。同时现在的英格兰也是一个见证奢侈品、过渡品、炫耀浮华与勇气、经历世事变化无常的一个时代，所以和其他事物比较起来，英格兰的服饰，恐怕已经算是恒定不变的东西了，但是我们得想一想，我们在自己的身体上耗费了如此多的精力，那我们的灵魂呢？我们在自己的灵魂上又倾注了多少精力呢？我们每个人有那么多套衣服，有那么多的家具，然而，我们把自己的身体装饰得如此华丽之后，我们的灵魂还仍然是那么的苍白无力！一个裁缝需要耗费多少时间，多少精力才能设计出一件让男男女女都喜欢的衣服啊，这样看来，似乎这是一件很美好的事情啊，但是这些衣服，无论让人们多么喜欢，都无法消除人们的烦恼，填补他们灵魂的空虚，这又是多么的讽刺，多么令人烦恼的啊！当然，有时，一件衣服也可以让人开心起来，这是毋庸置疑的，比如一个受到雇主责骂的穷苦工人，在他没有地方宣泄他的丧气和懊恼的时候，也许一件漂亮的新衣服就可以改变他的心情。想想吧，当他穿着一件齐膝短裤，短裤的边角都是棱角分明，款式新颖的时候，他就能兴高采烈地带着神气的表情，帅气地回到家中，然后家里人就会和他热烈地拥抱，让他暂时把烦恼都忘记掉，这是多么神奇的事情啊！

说完英格兰人的服饰，接下来我们就得说说英格兰人的发型和长相了。一般我不喜欢对别人的发型或者长相发表任何意见，但是这些东西都要和服饰想映衬的，所以我就来随便说两句吧。英格兰人以前最喜欢的发型就是剪成光头、弄成卷发或是留着和女人一样长的长发，有时，有些人还会让理发师只把耳朵以下的头发剪掉，看起来像是一个盘子倒扣在头上。还有英格兰人的胡须，虽然我无权干涉他们留什么样式的胡子，但是我倒是可以在这个地方提一提。有的英格兰人喜欢留着像土耳其人那样的胡须，就是从下巴开始剃，但是留着鼻子下面的部分。还有不少人的胡子是像马奎斯奥托的胡须那样剪短，另外一些人则喜欢像毛笔那样的胡须，其他人还会留着像刺一样的胡子，时不时还会让这短刺一样的胡子留长（这在他们本人看来，可是新时尚哦）！因为人们对胡须的造型如此看重，所以在英格兰，理发店的生意也渐渐地变得和裁缝店一样生意火爆，而那些理发师们也变得更裁缝们一样精明起来了！事实上，就我看来，如果一个男人的脸瘦且匀称的话，如果他留了一个马奎斯奥托样式的发型，这就会让他的脸看起来又宽又大；如果一个人的脸像盘子一样又圆又大，那他留着细长的胡须则可以让他的脸看起来要窄一些；如果一个人的脸尖得像老鼠，而他脸颊旁又留着较多的鬓发，这只会让这人看起来像火鸡或一只冷酷的鹅。所以，假如康纳利斯说的“关于我们的服装”是真的的话，那我们就得考虑一下应该留什么样的发型和胡子，来映衬我们的服饰才合适了。我们还有很多老人确实没有留一点胡子，还有一些健壮的朝臣和勇士喜欢在耳朵上戴着一些镶着金、宝石、珍珠的耳环，他们认为这样做只是对上帝的作品的一个小修改（在英格兰人看来，所有的人都是上帝的作品），所以并不算过分，而周围国家的人，凭什么就要嘲笑我们自己的这些装饰呢？虽然我承认，我们有时似乎也确实在模仿我们周围的国家，而且我们的风格也确实如同水螅或变色龙一样随时在变化，但是这又有什么值得嘲笑的呢？我们只是想让自己看起来更加漂亮而已！

英格兰人还有一点值得一提：比起身体的其他部位，我们最关注的就是我们的臀部（就如同女性最看重她们的肩膀和头发一样）。即使我们费尽了心思，最后还是不得不遗憾地承认，那些女人因为还有漂亮的帽子和鞋子做装饰，还会穿一些过去都不敢穿出门的，犹如明星一般闪耀夺目的衣服（这些衣服现在就连那些朴素高雅的女士都敢穿在身上，招摇过市），不仅如此，她们还可以在胸部弄一些装饰，穿着各种颜色的高筒靴子，套上各式各样的紧身衣，所以她们的风采还是盖过了我们男人。现在看来，这些女人审美观的变化，再加上她们对于新款衣服的欲望，都使得她们的穿着变得更加诱人了（至少她们自己是这么认为的），而事实也证明了这一点，你看她们衣柜里面储存的各种颜色的真丝衣服和各式的首饰不是让她们显得更漂亮而被大家称赞吗？在伦敦，我曾看到过一些妓女，她们的穿着真是让我无法分辨她们到底是男人还是女人。这样乱七八糟的穿着，真是让这个世界乱套了，女人变成了男人，男人变成了人妖，原本男人和女人都是上帝赐予我们最好的礼物，可是现在呢，我们有些人却不珍惜这礼物，不理会上帝的慈悲，只是一味过度地放纵，让我们都堕入了罪恶之地与罪恶之都。除了这乱七八糟的穿着以外，我们还有一些行为也被视为是错误和自傲的表现，比如饮食过量，滥用上帝丰富的赠予，不给予穷人施舍，不倾听别人的倾诉等。除此之外，还有暴行盛行，苛捐杂税繁重等等，这些错误和自傲的行为，都影响了这个世界的正常秩序！

英格兰人还有一个特点，就是相当低调。当一个英格兰男人在外面凭借自己出位的穿着而出名时，他在家里却会穿得非常朴素，通常是穿着卡西短袜，紧身的罩衣，而外套，则是长袍、褐色蓝色披风或者阴郁的茶色紧身上衣，这些外套的材料一般都是粗纺呢子或者黑色的天鹅绒，又或者其他优质丝绸。现在的英格兰可不流行那些花里胡哨的衣服，这种颜色和款式都相当出位的衣服，只有法国人才一直热衷于穿戴的。诚然，我们商人确实有足够的金钱可以让他们去买那些最华丽的衣服来装饰自己，让自己变得更加地漂亮，受到别人的称赞，但是即使他们穿上最好最昂贵的衣服，这些衣服的款式和颜色也是相当朴素和传统的，绝对不会是花里胡哨的那种。还有我们那些庄重的市民和议员，虽然他们年轻的妻子们都会花大量的金钱来买衣服（我认为女人就像是各种各样的古董，她们的漂亮需要被人们去发现，去重视，所以我们应该尊重女人们在衣服上面花费大量金钱的行为），但是我们可以明显地看到，这些妻子们的衣服款式都只是为某一特定的场合而设计的，连颜色也只有像鹅粪一样的绿色，像豌豆稀饭的茶色，像鹦鹉羽毛一样的蓝，像篱笆一样的素色这几类，绝对不会天马行空地设计出一些奇怪花哨的颜色。而我认为，这些已经能够充分说明英格兰女人们服饰的大概情况了，况且我这简短的说明，我认为是最具有说服力的了。

第八章

建筑的样子和房间的家具

【1577年，第二册，第10章；1587年，第二册，第12章】

英格兰城镇中的建筑最常用的材料便是木头，而现今，只有少数北方城镇社区的是用石头建造的，如果换做其他地方，我相信，人们用石头建造房子的话，也许质量会更好，成本也会更低，但是英格兰人似乎并不擅长用石头建房子。以前，大不列颠人仅用一些木桩和赭石修建房子和修建屋檐下的平滑的屋堂，关于这种古老的建造方式在沼泽一带的国家和北方地区比较常见。从建筑的角度讲，各个地区的人建造房屋的方式和采用的材料都是有很大差别的，特别是平原国家和农业国家，建造房子的方式就大不一样。在英格兰，我们的房子一般是这样构造的：大部分的房屋都是用木料搭建的（所以大部分的房子，壁骨和壁骨之间最多不会超过9英尺），而在开阔的平原国家，考虑到原料的因素，所以人们建造房屋的时候，根本就不会搭建壁骨，只靠横木、葡萄架、横梁、立柱、顶梁、过梁还有屋架来构成房屋的框架，靠着这些结构相互之间的支撑力，再加上一些细木棒或篱笆把这些部分系结起来，然后用厚黏土包起来隔挡风，这样就完成了房屋的建造（如果框架外面不包上厚黏土来挡风的话，后果可是非常严重的)。事实上，这种原始的建筑方式让西班牙人在玛丽女王时期创造了奇迹，而当他们看到英格兰人建造的那些普通的村舍时，西班牙人便开始嘲笑起英格兰人来了：“这些英格兰人居然用树枝和泥土修建房子，还觉得自己的房子像是君王住的皇宫，真是可笑。”话虽如此，但是我发现那些西班牙人，比起他们公爵式的住宅和宫殿中淡漠的生活，似乎他们更喜欢我们这种粗糙的茅屋里的生活。我们的房子几乎内外每一处都要装饰一下，所以我们的屋子内部一般都被隔成了好几个大小和格局都完全不一样的房间。我们还会在房顶和地基两处用上大量的木材，木材上面再盖上瓷砖，或者铺上稻草、莎草或芦苇。其余的部分，我们会铺上一些石板，这些石板都是从附近的采石场就地取材的，所以也用不了多少钱。在英格兰，还有一些地方，人们的房子是用黏土造的，要么是白色、红色，要么是蓝色。最开始的时候，我们只是用这些黏土来做粉笔的主要原料，现在却学会了用它来建造房屋。除了黏土之外，这类用泥土建造的房子还会用到另外一种土，叫做壤土，这种土壤最有趣的地方，就是只要稍加精炼便会改变颜色（尽管它刚出窑的时候都是蓝色的)。除了用泥土建造房子之外，我们很多地方还会用到优质的石棉或白色的石灰。这些材料对于我们来说，都是很重要的，因为除了利用它们来建造房屋以外，还有其他的用途，比如我们会把黏土制造的作品展现在城镇的石头墙上，或在富农和绅士的房子上展示，或者用灰石作为原料，代替黏土来制作粉笔（有些地方，因为非常缺乏灰石，所以都是按磅为单位来出售的)。灰石的形成是很复杂的，在威尔士和其他地方，其他的石材和牡蛎的贝壳，还有一些鱼的尸体出现在大海海岸上，这些东西混合到了一起，经过长时间的化学反应，才会转变成为灰石。这种灰石遇到水就会溶解，而且也很容易和其他材料混合到一起，所以我们用灰石混合各种材料，制造出来了石膏还有可以抹在房子上的石灰，我们在制作石灰的时候，会把灰石溶解成白色的砂浆，然后在里面填上一些诸如处理过的毛发等材料，不过这样制作出来的石灰，刷到木板上面之后，就变得极易燃烧，所以用的时候一定要小心，这种石灰一旦着火，那可是比芦苇条或者细柳条遇火更加危险的。我们的房子内墙两边经常会挂着一些绒绣、挂毯，或画着图画的布料，这些饰物上面的图画内容，要么是描绘潜水员历史，要么是描绘一些草药、野兽等东西。而我们的天花板，一般是用橡木做成的，然后每家的房子里都会修一个护壁板（修建护壁板这一习惯还是从东方国家传进来的），这样的室内设计风格受到了英格兰人的欢迎和称赞。因为他们觉得这样的设计可以让屋子感觉更加温暖，更加亲近，更加绅士，看起来也更加豪华。

平民们修建房子，只是为了在一天的工作辛苦之后，能够有一个地方可以休息调整，所以他们在修建房屋的过程中就没有多少讲究，就像在德国等国家一样，一般人修建的房屋都很简单，不过即使只是修建这么简单的房屋，还是需要干一点苦活累活才能完成。在英格兰这样的情况也很常见。不过比起其他一些临海的国家，英格兰还有一些不同，许多最好的房子都是外在非常简单朴素，但是内部却装修得非常豪华，有的房屋内部甚至可以和旅游列车里面的豪华包厢或者是高级旅馆内部的装修相媲美了。即使是一般的房子都是如此，所以我们国家的那些豪宅，比起其他国家的房子而言，成本就高得多了。此外，还有我们的街道，也和其他国家的街道有一些差别，比如说伦敦的街道，和那些外国城市的街道比起来，伦敦的街道可就显得没有那么统一有序了。

根据考察，古时候的英格兰人在建造房子的时候，窗户部分不是用的玻璃，而是直接用柳条或者比较细的橡树木条将那个部分格成许多的小格子，因为那时，英格兰人还没有学会制造和使用玻璃，直到后来，人们才渐渐地学会了用玻璃代替了木条。我曾经在《纽约时报》上面看到过一则报道，是讲撒克逊人以前也不懂得制造和使用玻璃，直到本尼狄克·比思普 Benedict Biscop 带着玻璃踏上撒克逊人的土地之后，当地人才慢慢开始使用起玻璃来，并在很多建筑中，用玻璃代替了木头。英格兰的玻璃资源非常丰富，在一段时间内玻璃比其他材料又好又便宜，所以英格兰人现在都很喜欢用玻璃来代替其他材料作为建材了。据我推测，古时候的英格兰人，很可能就已经发现并学会使用另外一种材质了，这就是镜面石。不过，这还仅仅只是我个人的猜测，尚且不敢下结论。不过有一点我倒是敢断言，那就是古代的英格兰人肯定发现并开始使用玻璃了。不过那时，他们管玻璃叫做亚硒酸酯，至于古人们是怎么发现玻璃的，我倒是并不关心。我们只需要记住一点，玻璃是现代人普遍使用的材料就行了。说到这，我突然想说说关于玻璃的发明。在叙利亚，靠近犹太人的地区，迦密山脚附近有一片沼泽湿地，以这片沼泽湿地为发源地，有一条小溪，名叫柏罗斯。这条小溪最后流入多利买附近的海域。柏罗斯一直被犹太人视为神圣之河，而帕罗斯在犹太人的语言里就是“丰饶之神”的意思，这是因为这条河流经的地区都非常富饶。在以色列实行君主制以前，当地的异教徒也一直将帕罗斯视为他们的信仰之河，同时，帕罗斯还被用做商贸的航线。当时这条河里面运行的商船，大多是贩卖天然碱，在运行的途中，这些商船都会在沿途的小码头停靠，一来可以让乘客们休息一下，二来还可以在码头附近的商店里面购买淡水。如果商船在天黑的时候找不到码头停靠，就会直接停靠在河边，然后人们就会在岸上生活做晚餐。当然，这样的晚餐，只是简单地把烧水壶放到三角火炉架上面或者石头上面烧而已。大约在约塞米勒米斯时期，一次生火做饭时，有人偶然发现，帕罗斯河的河水经过烧煮以后，居然可以提炼出天然碱，而且岸边的一些石头在经过烘烤以后，便开始融化，并产生一些闪亮的结晶一样的砾石，这种闪亮的砾石，就是我们现在所用的玻璃的雏形。后来一些商务公司为了赚钱，便开始实验将这种砾石和其他一些物质混合，于是各种类型的玻璃便随之诞生了。关于玻璃的发明，这个说法我想应该是比较真实可信的，因为我曾在工作时研究过玻璃的成分。但是也有很多的人，普遍认为关于玻璃发明的这一说法完全是胡编乱造。现在，再回到我们的窗户吧，迄今为止，我们那些住在城堡里面的（不过萨德勒城堡倒是一个例外，它内部的房间窗户上，什么都没镶）。不仅仅是英格兰人，还有一些罗马人的古老遗迹，人们这些在遗迹里面也发现，在某一个特定时期的遗迹里面，也有使用过玻璃的迹象。但是，古时候人们使用的玻璃和我们现代人使用的玻璃是有区别的，那时没有玻璃平滑技术，所以制造出来的玻璃，看出去，都是不够清晰的，偶尔能制造出少部分相对来说比较清晰的玻璃，就只能供贵族们使用，因此那时，凡是能用得上清晰玻璃的人，一般都是地位比较高，比较受人尊重的贵族们。说到制造玻璃的技术，现在的诺曼底、与英格兰毗邻的弗兰德斯都有最顶尖的玻璃制造技术。事实上，如果英格兰人再勤快一点，肯在这方面花更高一点的成本的话，我们用玻璃制造出来的建筑，肯定也能够处于顶尖水平的。还有一点，就是英格兰人的房屋建筑是按照社会等级来排序的，我们可以看到，无论是在城镇还是村庄，我们的官邸和民房都有很明显的区别，不管是从建筑风格上来看，还是从它们的分布来看，都是大不一样的，只要你站在村庄的原野或者城镇的街头，就可以看到，无论是在村庄里，还是在城镇里面，这里那里分布着的建筑，都可以让你很轻易地分辨出来，哪些是贵族的，哪些是平民的。

接下来我还想说说我们那些古老的庄园，这些庄园房屋的主人，在建造房屋的时候，都想用上等的木材，但是负责为他们建造房屋的木匠们，表现出来的行为确实十分可敬，他们都会依照庄园主人和要修建房屋的具体情况给出最好的建议，并给予庄园主人们细心的讲解。如此一来，大多数的庄园主人，都会从一开始不愿意接受木匠们的建议，依旧坚持用他们自己之前想好的木料，到后来，慢慢同意采用其他的材料来建造房屋了。除了英格兰以外，还有其他一些国家，在科技并不太发达的时候，也是主要用木材来建造房屋的，然而最近，人们却开始流行用砖或者硬石来建造房屋了，有的甚至在同一个屋子里面将砖块和石料混合使用。用这些材料建造出来的房屋大多显得比较简洁，而起房屋内部的构造也有一些变化，例如，房屋内部的书房，就会和卧室隔得很远。我们的贵族们也同样开始运用砖块和硬石建造房屋了，他们那些金碧辉煌、高大宏伟的房子现在有了如此坚固的材料做基础，就修建得更加壮观了。由此看来，古时候的英格兰建筑能够如此繁荣兴盛，这些技艺高超到可以和老斯，利奥巴普蒂斯塔相提并论的工匠们绝对是功不可没的。除了英格兰的工匠们，我们还有一类人，就是英格兰的商人，在英格兰，商人们对金钱和利益的贪婪，已经完全超了他们本身的奴性的贪婪了，这变成了英格兰人挥之不去的幽默，也使这些商人们的要求经常被供货商们拒绝，因为这些商人们总是想不断地买到更便宜的货物，他们不断压价，想要从中捞取更多的利益。

再回来看看贵族们的房子。的确，贵族们的房子里并不难看到各式各样的挂毯、银器、还有很多其他各式各样的橱柜，和一些有一千年历史或至少价值二千英镑的贵重物品，有的物品价值甚至几乎是不可估量的。同样，在骑士的房屋、商人，和其他一些富裕的公民的房屋里，也会看到土耳其锡、黄铜、细麻衣，昂贵的橱柜，这些东西，如果要估价的话，价值至少在五六百英镑到一千英镑之间，这些东西可不是普通人能够买得起的。这些上等阶层的人，把他们的这些贵重物品一代代传下去，到现在，那些英格兰贵族比起他们的祖祖辈辈们，所拥有的昂贵家具和饰品甚至还要更多一些。（当然，那些下等的技师和贫民除外，因为贵族们的剥削，那些贫民们只能按照土地租约，把每年辛苦所得的大部分收成都交给贵族们，所以直到现在，他们还是和以前一样一无所有。而那些低等的技师，随着年龄的增长，再加上生意也越来越差，所以他们只好去学做家具装饰，还有地毯和桌布的装饰，而且还要不断进行技术上的改良，比如在地毯里面加兔丝绸或者蕾丝，在橱柜里面隔上层板等等，并以此为生，但这些也只能勉强维持他们的生活。）

说完家具，我们再来看看我们现在的生活中发生的一些不可思议的变化吧。我认为，现在的英格兰人生活中发生的最明显、最不可思议的变化有三个：

第一个，由于工业的发展，我们现在的村庄早已经是烟囱密集了。大量的工厂开始不断侵占我们村庄的土地，这导致大量的年轻人没有农活可干，只好到城镇里面谋求生路，只留下一些老人还住在村子里面。这些老人一辈子生活在他们的土地上，在他们的回忆里面，他们年轻时，村子里面根本就没有工厂，或者最多只有两三个工厂，而现在，很多事情都发生了不可思议的变化。如果以前的村子里面有那么多工厂侵占土地的话，我相信，那些领主们肯定会受到庄园主们的抨击的，但是现在，似乎并没人在乎这些事情了。

第二个是大肆修建住宅。现在的人似乎特别在乎自己的卧室。以前，我们的祖祖辈辈一直睡的是稻草的床铺、粗垫与床单，床单下面会简单地铺上棉垫或棕垫（这些床上用品的名字，都是我们的祖辈们发明出来的），那时他们也并没有枕头，只是用一截圆木垫在头下面睡觉而已。而现在的英格兰人，因为人口剧增，所以人们一般都得在结婚后七年之内就买上房子、上等的床和床垫，有的床垫里面还得塞上高级的羊毛或者是羽绒，这些都成为一个家庭里面最基本的东西了。不过，有些地区，比如贝德福德郡和周边的一些城市，那儿的人，虽然也会购买一些很高级的床垫，但是他们平时都不会用，只有在女性分娩的时候，才把这些床垫拿出来，让产妇躺在上面生孩子，按照他们自己的话来说，这样做的目的，就是可以让产妇们不必像以前一样躺在稻草上生孩子，也就避免分娩的时候，下身被稻草刺痛了。

第三件事就是关于船只的贸易，以前那些船商们都是用木头来制造船只，然后再用做好木船去换银或者锡的。古时候，用各种各样的木材制造的东西是随处可见的，而有的东西则是非常少见的，比如说，那时，你就很难在一家住户里面找到四块或者四块以上的白蜡。特别是对于那些农民来说，这些东西更是稀罕了，甚至把它们称之为“稀缺物品”恐怕也不过分。要知道，这些农民有时为了凑够钱缴纳他们的土地租金，甚至得把他们养的牛或者是马给卖掉（那时，这些农民们要缴纳的土地租金，最多可达到四英镑），如此高昂的土地租金，把农民的生活逼迫得异常贫苦，所以对他们来说，像白蜡这种稀罕玩意儿，怎么可能买得起呢。不过也有人会看到有的农民整天都泡在酒吧里面喝啤酒，并为此而感到奇怪，既然他们的生活如此困苦，又哪儿来的闲心和闲钱整天喝啤酒消遣呢？其实那时，这种事情是非常常见的。这些农民虽然生活很困苦，但是他们总是喜欢在自己的邻居们面前显示自己是有能力为几杯啤酒付账的，所以他们就喜欢在别人面前掏腰包付账，哪怕只是掏出五六个先令，那也是极大的荣耀了（当然他们掏钱，实际上并不是真的想要付钱）。这些农民除了喜欢用这种方式来维护自己卑微的自尊心以外，偶尔还会撒谎说自己装修了新房子，买了三四张新的羽绒床，许多地毯和挂毯，一个银盐，一碗酒和一打勺子等等，甚至还会说自己又新签了一个租约（尽管也许此时他要缴纳的租金已经由四英镑涨到了四五十英镑甚至一百英镑，生活更困苦了）。

说到租金，那是贵族们最喜欢做的事，恐怕就是瞅准机会，增加佃农们的土地租金了吧。因为他们认为，这是他们能够最快积累资本的手段。最近听说，被压迫的人向上议院寻求帮助，他们控诉那些地主和贵族们每隔几天就制订出新的条约，不断增加土地租金，以此来增加对佃户们的压迫和剥削，现在和过去相比，佃户们每年需要支付的租金已经增加了七倍，这让那些贫穷租户们几乎都遭受了犹如平原奴役一般的痛苦。除了租金以外，这些地主和贵族们还千方百计在土地合同里面增加一些对佃户们的惩罚措施，这样一来，只要佃农们在租约期间违反任何一条，或者是因为任何琐事而和贵族地主们争执的话，佃农们就会被告上法庭，然后法庭就会召开听证会，接着，佃农们就会受到相应的罚款或者惩罚，最后的结果很明显，就是贵族地主们又能从佃农们身上骗取更多的钱财。哦，天哪，这真是一种可悲的听证会。

此外，我还想谈谈关于高利贷的事情。在英格兰，大部分的水果贸易都是由犹太人引进的，而现在，几乎所有的基督徒也开始跟着做起水果生意来了。但是很多的基督徒并不像犹太人那样擅长做贸易，于是便有很多的基督徒商人开始在生意场上亏本，倾家荡产。高利贷看准了这一机会，便会劝诱这些失败的商人们去向他们借款。这些高利贷的方式分为几种，第一种是直接借钱，第二种叫做拉丁高利贷，第三种即为高利贷交货，第四种称之为预先交货，第五中名叫最后交货。还有最后一种名为中间交货。这些种类繁多的高利贷方式其实就是两大类，要么直接借钱，要么是将货物以高利贷的方式先赊给进货的商人。这些放高利贷的会哄骗这些商人，说他们可以免费借钱或者先赊货物给他们，但是要收取稍微高一点点的利息，这完全是出于好心而做出的一个善举。结果呢，在几个月里，这些借贷项目的本金就会翻番，利息就更不用说了，谈后这些被骗的人就像傻瓜一样被放高利贷的给完全榨干。这种利滚利的高利贷方式，最开始是由西斯人发明的，最后，开始发展成为了一个很大的产业，在有些地方，现在甚至建立起了拥有会计师、工程师、接待员、讨债员等在内的一个十分完善的借贷款系统。除了英格兰，其他地方也可以看到很多类似的高利贷，但是对待这种高额利息的借贷方式，我们也只能默默祈祷，国家能够用合法的方式对其进行处理，因为我们平常人实在是没办法，也没权利来裁决这种事情。实际上，我们的贵族地主们为佃农们准备的土地租约，就和高利贷是一样的，他们会在合约的条款里面要求佃农们除了支付土地租金以外，每年还要支付各式各样的与土地相关的附加息金，这些息金有时甚至高达每年一百英镑。而我们不得不悲伤地看到一个事实，即使是如此纷繁复杂，极不公平的土地合约，那些可怜的佃农也不得不为了生存而签约。如此一来，和那些有牧场主、屠夫、鞣革工人、牧羊人、樵夫和铁匠们相比，这些佃农算是最卑贱、最可怜的群体了。

第九章

对穷人的规定

【1577年，第三册，第5章；1587年，第二册，第10章】

在欧洲联邦的法律里面，是没有对国家的公民进行贫富等级排序的，否则，那些由饥饿而造成的死亡，必定会带来极大的混乱。但实际上，我们的整个社会都有一个默认的阶级分层和分类。就英格兰而言，我们可怜的人一般分为三大类：第一类是因为无能而造成的贫穷，比如孤儿、老人、盲人、瘸子、病人；第二类是很穷的伤病者、受伤的士兵、腐朽的房主，和身染严重疾病的人；第三类是因为挥霍浪费而变得贫穷，以及因为战乱而产生的流浪汉。第一二类（也就是孤儿、老人、盲人、瘸子、受伤的士兵，腐朽的房主，和身染严重疾病的人，这两类人是真的十分贫穷，而且自己也没有办法改变现状，每天都在为填饱肚子而发愁），对于这些人，一般国家会每周在每个教区集中发放救济品，帮助他们勉强生存下去。这样一来，这些人就不用跑到别的城市去乞讨，也就不会扰乱其他城市的秩序。而对于第三类人，他们和前面两类人比起来，并不算真正的贫穷，也还没到活不下去的地步，只是和他们之前骄奢淫逸的生活比起来，现在因为变得贫穷而没法再生活得那么好而已，这类人通常是一些没落的贵族或者是生意失败的商人等。对于这类人，我们的有关当局会给他们提供一些租房，每个月会给他们发放一定的生活津贴，同时也制订了一些政策，对他们的日常生活进行了一些限制，一旦这些人违反规定，干出一些超出限制的事情，就会受到非常严厉的处罚。当然，我们的政府制订这些限制的目的是十分明显的，这样可以在一定程度上避免他们四处游荡，给国家的社会秩序造成混乱。而且这些人虽然接收国家的救济，但是他们可以不会像绅士一样彬彬有礼，老老实实天天待在家里，对于他们来说，巨大的生活落差绝对不仅仅是个人原因造成的，还有国家、社会、法律的责任，所有他们会经常会想办法采取一些行动，让国家和政府明白，他们不仅仅是需要救济，还需要法律和社会的对他们的公平性，这些行为用他们自己的话来讲，叫做“鞭挞法律和社会的公平性的正义行为”，这样的行为对于国家和政府来说，是极度危险的。虽然政府对这类人设定了十分严格的法律约束，但是他们还是经常会越出界限，做出一些扰乱社会秩序的事情，这让有关当局相当的头疼，而我发现，他们之所以会不断挑战国家的法律，其实都是由于下面的这些因素造成的：首先，游手好闲的乞丐们都一个样，无论他之前是贵族还是富商，一旦沦落为乞丐，都毫无差别——他们总是在各种各样的场合，不择手段进行占有，并直接将这些原本不属于自己的东西作为自己的私人收益，这也许就是人贪婪本性的最佳体现吧。其次，就是在面对基本的生存问题时，尽管这些人当中，有一部分人在抱怨自己在家乡没有生存空间，然后很明智的选择放弃自己的故土，跑到其他国家去谋求生存和发展，比如法国、德国、巴巴里、印度的加尔各答等地时，他们却没有真正地从心理上放弃自己的高姿态。于是，即使他们跑到其他国家，也不会脚踏实地工作，只会继续当乞丐或者做小偷而已，最后落得一个被绞死的下场，这样的结局虽然十分悲惨，但是我也不得不说，这只是他们自作自受而已，就连一些塞尔特男人，也觉得根本没必要，也不值得花时间和心思去关心这些自甘堕落的人们。在这些日子里，有越来越多的人不断思考一个问题，现在这个社会，似乎就连牛的数量也扩充得比人类要快得多。这样的情况究竟是什么原因造成的？我们有政府，我们有教区，政府里面有官员，教区里面有教主，他们都是男人，都是管理者，但是为何他们的存在却对于我们的生存和发展没有多大的用处呢？也许我把这些教区里面的教主和政府里面管理者比做恶魔还要更加适合一些，因为他们的工作只不过是想尽办法挑选出一些有权有势的人去统治人们，不让大家去影响他们的奢华生活而已，至于大家生活怎么样，他们才不关心呢。也许我们需要推选出一些能够真正在我们当中说话具有权威性的人来结束现在这种糟糕的统治方式，也许只有这样，我们的国家才能取得真正的进步吧。不过这样的想法想要实现，恐怕还得耐着性子等待更长的时间呢。

和英格兰相比，罗马人的法律里面有着非常严格的等级划分，而反过来，严格的等级划分制度又成为了罗马人制订他们法律的重要依据。在罗马，骑士是一个非常富裕的阶层，但人们不喜欢这些骑士的贪婪，而且很多人也在谴责在罗马的法律里面，对于骑士的规定是在对他们太过于有利，相较而言，关于其他上等阶层的规定却显得如此严格，没有一点好处。于是，上等阶层的人一直都在关于骑士的法律规定方面骚动不安，要想让这种骚动停止，恐怕得等到现行的关于骑士的制度完全被废除才行。和上等阶级们比起来，罗马法律对于下等阶级规定似乎就没有那么严格了，而且在下等阶级之间的分类，也没有那么严格。比如说罗马的乞丐，虽然都很贫穷，但是他们都很空闲，而且他们能够达成一些共识，公认一些等级和排序，通过这些偶然的方式他们的贫穷实际上便分成了两种。即便如此，不论他们做什么他们都还是会继续他们的痛苦。这意味着，这些乞丐始终无法摆脱最原始的贫困，始终无法得到社会的尊重。当然，他们之所以会遭遇到如此的待遇，也是和他们自身因素有很大的关系，因为他们根本无法向国家缴纳任何东西，而自身优势那么的放荡和粗暴无礼，这些无礼和粗暴通过腐蚀，就像人的身体被腐蚀一样向他们整个国家蔓延开来，就像令人憎恶的溃疡一样，移动到国家的中心地带。他们在这样的地方撒谎，倾诉他们的痛苦，并以此博得人们的同情，换取一些施舍。除此之外，他们还会通过直接乞讨或者在街头强行表演的形势来换取人们的施舍，或者用自己健康结实的身体去冒充得了各种各样的疾病，骗取别人的同情和施舍，以此生存下去。但是就我个人观点来说，对于这些乞丐，我认为惩罚远比慷慨或施舍要强得多。下等阶层中还有一类人值得一提，那就是潜水员，实际上，潜水员们的工作服跟其他劳工的工作服非常相似，而这些潜水员通常被大家叫做水手。此外，还有小偷和骗子们，这两类人都是生活在英联邦国家里面的祸害，但是因为他们本身也是英联邦的公民，所以上帝似乎并没打算消灭这些人，所以，英联邦的法律似乎对这些小偷和骗子们显得特别宽容和大度。但是我觉得，这样下去的后果只不过是让这些人更加放肆的去舔夺劳动人民的汗水而已。我们的上帝就这样放纵这些骗子和小偷，让他们大胆无情用最恶毒的方式去伤害着那些对上帝如此虔诚的人们。当然，这种情况，并不仅仅是在英联邦国家才有，其他国家也同样面临着这样尴尬的情况，比如在埃及的盗贼，在他们设计出的一种自己的语言中，他们管自己实施盗窃的地方叫“餐厅”。在英格兰还有一类人需要关注一下，那就是商人，特别是做海上贸易的商人，事实上，英格兰海上贸易的历史还不到六十年，但是就在这短短的五十多年时间里，它的发展速度真是快得惊人，这样的发展速度，对于政府来说，倒是很有利的，因为政府可以从商人那里收取高额的商税，最近有一则报道说政府对于商人的商税征收每年已经涨到每人一万了。我们再回来看看那些经常犯罪的人们，对于这些人，曾经有一个绅士，名叫裴德尔，是一位法国人，此人讲话十分有逻辑性，做事也很有条理。他就曾经煞费苦心地寻找驯服这些粗鲁的乌合之众的方法。在他所做的社会调查中，他将这些处于社会底层的行业进行了一个梳理和分类，最后发现这些人是最容易犯罪的：

1.樵夫

2.妓女或垂钓者

4.盗贼

5.强盗

6.妓女或皮条客

7.僧侣

8.商人

9.欺诈者

10.淡水水手

11.喝醉的思考者

12.骑士或军官

13.恶棍或流氓

裴德尔认为，对于这几类容易犯罪的人，必须要制订非常严格的惩戒条例，只有这样，才能够组织他们的犯罪行为，特别是对于那些小偷和强盗，更是要有完善的法律来对其进行约束。但是我们不得不无奈地看到，无论国家制订多么严厉的惩戒条例，也无法阻止这些人在“做自家事情”的掩护下，实施犯罪行为。所以，那些罪行，比如抢劫、谋杀、强奸、偷窃、烧死小孩或对其毁容等罪行，每年仍然时有发生。犯下这些令人发指罪行的流氓们，即使被警察逮捕，关进大牢，试图让他们在监牢里面得到忏悔，但是只要他们被查证为流浪汉，那最多也就是挨一顿皮鞭就会被放出来，所以他们根本就不怕。说到鞭打，实际上，英格兰对于那些第一次犯罪的人，是实施的另外一种刑罚，那就是用烧红的烙铁，在犯人的右耳上落下一个罪犯的标记，用以惩罚他们邪恶的罪行，但是这样惩罚对于那些不诚实的罪犯们，似乎也没有起到多大的阻吓作用，大部分罪犯耳朵被烙下印记之后，并不会真心悔改，他们被释放以后，会继续去干一些邪恶的勾当，于是警察第二次抓到他们的时候，如果证明他们确实还没有悔改，才会对他们进行鞭打，打完之后还会放掉，然后，如果这些二进宫的犯人离开监狱一年后，又做犯法的事的话，他就注定要遭受痛苦的死亡（除了前重刑犯除外）。

但是，我们的监狱，也并不像政府所宣称的那样公正透明，事实上，很多的监狱监管员，自己本身就是非常邪恶的人，他们会利用手中的权力，做出一些谋私的行为。比如在迦得，监狱长们就经常利用这个国家的囚犯们，做出一些非法的勾当。为了将所有的大权一揽于手，他们就把所有不同职业的囚犯都聚集在一起：出纳员、击剑、球员、音乐家、艺人、思考者、假装学者，因为只有将这些囚犯聚集在一起，其他人才能使用他们的权利进行谋利。还有在监狱的病房区内，囚犯的家属必须要对监管员进行贿赂，才能进去探望生病的亲人。事实上，那些处于社会底层的人之所以在严厉的惩罚面前，也会冒险去犯罪，也是逼不得已的。在许多国家，贫困家庭的孩子都面临着这样的问题，这些孩子的父母都不知道在将来有什么事情会发生在他们孩子身上。比如在德国，出现这些问题的原因主要是因为国家制订的一些极端的法律导致贫民的后代只能沦落成为盗贼，关于这一点，在后面的文字中你会读到。

第十章

天气、土壤和农牧

【1577年，第一册，第13章；1587年，第一册，第18章】

连续的阴天使英格兰的空气显得非常污浊，完全不像大陆的那样令人舒适。即便如此，当地人认为，这只是云层遮挡了阳光罢了。然而，经验告诉我们，与其他国家比起来，英格兰的空气已经不再纯净，不再令人舒适，不过比起我曾经到过的高卢，英格兰的夏天还是要温和一些。不过我们这儿的空气里含有海外其他国家并不常见的物质，因此，我必须承认，我们岛的环境不比大陆任何一个国家的环境差（对于这点，普鲁达克也很清楚，因此，他还曾经将英格兰以及一些岛屿比做极乐世界的一部分）。

正如老作家们看到的及报道出来的一样，英格兰也曾有过与大陆国家相似的环境，这里的土地曾经十分肥沃，也确实出产了其他国家所需要的许多物品，但是也必须得从其他地方进口一些“没有实际用途”的东西（之所以说我们从外国进口的商品“没有实际用途”，完全是出于我们的高傲而用的一个毫无意义的口头语而已），因此人们就更加倾向于靠养殖和放牧，而不是靠谷物的耕种和收成来获利了。英格兰拥有异常多的牛类和各种牲畜，岛上四分之一的地方都不会为了谷物的需求而特地去耕种，虽然岛上土地的肥沃程度远在恺撒大帝之前的时期就已经为人们所知，但是就是从那个时期开始，我们的祖先就已经对种植业不屑一顾，只是一心想着依靠养殖和放牧来维持生活了。

英格兰的牧民们一直过着游牧的生活，他们习惯划分他们的土地，每一个人都不得离开他们分到的那块地，直到这块土地上的牧草被牲畜吃光，才被迫迁移到其他地方，找寻更好的牧场，这是我了解到的英格兰的一个传统。据报道，从谷物的生长情况以及其他很多方面来看，威尔士的土地远远没有英格兰的土地肥沃，而苏格兰的土壤又没有威尔士的土壤丰裕。不过要是从某些方面来看，威尔士的部分地方倒是算得上和英格兰的一样好，但即使是苏格兰最好的地方也很难比得上二者的平均值。虽然在土地方面苏格兰没有这两个地方富足，但在其他一些方面却有优势，看来，上帝和大自然也没有规定所有国家必须生产同样的东西。

但是我们的土地也没有我们想象的那样好，我们也要珍惜它，如有可能，我们还得努力将其变得更加肥沃。农夫们的庭院、沟渠、池塘、粪坑，或是城市和小镇都是经过规划的，我们有一种强有力的白泥土，用它覆盖过的土地，60 年内就不需要再进行规划。关于这一点，正如作家蒲林尼所言，覆盖在大地上的泥土是 40 年更新一次：由于这种覆盖间隔很长，所以一般情况下每个居民一生中只会经历一次，所以主人就不必为了改善自己的土地，进行两次覆盖。蒲林尼将这种方式称为“玛加”并且制造了各种各样的模型，这正如父辈们在他们的时代所做的以及如今我们有时也会做的一样。

你应该也已经听说，岛上也有许多清澈的河流。在河流里总是能找到各式各样漂亮的鱼儿。除了河流之外，岛屿上到处都是丘陵，其中一些非常高，好些丘陵可以说是连绵不绝，它们可以从开始的地方一直延伸到很远，就像我们看到的射手山，从伦敦的东部泰晤士河的不远处开始，沿着岛的南面向西延伸，直到到达康沃尔。还有英格兰北约克郡村庄的山脉，它从匹克开始，穿过了无数区域，一直延伸到苏格兰的边境。此外对于切维厄特丘陵，我究竟该如何来评论它呢？它大约有 20 英里长，还有威尔士的布拉克山脉，至少 16 到 18 英里长。而什罗浦郡的克利丘陵，它位于勒德罗 4 英里之内的地域，并且是与伍斯特地区完全分开的。

我们的奇尔屯至少有 18 英里长，从牛津郡的亨利一直延伸到了贝德福德郡内的邓斯塔布尔。奇尔屯到处都是树林和谷物，还有很多地方遍布着甘甜的小草，非常适宜羊群的放养。尽管奇尔屯的谷物中有一些品种的产量比苏格兰谷物产量还要高，但是苏格兰也有自己的一些优势，这些优势可以弥补它谷物产量不高的缺点，比如苏格兰不仅有许多矿场（有许多大理石、硬岩以及优良的雪花石膏），还有丰富的金属矿井，这些都是值得苏格兰人炫耀的。

通常，岛上的风比大陆的任何地方都更加强劲和猛烈，特别是一些光秃秃的山，因为没有树木的覆盖，风就变得更为猛烈了。巨大的风带来的不便，使得人们只得聚集在山谷中搭建住房，把高地留来种植和放牧，以免冬日强烈的冷风带给他们更多的烦恼。然而在其他地区，每一个人都想要将房子建造在山上，最好从远处能看到，因为他们认为，想要将他庄严的、独特的建房技术传递到国家的每个角落，最好的办法就是尽量让更多的人能看到他们修建的房子。当然，他们喜欢把房子建造在高处，还有一个重要的原因，那就是这些国家的天气比较炎热，而山顶因为有风经过，再加上阳光从较低的地面上反射回来时，也没有那么强烈，所以就不会像山谷或者低矮处那么闷热了。不过，即便大家强烈希望将自己的建筑建造在较高的地方（尽管在这几年英格兰、威尔士和苏格兰的山地价值有所提升），但是想要真的实现这一想法，目前来看，仍然是非常困难的。

最后，我们再来讲讲土地吧。当然，因为有了收成作为回报，现在土地比以前更有价值了。我们的国民比以前，也显得越来越勤恳了，也显得更有技巧和更加细心了。虽然，目前我的同伴们能够在很小的土地空间里获得巨大的利益，但是在一段时间内，大家所获得的利益还是会缩水（不过还是小有收益，而且这些都只是利用闲置的土地耕种而得来的）。再看一下这个岛上其他一些地方的收成情况：英格兰的不错，苏格兰的也不错，而威尔士的最多：其中，土地和奶牛是这些地方的人们最主要的获利来源。

不过，也还是有一些农民，虽然面对着如此富饶的土地和如此丰富的物种，他们仍然不想辛勤耕作，一心想着不劳而获，为了去除这些人这种不劳而获的思想，我想，我们的国民还需要加倍努力才行。

在我们这个小岛上，牧场是依据土壤的性质及肥沃度划分的。很多地方收成很好，优良的牧草可以让我们的牲畜长得迅速和肥壮，能生产出大量的牛奶和奶油，可以用于制造黄油和上好的奶酪。但是在一些土地贫瘠的地方，草长得很尖，粗糙得像灌木一样。这种牧场不会给主人带来好收成。全英格兰最好的牧场在威尔士，而威尔士最好的地域要属卡迪根。这些牧场就在卡迪根山上。在这儿，很多牧草因为没有牲畜吃，只能在地上慢慢腐烂，因此土地变得乱蓬蓬，长期都有各式各样的沼泽地，就算让这个国家的所有牲畜都来吃，恐怕也吃不完。如果晚上放一根棍子在优质牧场上，第二天就会发现它不见了，因为它可能已经被长出来的草包围了，这种情形在这岛上十分普遍，这些牧场里面的土壤，其肥沃程度，完全可以与意大利的土地相比。在我生活的那个年代，意大利被奉为世界的天堂。尽管如此，它也被叫做荡涤心灵的地狱，因为居住在那儿的人们很堕落，所以他们常说："我们土地很好，但人很邪恶!"他们也只是说说而已。因此，我们认为意大利的土地是高尚的，但居住在那儿的人却没有我们高尚，因为他们没有一点优点或是美德。

我们的草地要么是低洼地（因为地形十分陡峭，所以有大量的低洼地），要么是陆上草地。其中一些草地因为水平面上升或是突发洪水被淹没了。另一些几乎从来不会被淹没，或许是由于高地的草地比低洼地的草要肥沃。我们低洼的草地的干草满是灰尘，这不仅会让牲畜得病，还会让草更粗糙。所以这些草和高地的草比起来，就不太适合储存和做草料。此外，它们在出产物上的区别更加明显：陆面的草地少有一担以上好的干草，只是偶尔碰巧，才会遇到一英亩地里有很多质量好的干草。经验告诉我们，一英亩的低洼草地里至少会有两担或是有三担甚至更多的好草料（当然，我们一年当中要收割两次草料，即使是在低洼地，也不是两次收割都能有如此多的好草，相较而言，第二次收割的草远没有第一次的好）。但是在河口地区会好一点，因为那里的牧草有些腐烂，有些长速快、长势好。不过也有一些低洼地区的草料，牲畜吃完以后，很容易染上疾病，主人还没有想出解决办法之前，一些牲畜已经因为乳腺炎及其他疾病死了。以前出现这种情况的时候，一些迷信的人认为牲畜死于乳腺炎会导致他们老做噩梦，因此他们总是悬挂一些意外找到的有洞的石头，因为他们认为这块石头可以让他们避开噩梦的困扰，并以此得到安慰。虽然我们都明白，牲畜病死不是他们所造成的，但是如果我说得太多，会让他们觉得，我只是把这些迷信者当做消遣闲事来讲述的话，那恐怕就太不合适了。

和大多数大陆国家比起来，我们谷物的收益也同样大大落后了。如果按英亩估算，以平均年或是中立年来看，我们每一英亩的黑麦或是小麦，在耕种布局良好的情况下，一般能收获 16 蒲式耳或 20 蒲式耳，而我们要隔四五个季度才能收获一次燕麦，而北方收获的间隔就更长了，所以南方的谷物收益就经常超过北方。我们通常采用套种的方式来进行耕作，这样可以增加每年农作物的收获，比如我们经常将豌豆和黄豆一起播种，稗子和燕麦一起，黑麦和小麦一起。即便如此，但是我也不得不说，我们的产量确实不算太高，即使是在收成好的时候，和大陆性气候国家相比，仍然是差了一大截。但是我在一本书中提到过，在萨巴迪卡河附近的区域，古时叫做戈兰高地，这片土地十分肥沃，每一粒大麦种子都能给主人带来至少一百粒的收益。

1814 年年底，我们也开始大量地种植蛇麻草，迄今为止我们的沼泽地收割了大量的蛇麻草，并且产量也在不断增加。这个国家没有农民，也没有农场主，都是自己种植蛇麻草，这里种植出来的蛇麻草比那些来自佛兰德斯的蛇麻草要好得多。的确，佛兰德斯人的腐败使得他们老是作假，也因此给了我们在自己国家种植蛇麻草的机会；我们现在有了存货，还可以大量销售给他们。凭经验我知道，某个人将泽地改成种植蛇麻草是不需要太多准备的，并且收益还会逐年递增，这 12 英里种植地的收成就是维持我们生计的一个重要来源。也正因如此，使得我们相信，上帝和奇迹一直都在！不过佛兰德斯一些陌生的朋友仍然会抵制我们出口的蛇麻草，实际上蛇麻草比起木材来确实是差了那么一点，但是相对而言，三年之后它们同样能作为很好的燃料，并且节约了其他的能源。

我们喂养牲畜通常是想使其骨大肉鲜，还能获得其他收益。首先，我们的牛又高又大，油脂丰富，皮和角都很好，这些都是其他国家达不到的或是不能轻易超越的。我们的绵羊同样也是如此，羊肉的鲜美，四肢的粗壮，羊毛的优质，都源于牧场的优质的牧草以及绵羊超强的繁殖能力（在很多地方它们一次能产2到3只小羊），这些都是其他国家赶不上的。所以即使和肉质鲜嫩的鹿子比起来，我们山羊也毫不逊色。另一样值得骄傲的东西就是我们的兔子，我们这里的兔子一般都长得非常肥，特别是工厂周围的地区，一只兔子的油脂称出来甚至能达将近6盎司或7盎司。所有这一切都应该感谢上帝的恩赐与善良，还要感谢我们土壤带给我们的收成，这一切都是那么重要。

不过，我们还想有更多的东西，那样我就可以在这个地方生产我们国家想要得到的一样东西，那就是酒。我们现在大部分的土地都变得不再那么肥沃了，基本上很难种出用于酿酒的上等葡萄了。导致这样的情况，错不在我们长满刺草的土地，而在于我们国民的疏忽大意（特别是南部），没有采取措施保护土地，然后就由于长时间的荒废，葡萄就很难长出来，只能用于观赏或是遮阴，即便是有少部分地区可以种出葡萄来，但是产量也是非常低。近年来一些人也尝试着将葡萄做成酒，但是喝酒的时候才发现远比从海外买来的涩，而且种植和培育的花销也很大，这笔花销大可以从其他国家买到更好的酒，而且价格还更便宜。所以他们毫不犹豫地放弃了这项事业，而投身于其他方面。事实上，这问题一开始就不是土地本身，这得等土壤与物种经过磨合适应之后，才能更容易地种植这种物品。如果这真能实现，只要葡萄酒能够持久保存，那就再好不过。我总是在想英格兰不应该忽视葡萄的种植。这种酒在之前本来就应该出产于这个岛，从恺撒大帝给我们、高卢人和西班牙人平等的特权就足以说明这点。它以前确实是生长在这里的，关于葡萄酒的描述在肯特以前的笔记里就有着一些相关的记载，其他地方教士和牧师的记录本上也有记载，包括各式各样诉讼案的记录里面也有关于葡萄酒的描述和葡萄园的记载。在这些记录里面，几乎每一个修道院圈起来的地方都叫做葡萄园，这就是最有力的证据。但是为何我们的葡萄产业却一直没有发展起来呢？造成这种情况的真相就是我们一直认为像葡萄种植这种古老的产业，完全没有必要去重视，所以我们的绝大部分葡萄园，最后还是被修道院所代替了。除此之外，那时，我们的贵族们也并不赞同大力发展葡萄种植，只有少部分诚征的贵族，还同意庄园主们继续发展葡萄种植，比如奥威尔、奥特、奥托的一些公爵和绅士，还有埃塞克斯的杰弗里伯爵等。而且也只有这少部分城镇最后将他们的品源地区发展成为了优质葡萄酒区。根据保存完好的记录表明，这些地区的主教每年都会给国王进贡至少 3~4 大酒桶最优质的葡萄酒，剩下的酒，这些教主就会用来交换其他的商品。实际上，我们以前除了土壤适合种植葡萄以外，我们的气候也是非常适宜酿酒的，我们的夜晚太短，八九月的月亮是湿度的主要保障，也是这种酒的催熟剂，但是大家却没有好好地利用这一点，只是把那些提倡种植葡萄，发展酿酒业的建议当做是无稽之谈，所以我们现在没法出产葡萄酒，根本就不应该责怪我们的土壤，而只能怪我们自己。

实际上，根据考证，我们的土壤以前不仅适合种植葡萄，而且还出产大量的靛蓝和茜草，其次就是我们的锡和木材。我们的祖先在搭档的时候，士兵们都会这用靛青色来给他们的面部着色（正如恺撒所说），这样一来，在作战的时候，敌人看到我们士兵们恐怖的青脸，就会吓得屁滚尿流了。在那个战乱的年代，不仅是士兵打仗要给脸部涂色，就连妇女们也会把身体进行染色（看起来就像埃塞俄比亚人一样），然后将自己赤裸的身体祭献给上帝。我发现这个地方现在还产菜油，但是现在我们的土壤也许再也种不出靛蓝或是茜草了。虽然我们这片土地以前很肥沃，但是现在我们都注意到，似乎它已经开始变得贫瘠起来，而且似乎正在渐渐失去出产这些优良物种的能力了，这真让我们感到害怕。也正因为害怕我们的土地变得贫瘠，我们也就开始不在意我们自己的利益，不再愿意费力气去自己种植作物，而宁愿从其他人那里花钱买同样的东西了，这显然是一个恶性循环。

我想说亚麻也是如此，根据法律，英格兰的每个城镇都应该种植亚麻，但是我从来就没见到过这项益于国民的法律得到有效实施。各个地方的官员根本就没把这项法律放在眼里，当接到这个通知时，这些地方官员们直接就把它给驳回了，更不要说去乖乖执行了。也有一些人说这是因为我们法律太多而导致了大家对这条法律的疏忽或是蔑视，因为实在是太多了，要是不违反其中的一些法律，根本就没有东西可以生存下来，所以在我们法律修改的这方面也确实有些缺陷。在这些方面，许多人不确定这是否是贪婪腐败的推动者，想要废除好的法律而获得更多便利，这样一来，不仅违背了法律的初衷，而且也使得那些法律的监督者们所建立起来的威严得到了严重损害，这就导致了公民在监督松散的情况下，总是想干出一些违法法律的事情，这就是下等公民不能遵守良好秩序的主要原因。另一个方面，对于那些贵族、皇族来说，因为法律给予他们的特权实在是太多了，所以大多数法律对于他们而言也是形同虚设。所以我希望国家的法律在指定的时候，应该考虑到这个因素。（我不是不认皇家特权得保持，而是希望它能够更加的合理一些。）如果我们的法律制定者在制定法律和实施法律的时候，一心只是想着如何拍皇族的马匹，只为少数人的利益，为此而不惜牺牲大多数人的利益的话，那我认为，他们都应该算是我们国家和人民的敌人。

下面我们再回来看看英格兰的手工业。罗马时代，英格兰曾经大量生产玻璃，还有精制的剪刀、切割机，女士的金银项链、镯子和琥珀的杯子等。特别是在奥古斯汀地区，这个地区在罗马时代所盛产的很多物品，都曾经作为贡品被送到皇宫里面，供皇室贵族使用。此外，我们大不列颠人在很早的时候，就已经会生产各种各样精致的酒具和象牙容器了，由此可以看出在古时候我们的国民在利用他们国家资源的时候是多么的勤劳和细心。但是在撒克逊人和诺曼人来到我们这个岛上之后，我们的国民们却渐渐变得和这些撒克逊人和诺曼人一样懒惰了，再加上他们之间日益频繁的战争，所以，我们的手工业便开始退化了。

如有必要的话，我还想再回过头来谈谈我们这里的土地。在英格兰，有着各种各样的耕作土壤，像黏土之类的，几乎每个地区都有很多不同的种类的土壤，有红色的，有黑色的，有白色的，甚至还有蓝色的，这些颜色各异的土壤中，有十分肥沃的白沙，蔷薇红的红土、多碎石的沙土、白垩质的黏土，或是黑色的黑土，我想说在世界上没有一个国家土壤的颜色有英格兰的这么多。但是我必须承认，这些颜色丰富的土壤，在养分被吸收了之后，都一样会变得十分贫瘠。对于我们来说，这些土壤当中，就数黏土的价值最大，因为我们可以在黏土上面种植出高产的小麦，特别是在干旱的时候，在黏土上种植小麦是最适合不过的了。当然，有时，即使我们是在黏土的土地上种植小麦，也不能保证就能得到一个好的收成，一旦收成不好，那当年我们的食物储存就会非常短缺。无论怎样，英格兰人对于土地的情感，是从很早以前就有记载的，其中在古英格兰人的原始诗歌里面，就对我们整个英格兰岛屿的土壤做出了详尽的描述，我还记得其中有一段是这样写的：

当沙地作用于黏土，
我们会吟诵着，远远地离开；
但是当黏土作用于沙地，
就是英格兰的喜悦。

接下来，我想我应该来介绍一下英格兰的著名山谷了，我们最著名的几个山谷，一个叫白马谷，一个叫伊夫舍姆（通常被看做伍斯特郡的谷仓），一个是艾尔斯伯里（这个山谷延绵数英里，它的发源地在泰姆，一直经过奇尔特恩山的山脚延伸到了邓斯特布尔、新港、斯特拉特福德、白金汉宫、不列颠公园等境域）。鉴于我不知道它们的范围，我不再对它们做深层次的研究和描述。同样，我想我也不应该在自己还没没搞清楚的情况下，谈论我们的湿地，尽管我们国家的湿地并不像海外一些临海国家的湿地那么多（像纳尔榜等），不过我可以在此简略地提一下，我们的一些湿地不管是10英里、20英里或是30英里长的都是很出名的，不过和纽卡斯尔的湿地比起来还差得远，据我所了解到的情况，纽卡斯尔的湿地全长已经达到了 60 英里，这真是一个不可思议的数字。同样还有伊里，著名的岛屿，每个面都有超过 7 英里长的湿地，几乎可以说是一个被湿地包围的岛屿，根据以前的特权，这里的居民可以拿木材、莎草等来烧，也可以拿干草喂养他们的牲畜，用茅草给他们建造房屋，但在这个岛上的每个人拿取的东西都有规定数量的限制；现在因为人们的贪婪这种恩惠和产品已经减少了，变得和这个岛上的其他地方一样。不过英格兰倒是有很多的低洼地带，在这些低洼地区，不仅有着极好的河流，还有大量的谷物储存可以作为每年喂养牛和马的精饲料（这一点对它们的主人来讲十分有利），因此，这些地区虽然可供使用的土地范围很小，但是每年的出产量却是很高的。对于这些土地、岛屿、山谷、湿地的描述，我的观点也不一定就正确，所以我认为，那些正确的描述应当全部保留，而那些不能确定是否正确的描述，不管怎样想办法，我也会记下来，用来当做对整个岛的大致描述，其效果，我认为就和我以前看到过的一个古时候保存下来的纪念碑有异曲同工之妙吧。

第十一章

矿产和冶金

【1577 年，第三册，第 16、18 章；1587 年，第三册，第 10、11 章】

我们的岛屿从一开始就被赋予了很多的优势，这些得天独厚的条件，使得那些没有宗教信仰的人，也不由得对耶稣有着同样的尊敬。因为上帝给予我们如此多的庇护，所以我们几乎什么东西都不缺，特别是那些世俗的物质产品，我们更是应有尽有。当然，这也并不就表示上帝已经把我们的国度打造得十全十美了，虽然有一些小的不足和缺陷，但是我们仍然要对上帝对我们的恩赐，心存感激。但是，唉！（正如我在前一章所说）我们善于使我们的国土变得肥沃，不是为了我们的喜好，而是为了我们的诸多产品，这就如一句谚语所说的那样，别人的东西再多再好，也不如自己有一件实实在在的东西在手。如果我们自己努力就可以在自己国家产出珍宝，那为什么还非得从海外费钱费力地进口呢？我们拥有上帝赋予的肥沃土地和丰富的自然资源，自给自足才是最好的办法。不过有一点需要注意，当那些外国的商人们发现我们已经把注意力从海外进口转移到我们自己生产的时候，他们肯定会大幅度地降低产品的价格，以增加自己的竞争力，为了防止他们的价格战术，我们也时刻准备着要将国内产品的价格下调，这样才能保证我们在同样产品上，保持绝对的销售优势。

不过以价格战的方式来进行商业竞争，会产生一些不良的影响，比如说同样的商品，当它以很低的价格在本国出现的时候，其他国家又会有更低的价格出现（尽管只是一会儿），这导致我们放弃继续努力，一窝蜂地去买国外的便宜货，忘记了我们曾经也生产过这种产品，如此一来，我们以后又得走上依赖于国外进口的老路，这也是我们的商品价值极低的原因之一。当然，这些靠倒卖国外商品的商人们也会反驳说："我们不光是在进口外国的商品，我们也曾经从我们英格兰人手里大量地收购他们抓到的狐狸，然后卖给其他国家的皮毛商人，要知道，这些狐狸的尾巴，一箱就可以卖他们二十便士呢！"我向神发誓，我们英格兰人曾经可能比较聪明，每个人都努力地想要让英联邦再次繁荣起来，但是我们的产品完全是在国内生产加工出来的（要举例的话就是服装），根本就没有外国的元素，因此外国人也不穿。这样我们的服装就不会受欢迎，再加上我们平日里缺少练习，导致自己忽视了在服装加工方面技能的提高，如此一来我们商业贸易的日益萧条，自然也就成为了必然结果了。

我们在自然资源方面也有很大的优势，在英格兰有着大量的水银、锑、硫黄、石墨、雄黄和雌黄。除此之外，我们还有上好的矾，但是比起利帕里岛出产的矾，英格兰的矾相对来说抗火能力要弱一些，所以我们很少使用本土出产的矾，只有亚洲人和罗马人有时还会使用。我曾经听说，以前苏拉曾经试着去烧掉一座米斯达特的中尉亚基诺搭建的木塔，但是他烧了老半天也没有点燃这座木质的塔，后来才知道，这座塔抗火能力如此强是因为亚基诺在塔的表面抹了一层矾。据说耶路撒冷庙的大门也有着同样的防火效果，当题图斯想要放火烧掉耶稣撒冷庙的时候也是一样点不燃。除了矾以外，我们还有天然的朱砂，亚琉土在古时称朱砂为沥青，我们还出产灰泥，在油不足时，灰泥可以被用于灯具的照明；然后我们还有孔雀石、绿矾，以及矿石（矿石我们是石油的主要来源），最特别的是矿物珍珠，这种珍珠比一般的珍珠要多得多，也大得多，色泽也比一般的珍珠要好，在离大陆或是离海滨更远的地方总是能够发现这种珍珠。的确，我们岛上的西部地区过去是有非常多的这些东西和其他珍稀的产品，但是现在都被海水给冲走了，不仅如此，无情的海水还吞噬了康沃尔和德文郡两边最丰饶的地区；根据保存下来的记载显示，现在锡利群岛和兰兹角的端点，近些年来几乎连一条像样的小溪都看不到了，一眼望去，只有海水。

我们岛的北部和西部有大量的煤矿，这些煤矿不仅能够满足我们整个英格兰的需求，而且还有相当大的一部分被出口到了大陆国家。不过说实话，如果我们以前能够比现在还珍惜木材，没有乱砍滥伐的话，我们本应该会有更多的煤矿资源的。

除了煤矿之外，我们和大陆国家之间最主要的贸易也开始从锻造厂的物品发展到了厨房和大厅里面的日用品。而贸易地区也从中心城市，扩展到了许多海滨城市（虽然这些海滨城市除了草皮和草垫，只有很少的其他能源，但是对外贸易还是让他们兴盛起来）。不过有一点令我很吃惊，在我们的对外贸易如此发达的时候，苏塞克斯和南安普郡两个地区却仍然没有对外贸易业务，据说造成这样的原因是因为这两个地区极度缺乏铁匠，所以人们只能用木炭来炼铁，如此落后的锻造方式，极大地影响了当地的造船业和工业，再加上这两个地区和外面的地区相隔遥远，没有便利的交通，对外贸易也就自然发展不起来了。但是我认为出现这种情况的原因如果只是归咎于缺乏铁匠和遥远的路程的话，这种理由根本就站不住脚，只要稍微想想就知道，就连我们这个小岛都可以把货物运到大陆区，更何况他们呢？

除了煤矿，我们还窖藏有很多的白色石膏，和很多很大的各种颜色的大理石，在很多地方，居民都自己耕作土地，他们的土地多年来给他们带来了大量的收益。我们生产的有硝石、玻璃和苏打，在我们岛上的南部离科丁顿不远处有一个地区，曾经一度被一个名叫克鲁通的伦敦人所有，这个地区特有一种泥土，这种泥土对于金匠和金属铸工来说铸模都是很好的。30 年前，这种特殊的泥土一磅可以卖到 5 先令，不过可惜的是，因为过度挖掘，这种泥土现在好像已经没有了。不管现在有还是没有，我们也应当对上帝赋予我们的这样那样的福利，报以感恩之心。上帝在我们面前总是扮演着一个慈爱的父亲的角色，反之，我们也应当用谦逊和恭顺来回报他，而不是邪恶、贪婪，对他的意愿完全藐视，变得毫无节制，甚至成为无神论者。如果我们这样做的话，我们和那些忘恩负义的犹太人又有什么差别呢？我们岛上还出产汞和硫黄，说起这两样东西可不得了，要知道，所有的金属都是由汞和硫黄通过化学反应产生的，就连黄金也是由他们反应产生的。从这个角度来看，汞和硫黄可真算得上是金属之源了。不过遗憾的是，因为这两种物质在所产生的物质里的混合和比例不平等，所以这两种矿物质并不是每次一反应就能产生黄金，大多数时候，他们反应产生出来的是其他的金属。虽然和其他国家比起来，我们这个岛上出产的黄金并没有那么多，但是在那些贵族和富人们的手里，仍然储备了大量的黄金，只不过在过去，因为我们不懂得节约，所以在对我们的教堂、礼拜堂、圣父肖像进行装饰的时候，就消耗了很多的黄金了，这一经验告诉我们，太过于奢侈的表面活，对我们来说是无益的。

近来，我们的国民发现了一条我不知道的进入西印度群岛的海航线，他们可以在那里带回来一些黄金，富足我们的国家；但是要通过这条路线进入西印度洋群岛，还是需要冒很大风险的。而在这条航线上做贸易，最成功的商人之一，莫过于德瑞克先生了。事实上，他的成功远远超出了他自己的期望。曾经有一个叫约翰·佛罗比舍的人，想学德瑞克先生那样，用同样的方式试着向北进入平静的印度洋，并找到进入中国的捷径，结果没想到他在途中碰巧发现了一些岛屿，这些岛屿上面有很多的黄金，而且很多的金矿都还未被人们发现和开采，据说以前所罗门的寺院全部都是用这里开采的黄金建造起来的。见到如此多的黄金，约翰·佛罗比舍终于经不住诱惑，停止了之前想要进入印度洋并寻找通往中国航线的计划，他带上了大批的黄金，在此便调转船头返程回家了，并把自己的所见所闻公之于众。不久之后，他再次起航开往那些蕴含大量黄金的岛屿，但是这一次航行的结果，却让他大失所望，因为那些岛上的黄金已经被其他人开采得所剩无几了。大受打击的约翰·佛罗比舍最后无功而返，整日便郁郁寡欢，完全放弃了之前的事业和理想，整日闭门不出，更不要说去其他国家冒险了。事实上，这么多的金矿，如果保存完好的话，我们现在就会有大量的金子用于装点世界了。

我们岛上还有很多的锡和铅，这些锡矿和铅矿是斯特拉博在他的那个时代，有一次从马斯尼斯来到我们这个岛上的时候发现的，后来迪奥多罗斯在康沃尔、德文郡、德比郡、威尔达勒还有岛上北部的其他地方也陆续发现了很多的锡和铅资源；我们的国人不会生产什么小商品，特别是我们的锡匠。以前，我们岛上的这些锡匠只会用锡制造一些普通的盘子、锅，和一些用于服务的小玩意儿，现在他们的手艺提高了很多，制造出来的东西也变得十分精致，以至于他们可以紧跟任何形式潮流，制造出款式新颖的杯子、盘子、盐盅或是酒杯。还有那些金匠们的手艺，也从来没有像现在这么精妙过，他们现在随便就可以做出一些稀奇、精致的玩意儿来。这些工匠们制造出来的家用金属器具就是我们平常用的容器，当然，这些容器因为做工精巧，所以它们同时也可以用于装饰。通常，我们平常家用的一整套的银质餐盘一般包括 12 个大浅盘，12 个中型盘子，12 个小碟子，做这些的银器的材料，都是用英镑购买的，现在每个盘子大概价值 6 到 7 便士，或者可能是 8 便士。我这么说，并不是在炫耀我们制造的这些锅碗瓢盆是多么精致，我只是想告诉大家，我们岛上的工匠们利用混合金属或者纯金属制作这些日常用具的时候，是受到法律限制的，并不是想用什么金属做就用什么金属做，这是因为我们岛上任何有关金属制品的制作和买卖，都受到国家的监管，所以，平常人家若是能拥有这么一套做工精巧的银质餐盘的话，那可真是一件值得骄傲的事情呢。我听说我们的工匠还发明了一种混合金属，这种混合金属是用黄铜和锡按照 30 磅的黄铜混合 1000 磅的锡，然后再添上 3 到 4 磅的锡玻璃制成的，据说用这种方法做出的混合金属非常坚固，而且里面添加的黄铜比例越大，就越是坚固。所以人们都愿意买这种金属制成的日用品，因为它们真的是物美价廉，经久耐用。

在海外的一些地方，普通的英式锡制品都制造得很精巧，而且表面也十分光滑（我之所以要说是“普通的”，是因为在我那个时代盘子和大浅盘开始制造得很深像盆一样，这种造型的盘子确实有利于盛盐、盛汤和保持肉汤的温度，但是外观就确实不敢恭维了），看起来就像是用上好的银制造出来的容器一样，所以这些东西都被大家认为是非常稀罕的玩意儿，自然也就受到了大家的欢迎。虽然海外的工匠模仿我们英格兰的工艺技术很是像模像样，不过比起我们地道的英格兰工匠，他们在这方面的技术还是没有我们的娴熟，并且使用的金属没那么好，制造出来的数量也没那么多。但是罗马人确是一个例外，他们用我们英格兰的锡制造出了上好又美观的玻璃，其手工技艺，完全超过了我们本国的工匠，于是大批往来于罗马和英格兰的商人便瞅准了机会，将罗马人制作的玻璃大批大批运到英格兰贩卖，结果这些玻璃受到了英格兰人很高的评价，销路也非常好，这些商人里面，最有名的就是布朗杜斯。这种情况最后使得英格兰的锡制品陷入了这样一种很尴尬的境地，就连那些洗碗工们，都只会正眼去瞧瞧从罗马进口的玻璃，而本地的玻璃，他们看都懒得看一眼。当然，罗马人制造锡玻璃的技术之所以能够超过我们，其实也是有原因的。据我考查，原来罗马人在发现我们英格兰岛之前（这个时间甚至比恺撒大帝踏上英格兰岛的时间还要早得多），就已经学会了制作玻璃了，而这种制作玻璃的技术是罗马一位名叫普拉克西特利斯的人年轻时发明的，所以，他们制造玻璃的技术，并不是从我们这学习到的，只不过是将他们原有的技术和我们的技术结合并加以改良的而已。

其实，威尔士有些地区也出产铅矿，很长一段时间，威尔士人一直都是很固执地使用木材来搭建房屋和制作一些日用工具，直到当地的木材资源被用得所剩无几的时候，当地人才想到了去开发他们之前就发现的那些铅矿。除了威尔士，在可蒙斯维尔，当地人以前也是坚持不用铅制品的。可蒙斯维尔距离斯丹福维尔只有 6 英里之遥，普林尼在他所著的第 34 本书中的第 17 章中提到过，在他那个年代，可蒙斯维尔也有很多的铅矿，几乎随处可见，但是现在也被开采得差不多了。同时他在这本书中还提到，以前几乎在罗马每一片平原都能找到铅矿，许多国外的工匠和商人们也因此慕名而至，这样一来，导致罗马国内的铅矿开采十分疯狂，后来罗马人还因此而限制了那些商人和工匠们到罗马的航行次数和每年加工和运到海外的铅制品数量。

我们岛上很多地方都储藏有铁矿，比如苏塞克斯、肯特、门迪普、什罗普郡等地区，但是主要的铁矿蕴藏区还是在曼切斯特附近的贝拉维和维尼克（或维克贝瑞）之间的树林里，和威尔士的其他地方。如果我们可以充分利用这些矿区，对它们加大投入，扩大开采规模的话，这些矿场就能产生许多和海外一样上好的物品，给这些矿区的矿主们带来无限的收益。我们还有很多树木，产出的木质纤维非常有韧性，所以我们国家很多地方都会用这种木质纤维来制造出经久耐用的麻线，再加上我们在对外销售这种麻线的时候，价格十分低廉（物美价廉，是我们国家要让自己的产品占据市场的主要手段），所以这种麻线很受外国人的欢迎。但是这些麻线的制造和出口同样也产生了巨大的花销并且造成了木材的大量浪费。除此之外，还有我们的玻璃用品制造也耗费了我们不少的资源，因为我们的玻璃原料的提炼技术不够娴熟，所以我们制造出来的玻璃用品，还有很大的缺陷，就是它在使用过程中，会损耗得很快，比如我们制造的锅和桌子上使用的玻璃容器，它们用不了多久，就会在容器内部产生很多的损耗，到最后，整个容器都会损坏。如果我们的炼金师们可以学习到印第安人提炼玻璃原料的秘术的话，那我们就肯定能够制造出比较坚韧的容器了。（据说印第安人制造出来的玻璃容器，其坚韧程度甚至可以和金属相媲美，哪怕是用锤子砸，也不会轻易碎掉。）

除了以上这些东西以外，我们岛上以前还有铜矿，我们曾经有一个矿主，在岛东边的杜丹马和特维达斯之间的海崖边上发现了一个天然的矿井。还有一些书上面也对我们的矿井有过一些记载。现在我们的铜矿似乎都已经被开采完了。那些可恶的门外汉几乎拥有了我们所有的矿井管理权，这些人根本就不懂如何合理开采和利用这些矿井，他们唯一追求的就是每天尽可能多地从矿井里面开采矿石出来赚钱。他们如此粗暴野蛮的开采方式，只不过是杀鸡取卵而已，真正聪明的矿主，应该充分考虑到矿产资源的合理开采和利用。

除了铜矿，我们还有白铁矿，但是白铁矿跟我们现在要谈的东西没有多大的关系，所以我在此只想简单提一下。事实上，我们岛上出产的铁，不像科隆出产的铁那样可以制造出那么好的带边沿的用具，所以我们开采出来的铁通常是卖给其他国家。我们的炼金术是人工操作的，在出现白铁以前，人们通常都是首选我们制造的勺子和盐瓶。事实上，我们之前制造出来的勺子和盐瓶都很容易腐蚀、腐败，而且它们都很重，这些和白铁制作的用具比起来，可就差得远了；据我所知，现在人们还发明了一种混合金属的炼造方法，就是将黄铜、铅和锡进行混合（比例是各占三分之一），然后再加入一定量的白铁。这种方法据说还是以前的阿拉伯人发明出来的，而且这样提炼出来的混合金属制作的用具，极其经久耐用。

第十二章

牲畜和家禽

【1577 年，第三册，第 8 章；1587 年，第三册，第 1 章】

在英格兰，一般类型的冶炼技术我们都叫做炼金术，因为对自己的炼金术比较自信，所以对于我们来说，任何劣质的金属都不应该出现在我们这个岛上。我之所以突然说出这么一段话，是因为关于我国的金属我已经讲了很多了，至于那些黄铜、钟铜和一些从其他国家买过来的金属，反正我们这个岛上也没有多少，所以我觉得也没必要再去关注和介绍了。

接下来，我们要来看看英格兰的牲畜和家禽。我们岛上有很多常见的牲畜，比如马、牛、绵羊、山羊、猪等等，而且这些牲畜的数量远远超过了其他国家。而且我们这里喂养出来的牛通常骨骼都比较大，马也谦逊，走起来骑上去更舒适。母牛用桶操作起来更加方便，绵羊的羊毛更能赚钱，猪肉更加健康。当然，除此以外，我们还有很多在世界上其他国家都不常见甚至根本见不到的一些独特的牲畜。这些，我会在后面讲到，现在让我们来看看那些大家比较熟悉的牲畜吧。

我们英格兰的饲养者们通常都会比其他国家的饲养者更加富有，这是因为我们有这么多的母牛能产奶，我们可以像其他地方一样自己生产黄油和奶酪，我们的马或是牛也是一样，适合在各个地方犁田。因为这些好处，所以，尽管我们的牛马羊通常一胎都会产两只幼崽，也无法满足出口国外的需求。一般情况下，我们的奶牛所产的牛奶，一磅可以卖到 12 先令，还有奶牛每年产下的小牛，也可以卖个好价钱。这些都是饲养者们赚钱的好途径。现在，随着土地价格的增加，饲养者们的收益正在逐年减少，如果土地价格变得更加昂贵的话，有可能我们的牲畜饲养者就会越来越少，直至畜牧业完全消失（如果说这是上帝的意愿的话，那我也无话可说）。不管现在我们的畜牧业面临着多么严峻的考验，至少我们得承认，我们曾经在这方面是相当辉煌的，比如我以前就曾经通说在沃里克郡有一只奶牛，它属于斯塔德利的托马斯·布洛伊尔，这只奶牛曾经六年内产下了十六只小羊，也就是在三次产犊中有四只是一胎或有两次是双胞胎，这在很多人看来是多么辉煌的业绩啊。

同样，我们的牛不管是从骨骼的大还是肉的鲜美还是其他的方面，在欧洲的其他任何国家都是找不到的，不然比起利古里亚的那些，罗马作家也不会更青睐我们的牛肉了。很多地方的牧场主都越来越精明了，要是他们看到了一头成年公牛或是小公牛，就会不由自主地去猜测它的重量，去评估它的肉有多少油脂，宰杀以后能卖多少钱，除了牛肉以外，这头牛的皮和油还可以用来做什么用途等等。当然，我们的那些牧场主们之所以这么富裕，除了自然优势的原因之外，还有他们自己的原因，据说英格兰的牧场主们，工作的时候非常认真，就连穿戴也十分讲究，他们通常都会骑马，穿着天鹅绒外套，戴着金项链去牧场干活；他们不在的时候，他们的妻子如果必须要找临时的帮手的话，也绝对不会去找那些技术不如他们自己丈夫的人帮忙，因为他们觉得，找那些技术不好的人去干活，绝对富裕不起来。我们这些牧场主在卖公牛和母牛的时候，都是非常尊重买主的意愿的，无论买主是想用秤来称重，还是直接靠估重来买，牧场主们都会欣然同意。不过如果买卖的是小牛犊，那牧场主们一般都是要求用秤来称重卖，特别是阉割过的小牛和小母牛，这是因为小牛的牛肉比起成年牛来说，肉质更加鲜嫩，所以价钱也就更贵一些。英格兰出产的牛，牛角通常都很大，这是其他地方的牛比不上的，特别是帕通斯。帕通斯出产的牛，牛角比起英格兰其他地方出产的牛角要大得多，当然，这主要是不同地区的自然条件所造成的，不过有时，不同地区的工人们饲养牛的方式不一样，也会造成牛角大小的不同。我听说在帕通斯，在那些牛很小的时候，工人们就会在牛角上涂抹蜂蜜，这样可以刺激小牛的发育，不仅可以让牛长得更快更壮实，也会让他们的角长得更大，有的牛甚至可以长到一人多高，牛角甚至可以长到三英尺长。这样喂养出来的牛，卖相很好，自然就能卖个好价钱。在我生活的那个年代，一头奶牛通过这种方式可以卖到四个金币，虽然不是什么高价钱，但是每年给他们带来的利润却比一头公牛的大，我听说在其他国家也是这样的情况。

此外，我们的马也很高大，这在大陆的其他地方也是十分少见的。我们的马虽然个头高大，但是却并不笨拙，它们跑起来同样非常矫健，这也是大陆国家的马比不上的。我们岛上没有驴子，因此我们也想从其他地方引进一些骡子和驴子，这样的话，我们就可以在不同的场合，根据具体的情况，来决定是用马，还是用骡子和驴子了。现在，我们大部分的马车都是石制的，这些马车通常被我们用做运货的工具（不过一般都只是用来运送一些相对来说比较轻便一些的货物）。我们专门用来运货或是耕犁的马通常都是十分强壮的，只需要五六头这样的马，就可以轻松拉动重达 3000 斤的货物（当然，我们一般情况下是不会让马去拉那么重的货物的，也不会让马拉着货物走长途路程）。我们一般只是让马拉一些诸如木材、食盐、干草、小麦之类的货物（通常一匹马可以在毫无压力的情况下运载 400 斤重的货物）。更应该值得注意的是，我们的王子和贵族们通常都是乘坐马车的。我们的女王陛下要从一个地方坐马车到另一个地方时，一般应该有 400 套马车随行，总共加起来有 2400 匹马，所以只需要指出要去的地方，女王陛下浩浩荡荡的马车大队就会安全将她送到目的地。以前我们喂养的萨默斯马和驮马现在也淘汰了，因为这样显得我们君主的队列在行进时，远不如其他国家的国王的阵仗来得大，我们所以现在贵族们出行所用的马，全是个头很高大的英国纯血马。

除了用来运货和耕田的马之外，我们一般的国民家里都没有专门用来骑乘的马，这是因为这种专门用于骑乘的马价格是十分昂贵的。这种马通常都是毛色发亮，四肢健硕，跑起来也是稳健有力的，这样的马对于我们的国民来说，用来观赏和消遣倒是不错，不过要是用来干活，可就完全不实际了。不过对于贵族来说，这种马的好处就是它绝对不会伤害到骑马的人或是主人，而且跑起来蹄子踏在地上发出的声音也十分悦耳和令人愉快。

我们还有很多著名的马市，比如彭新港和其他一些地方都有，一些人每年都会去买马并且购买养马的必需品。很多牲畜贩子费尽心思将马赶到这些地方，在赶路期间他们很多人都对马进行虐待。因为他们有一个习惯，在到达市集一两天之前，他们就一直驱赶自己的马匹，直到这些马都跑得全身流汗，这样累上 8 小时或是 12 小时之后，再让这些马泡入水里，在里面待一会儿，然后继续向目的地前进，这样做，可以让马看起来更加不错。除了马之外，马贩子们还会在马市上兜售一些马具和养马所需的各种器皿，不过有些不良的马贩子们为了赚钱，会昧着良心兜售受一些被污染了的器皿，这些受过污染的器皿很容易让马感染上许多疾病。在这些马市上，你可以看到各种各样品种不同的马，比如西班牙小马，那不勒斯骏马，爱尔兰小马，佛兰德、苏格兰老马等等，在此，我就不再多做描述了。为了养殖这些马，我们的国王亨利八世修建了一个上等的养殖场，这个养殖场曾经在很长的一段时间之内，都办得都很成功，直到一些官员们发现这些马之中繁殖了一窝混合的群种，至此国王的良苦用心也就没有多大作用了，这个养殖场也因此而衰败了。还有尼古拉斯·阿诺德先生，他也饲养过英格兰最好的马，还有饲养方式的记载：他的土地范围跟佩拉在叙利亚的一样，那里通常有 30000 匹母马和 300 匹公马，这些情况，在的斯特拉博记载里都可以找到，我们现在还是暂时把我们的马放一放，来谈谈我们的羊吧。

我们喂养出来的羊，品质也是极佳的，就肉的鲜美度它超过了其他任何地方的羊肉了。比起米勒撒和其他地方，大家都更愿意首选我们的羊毛，如果詹森早知道这些在英格兰饲养的羊的羊毛如此值钱的话，他就不会去其他地方寻找了。正如狄俄尼索斯在他的《论世界概况》中所说，英格兰的羊毛可以通过纺织变得跟蜘蛛网相提并论。在对待我们的羊毛时，我们的国民是显得多么愚蠢啊，因为他们竟然还在想方设法地去丢弃这种商品。那些牧场主们将他们的公羊和母羊转运到其他国家进行饲养并且繁殖，这样做，其实就等同于在将我们本国的极品羊毛拱手送给其他国家！第一个例子就是爱德华四世，他根本不知道这些商人们会损害国家利益，为了眼前的一点点好处，就可以任意放纵那些见利忘义的商人们胡作非为，甚至同意这些商人将大量的羊，运送到西班牙去，这种做法真是盲目而又愚蠢至极！我认为我们在做任何事情之前，都应该考虑到我们子孙后代，不能够因为眼前的一点点好处或者是方便，就做出一些有损后代利益的事情。当然，也有一些人会反驳说我们把羊运送到国外去，是为了造福其他国家，我们为了造福别人而放弃自己的利益，这是多么伟大的行为啊。说这些话的人，你们好好睁大眼睛看看，我们的国民现在总是在保持着一种崇洋媚外的情感，认为只要是外国进口来的，就是最好的，自己国内的，就总是要差一些，所以哪怕是国外进口的一件只价值三四便士的小玩意儿，他们也看得比我们国内的那些经久耐用的好东西要重得多，这才是他们做出这些损害国家利益和子孙后代利益的坏事的背后真相！而且最令人气愤的是尽管我们的公羊和母羊都到了海外，但是它们却从来没有好好被利用过，这些羊被运到其他国家以后，要么就是被直接杀掉，要么就是被养得变了种，这完全是在糟蹋我们如此珍贵的羊。当然，在英格兰本土，我们对于羊的利用主要也就是两方面，一方面是它的肉，这也是羊身上最值钱的部分，因为羊肉是我们英格兰人必需的肉食之一，所以销路和价格都很好，另一方面便是羊身上的羊毛了。至于羊的其他的部分，我们也会利用起来，比如说羊粪，就是施肥的好原料，特别是对于我们贫瘠的土地来说，羊粪更是不可多得的好肥料。

然而我国的羊经常面临着生病的困扰，就如同我们喂养的猪，总是爱出麻疹一样，这些疾病虽然没有大规模爆发，但总是时不时来骚扰我们的羊群，让牧场主们遭受不同程度的损失。当然，幸运的是每次我们都能挺过去，然后牧场又会恢复到以前生机勃勃的景象，甚至会比以前发展得更好。关于羊生病的事情，卡丹曾提到过，我们的羊之所以如此爱生病，是因为我们的水对羊有害。这只是他个人的猜测而已，据我们所知我们那些生病的羊在接触到水之前就被感染了。可以确信的是，它们总是有感染的情况，它们的肝脏和肺的功能因为高温变得紊乱了，当地的牧场主一旦发现羊群里面出现体温过高的现象，就会把羊群赶到水里面降温，这样做还真的是会有效，因为确实在大陆没有一块土地发现有比英格兰更好更有益的水了，所以我们的羊得病，绝对不是因为喝了这样的水，而是应该归于季节的反常和夏季的潮湿，还有它们舔食了潮湿的东西，比如雾、露水和杂草上的多余的汁液。尤其是在降雨过量的季节，连续的雨水就会穿透进入到羊体里面，接下来立即侵入到它们的肉和血液里面，造成羊群感染，感染之后表现出来的第一个症状就是想要喝水，所以我们的水不是造成它们腐烂的真正原因。除了绵羊之外，在英格兰的西部特别是在向威尔士那边，在多岩石的山上，我们还有很多的山羊，颜色是多种多样的，但是养殖这种山羊的牧场主们，每年获得的受益，似乎并不是很多。我们的羊，如果喂养得好的话，每只母羊每天可以产出大量的羊奶，我们的家庭主妇们最喜欢的就是用新鲜的羊奶制作奶酪，而且用我们的羊奶做出的奶酪特别地香甜，吃起来特别地醇，咬起来也特别地脆。因此在一些作家的作品中我发现山羊的奶在估值方面仅次于妇女的奶，因为能够帮助改善腹部的状况，解决便秘和肝脏的堵塞，至于为何羊奶会有这些功效，我还真是说不出原因呢。我只知道，母羊的奶是饱满的、甜甜的，这种味道，恐怕是所有人都喜欢的吧。

接下里再说说我们这里的猪。说到猪，英格兰猪的数量，恐怕是比世界上任何一个地方都要多得多吧，而且英格兰产的猪肉，吃了会对人的身体很有益处，至于到底有多好，如果不亲自吃一次，我想，大家是绝对想象不出来的。我们在吃猪肉的时候，喜欢搭配一些绿色蔬菜。同时还会把一些猪肉做成咸肉，这样便可以保存更长的时间。还有猪油，我们虽然不会大量食用猪油，我们每年还是习惯性的会熬炼一些猪油存放在家中，这和法国人的习俗差不多。我们也不会用牛肉或是羊肉上面甜的板油来烘烤我们的肉，不会用甜的或是咸的黄油来给我们的肉抹油，或是闲暇烧烤的时候，把牛羊肉上面最肥腻的部分拿来烧烤。在地势平坦的国家，人们喂养牲畜，都是一群一群放养的，一大群的牛羊，只需要一个牧羊人就可以放养了，这些牧羊人放牧时，喜欢通过各种各样的口令来管理他们的牧群。在一些地方，妇女们甚至会用牲畜的粪便来洗涤衣服，就像其他人用铁杉和荨麻来洗是一样的；但是这样洗出来的衣服都有一股很浓烈的臭味，比过期肥皂的味道还难受。我个人认为，再也没有比这更难闻的味道了，所以打死也绝对不愿意穿这样洗出来的衣服。

我们喜欢用公猪的猪肉来做腌肉。做腌肉对于门外汉来说可是一门很难的技术活，所以这么多年以来，即使那些烹饪技术高超，精通烤、烘焙、烧、油煎等各项技术的法国大厨们，也学不会我们制作极品腌肉的诀窍。我还听说以前一个贵族送了一大桶腌肉给阿拉伯的一个天主教绅士，这个绅士以为是鱼，一直保存到了大斋节，才拿出来吃。吃完之后，对这腌肉便是赞不绝口，还十分诚挚地写信给我们的那位贵族，希望下一年还可以给自己多送点这种鱼，并且会拿最好东西来回报他们。如果他知道那是猪肉的话，碰都不会碰一下（我敢说）。还有我的一个朋友，在西班牙住了一段时间，他和一些犹太教徒一起吃饭的时候，摆了一些腌肉在他们面前，他们非常诚挚地吃着，以为那是一种在那些地方不常见的鱼类；但是当这家的主人在休息时候给了他们当头一棒，告诉了他们吃的是腌肉，他们从桌上起来，飞奔回各自屋里，每个人都想尽办法想让自己把吃进肚里的肉给吐出来，于是一些人喝油，一些人抠喉咙，那情景真是搞笑极了。对于我们来说，用腌肉来招待客人是一种非常高的待客礼节，但是因为腌肉有点难消化，所以我们经常在吃了腌肉之后都要喝点烤酒或者是烧酒，这些酒都是烈性酒，而且保存时间越长，酒性就越烈。我们的腌肉通常都是用公猪的前部来做的，需要准备一整年或是两年多的时间，特别在一些绅士家里（因为农民几乎不会花三个月或四个月以上，或是最多半年的时间来做准备），在那时候都是喂它一些燕麦和荞麦，让它们睡在木板上，直到猪的脂肪变硬达到预期效果为止，之后就把猪宰掉，用开水烫皮，开膛破肚，然后就用前部来做腌肉。用来做腌肉的部分，还要专门用刀剔掉多余的肥肉，这样一来，剩下的部分就不那么肥了。而剔下来的肉，我们叫做五花肉，通常是留给服务员和庄稼汉吃的。如果主人打算拿点肉来烧烤的话，那他们一般就会把猪的后部完全切割下来，抹上猪油，腌制一段时间之后，再塞上红酒和醋，等完全腌透了，再拿来烤。事实上，猪的后半部分也是很好的肉：做腌肉的只要在涂抹猪油之前，先把肉挂起来晾晒一下的话，做出来的腌肉就会更加好吃。但是在用猪的后半部分做腌肉的时候，一定要晾晒充分，否则做出的腌肉就不够美味了。至于猪的其他部分：猪的颈部，我们称之为猪肋骨，事实上，这些部分都可以用来制作腌肉。至于猪的内脏，我们觉得太臭太脏，所以一般都是直接扔掉，没人愿意吃。至于那些剔下来的猪骨头，我们的家庭主妇们则会千方百计的把它们利用起来，做成各种精致的菜肴摆上餐桌。除了家养的猪，我们还吃野猪肉，当我们抓到野猪之后，就会把它宰杀，然后开膛破肚，清洗干净，砍成一块一块，用芦苇、薄布棉、果皮、卷亚麻织带抱起来，放到大汽锅里面蒸熟，然后放到木板上冷干，保存起来慢慢享用。

第十三章

飞禽走兽

【1577年，第三册，第9、11章；1587年，第三册，第2、5章】

接下来，我再来谈谈英格兰的禽类，英格兰的禽类可以分成野性的和温驯的；说实话，我对禽类方面的了解也只有这一点点常识性的东西。至于其数量和具体的类型，我就完全搞不清楚了。不过，较其他国家而言，恐怕英格兰是一年当中禽类能够享受阳光最多的国家了。因为英格兰的岛有很多的种类，如果好点的土地能够保留下来的话，那么只需要一两年，就能够将那些贪婪的捕猎者所消耗的资源给弥补回来。事实上，滥捕滥杀这种恶行在约翰国王时代就已经带来了很多的麻烦，在他统治的第十年中，他发现自己除了训练他的猎鹰队几乎没什么活动可以消遣，于是捕猎，便成了当时国王最大的乐子。在接下来有一年的圣诞节，布瑞斯多限制了所有猎鹰队的捕杀行为，同时还严禁国民将野禽带出英格兰，这样一来，在几年内这个岛又重新有了很多野禽。我为何突然在此插上这么一段不相干的事情呢？因为我们的岛上有很多的野禽，包括野生的鹤，野生的和圈养的天鹅，还有大鸨、苍鹰、麻鹬、野鹅、黑雁、百灵鸟、啄木鸟（两种类型）、田凫、水鸭、水凫、野鸭、麻鸭、琵嘴鸭、海鸥、黑雁、鹌鹑（这种动物总是容易得癫痫病)、潜鸭、丘鹬、鹧鸪和野鸡还有很多其他的完全不知道名字的。还有它们肉的味道，我更是不太了解。这些野禽的肉可不是一年四季都能吃到的，虽然在不同时节只能吃到不同野禽的肉，不过在贵族的餐桌上任何时候都不缺乏大量的这种东西的供应。在我看来，所有这些野禽当中，黑雁的繁殖能力恐怕是其他野禽望尘莫及的。另外，它们繁殖的地方跟麻鹬的繁殖地一样，都离自己的生活地非常远。不过我们以前还是找到了一些它们相对来说比较近一点的繁殖地，比如爱尔兰的海滨，还有一些比较近的河边。如果我说这些黑雁不大可能会在泰晤士河的河口繁殖（因为黑雁的繁殖地并不是预先就定好了的，而是看机会和具体的环境来临时决定的)，我想很多人不会相信我。

有时，有人会看到这样的情景，某种飞禽停留在海滨旁一个短而软的灌木丛中，到了某个特定的时间，它们要么就会在海水环境里生存下来，要么就在旱地里死去，这种情况和法国的赫巴瑞在草本植物末期观察到的一样。对于我自己来说，我自己曾经在这里看到过，而且在这点上，我可是感触颇深啊，不过我可不想在此浪费时间多啰唆了。至于这些飞禽的生殖，大家只需要看看我在第十一章对藤壶的那一段描述，还有第十一章有关描述苏格兰的那一段，你们就能对其了解得差不多了。再来讲讲白鹭，这种飞禽和其他类似的鸟类一样，大多都是被英格兰人从海外运进来的，就好像我们自己国家的飞禽不能够满足我们的胃口一样。

我们家禽的种类对于我们自己和其他国家来说都是很常见的（大部分)，比如公鸡、母鸡、鹅、鸭、印度孔雀、鸽子等。可是，现在因为它们数量过多，反而成了有害的飞禽，常常都有房子因它们数量的增加而增修，搞得每个农民的庭院里都挤满了它们的圈舍。

虽然如此，但是为了赚钱，这些圈舍还是被保留了下来。而且在没有受到邻居的任何责难或罚款之前，是绝对不会有农民主动拆掉自己家庭院当中的圈舍的（因为上帝的特别恩惠和王子的许可)。每一个英格兰人的日子过得都很滋润，他们能够享用四分之一的母鸡做的晚餐，也能够像在其他国家一样，享受到用鸡冠当做晚餐的宴会；只要场合允许，就会有大批的阉鸡、母鸡、鸽子和其他类似的动物被英格兰人吃掉。此外，牛肉、羊肉、小牛肉、羔羊肉，在英格兰的每一场宴会上也都是必需的菜品。用来做阉鸡的公鸡的阉割是一项从古罗马时代就开始的技术，罗马人当时居住在这个岛上；不过火鸡或是印度孔雀的阉割却是一项新的技术。

经过阉割，印度孔雀和火鸡的体味已经大大地减轻了，并且肉的刺激味也有改进。如果我说公鹅也应该被阉割，我想应该会有人笑我并且蔑视我。我从来没有吃过阉割过的公鹅，我不止一次地听过我们国家存在阉割公鹅的技术。我听说，养鹅者会将他们的鹅像牧群一样驱赶到田野上放养，不过对我来说，看到或听到鹅像羊一样被驱赶到田野上，这感觉实在是有点儿奇怪并且陌生。这些养鹅者在每天早上把这些小鹅赶到一起的时候，身上总是带着一些一般的纸或是羊皮纸。它们一开始叫，声音马上就传到养鹅者的耳朵里，像是催促他赶快放它们出去一样。如果门还没有开，或是没有一间屋子有开始忙碌起来的迹象的话，就会看到这些鹅把头埋在门下面窥视，而且不停地发出嘎嘎的叫声，直到它们被放出去，赶上了它们的伙伴，这场面真是够搞笑的。

在我居住的地方，可绝对没人会这么养鹅，在很多其他地方也不是这样养的。有些人认为，鹅的粪便可以证明它们生活的地方的土壤是否合格。通过观察鹅的粪便，可以防止它们的牲畜得乳腺炎或者其他各种疾病。在这我也许会提到一些因为人类的产业产生的其他飞禽，在野鸡和母鸡之间，或是在野鸡和斑鸠之间，甚至是孔雀和雌火鸡之间，也可能是母鸡和鸽子之间产生的；根据我的所见所闻，我这方面的了解只有这么多，所以关于这个问题，我就不深入探讨下去了。而说到这些野禽和家禽的杂交品种，其实经过卡丹证实，它们都算是非常漂亮的飞禽。接下来我再谈谈一些大家认为很脏的飞禽吧，比如乌鸦、短嘴鸦、喜鹊、红嘴山鸦、白嘴鸦、鸢、松鸡、浣熊、椋鸟等，这些飞禽在所有国家都有很多（可能英格兰也很多，只是我们都没注意到而已），所以我在此就不多花时间重新对它们进行介绍了。

实际上，不管是短嘴鸦还是红嘴山鸦，都不会因为它们能够帮我们捉到土里的害虫而受到珍惜的（正如普利多想的那样）。为了消灭它们，人们出台了许多的议会法案，虽然这些飞禽根本不像其他一些凶恶的飞禽一样，会对家禽、兔子、小羊和小山羊造成伤害，但法案中却明确提出杀死这些飞禽的人，能够获得奖赏。特别是哥特人，他们有扼杀白乌鸦的法令，还制造流言说白乌鸦能够杀死羊和猪。我们对于害虫也有同样的法令，而这些白乌鸦，也在极力承受人们的捕杀，我们的神父站在大众之中，为了保证人们对它们的信仰和热情，他们便不停地颁布这样那样的宗教法令，来捕杀这样那样的动物，并乐此不疲，这种行为，恐怕只有等到世界末日，才会终结！

如果我们认为这些肮脏的飞禽能够消灭害虫，对我们有利，这是不可能的话，那就没有什么值得我们信的了。也许有人会在我手边寻找一些其他飞禽的资料，例如夜莺、画眉、燕八哥、歌鸫、欧亚鸲、红尾鸲、云雀、白颊鸟、朱顶雀、红腹灰雀、金翅雀、黄鹂、田鸫等。关于这些飞禽，我想我应该在方便的时候花更多的时间去了解它们，去看看它们的饲养场，听听它们美妙的歌声，观察它们的习性；现在，我不会继续再讲这些东西，因为这些我能够讲出名字来的，我已经讲得够多了。

我没办法详尽地描述出在这片领土里到底有多少种老鹰。不过因为我们经常能够看到有老鹰在岛上出现，所以，要讲讲关于老鹰的事，也不是那么困难。首先，以往大家的经验都有力地证明了我们国家是有老鹰存在的，而且它们就栖息于岛上的岩礁之上，关于这一点，哪怕是在正式的演讲场合，我也敢大声地说出来。不过，最令人惊奇的是，有些老鹰的巢穴离切斯特一点儿都不远，有的甚至就在一个叫做迪纳斯布伦的城堡里。据作家所记载，这个城堡是布雷努斯以前修建的。这座城堡虽然算不上什么了不起的建筑，但是它的地桩打得十分坚固，敌人根本无法接近，尽管现在它和别的城堡一样，或多或少有点毁坏了，但是仍然固若磐石。这个城堡建在一块硬岩石上，每年都有一只鹰栖息在城堡的一边。经过这只老鹰巢穴的人都得小心翼翼，否则这个鹰就会杀死他，哪怕他的衣服再好，这只老鹰都可以是用它尖锐的爪子将其骨和肉撕裂开来。普通人都叫这种飞禽白尾鹫；虽然我们国家有很多这种飞禽，不过我的知识有限，实在搞不清楚老鹰和白尾鹫之间性别是否有何差异（我是指在雌性和雄性之间）。

在它们繁殖地方的附近，它的破坏性是最大的，因为它们能够将小羔羊或是小山羊掳到它们的巢里，来喂养它们的幼崽，待幼崽吃完之后，它们又会飞回来掳走更多的小羊。我以前曾想在老鹰和白尾鹫之间有很多种差异，直到后来，我才终于明白，在我们国家大部分地区都用白尾鹫来指代老鹰。还有兰纳隼和南非雄隼、和苍鹰、雄枪鹰、寒鸦和燕隼，最后还有一些不知名的飞禽（尽管很少），这些飞禽，我们国家不是很多，不过也不算少。有一点值得高兴的是老鹰的主要伙食和食物不在丹斯克、德国和东方国家。我们国家老鹰很多，而且价钱也卖得很高，但是在国外或是它们繁殖地，几乎没有人会买老鹰，在其他国家，被拿到集市上卖的，一般都是鸡、小母鸡和鸽子这些人们可以吃的家禽。

据说航海之鹰从不在早上窥视其他飞禽，它们甚至有一套自己的轮班法则，一只觅完食，另一只再接班。但是对于一些凶恶的鸟类，我还是有一些疑问，比如航海之鹰是动物幼崽的敌人，就像猿一样，但是它特别害怕孔雀，当它看到孔雀的时候，它所有的勇气和胃口都会被瞬间吓没了。除此之外，我们还有很多其他凶恶的动物，像秃鹰、鸢、浣熊等，这些家伙都经常袭击我们的鸡、鸭和鹅，用它们来喂养自己的幼崽。我们的乌鸦和短嘴鸦也经常遭到这些凶猛动物的袭击，所以它们渐渐地学会了一些防御技巧。我们有一些人觉得乌鸦应该是秃鹰，我开始也几乎要被说服相信这点；但是最后发现，根据各种文章对于秃鹰的描述，与更为匹配应该是老鹰的第二种类型。

我之所以这么说，是因为秃鹰和老鹰的外形稍微有点相像，但是比起老鹰来秃鹰腿和脚上的毛更多而且更粗糙，有羽毛遮盖的部分也更厚（它们的咽喉和喉咙下面的胸也是一样，没有羽毛）。而且再没有哪一只乌鸦的样子和秃鹰能扯上一点儿关系，因此我也没有任何理由需要在这个问题上进行更深的探究。我看见过小嘴乌鸦，它们总是机智地做着自己的事，它们喜欢在大河之上翱翔（比如说泰晤士河），然后突然下降，脚上捉住一条小鱼，羽毛都没有打湿就又飞走了。泰晤士河直到现在都还在，看着小嘴乌鸦捉鱼，这是一件很神奇的事（至少我认为这很神奇）。

我们也有鱼鹰，但是现在大多能看到的鱼鹰都是喂养在公园和树林里的，养鸟人在鱼鹰行情看涨期间是不会收购鱼鹰蛋的；因为，他们发现，一旦鱼鹰蛋孵化了幼崽，成年鱼鹰就会一直不停地给幼崽喂鱼，饲养人拿来喂养它们的食物，全被它们喂小崽了，这样一来，成年鱼鹰就会长得很糟糕。我曾在偶然的机会中，见到过鱼鹰，之前，我听说它有一只脚像老鹰的爪子，是专门用来抓猎物的，另一只则像鹅掌，是专门用来游的；但是，不管它是不是，我觉得我们应该对这种动物进行更多的研究和试验。还有一点，不管鱼鹰是死是活，只要它的油跟风混在一起，就会对鱼产生致命的威胁。接下来，我再来讲讲属于鹰类的墨鸦，这种鸟类，有一些是黑色的，有一些则是杂色的。它们的主要产地在伊里岛，在那儿，它们被当做乌鸦（只有我才会叫它们水鹰）。

第十四章

野生动物

【1577年，第三册，第10、12章；1587年，第三册，第3、7章】

上帝给予我们这个岛的恩惠，已经算不少的了，我们这个岛没有有害的牲畜，像狮子、熊、老虎、狼和一些类似的猛兽，这样我们的国民可以安全地四处走动，而且我们的畜群在田野之外的地方都是没有牧人或饲养员看管的。这主要是说这个岛的南部和西南部。因为我们居住在特威德这边，为此我们完全可以夸耀我们的安全，相对于我们来说，苏格兰人可就没那么幸运了，因为他们居住的领土里有凶猛的狼和残暴的狐狸还有很多类似的猛兽。所以，我不得不说，英格兰没有这些野禽真是幸运极了，这很值得我们高兴，当然，从另一个角度来讲，这也归于埃德加国王的英明统治。

我们这里也有狐狸，但不是很多，在我们多沙的地里也有獾，有这些树林、荆豆、金雀花和很多灌木围绕着，这些狐狸和獾可以安全地躲在自己的地洞里，也可以随意地袭击附近养殖场里面的兔子。另一方面，我们很少有人听说过“黏土”这个词，因为在我们这儿，我们称之为松软沃土，黏土土壤的好处就是它的湿度和黏性不会把这些野生动物的地洞变深。不过坦率地讲，我认为这两种动物（我指的是狐狸和獾）最好是能够被贵族留下来用来打猎或是平时用来消遣，也好过因为它们的庞大数量而不能够被消灭给我们带来什么坏处。当然，比起其他国家狐狸和獾的数量，英格兰就算是少的了，可是当地的居民还是十分想把它们消灭干净，要不是因为它们可以给贵族们带来娱乐，恐怕早就被英格兰居民们捕杀得干干净净了。

接着，我要详细地介绍其他的一些有害的兽类，像臭鼬、白鼬、鼬鼠、松鼠、艾鼬等（卡丹把这些小动物全都归在了鼬类这个词里）。还有水獭，同样也有海狸，它们的后半部分和尾巴长得像鱼，有的尾巴像薄的磨石，看起来就像一只畸形的老鼠的身体：这种禽类本身牙齿也是很有力气的，可以在厚厚的木板上咬下一个洞，或是一晚上就能够咬穿一个双层方钢；它们喜欢平静的河流，天生就喜欢成群钻进附近的树林，收集树枝来建造自己的巢。它们在水里的时候，可以平躺在水面上，保持腹部不被水打湿。据报道，这种动物的尾巴是一道精致的菜品，它们的睾丸是有药效的（正如为维通曼纳斯所说），曾经有四个人嗅到它们的睾丸，结果睾丸的药力快速进入到每个人鼻子，搞得他们立刻就开始流鼻血了。波斯也有很多这种动物，主要在巴拉斯卡，它们和干鳕鱼一样，都被运送到世界其他地方出售，不过也有一些不良商人会拿一些冒牌货来骗人。

在英格兰的树林和灌木丛种，也有很多的水獭（说实话，我们海狸不多，但是至少在威尔士的特塞还是很容易找到的），但是很多都是在这座岛的河流里，其习性就和我最后说的貂（一种追逐的动物）差不多。

我们没有凶恶的禽类，但是有大量的赤鹿和小鹿，它们的颜色通常是白色和黑色混合的，或是全白全黑，还有一些有害的兔子。尽管对于它们自己来说，它们并不是很有攻击性的，但庞大的数量确是对我们很不利的。因此它们还是受到了很多人的谴责，就像我们大量的羊群一样，虽说占据了我们绝大部分的土地，但是羊肉，羊毛和羊皮却是从来没有多便宜过。小鹿产下的雄性幼崽都根据它们各自的年龄来进行命名：像第一年就叫做小鹿，第二年叫做两岁的雄鹿，第三年就叫做三岁的雄鹿，第四年叫做四岁的雄鹿，第五年菜称为真正的第一头雄鹿，直到五岁的时候鹿才会有名字：从此它就能从它的头或是角轻易地识别出来。但是它年龄的认定并不是那么容易，就算是最好的樵夫也有认错的时候：因为第一头的雄鹿会被去掉头就像在第四年一样。同样让人惊讶的是，它们每年都会换毛，犄角也经常被砍掉（它们的犄角在争斗当中是从来不会折断的）。另外，通过对赤鹿的研究，我发现雄性幼崽在头一年叫做犊，第二年叫做二岁的雄赤鹿，第三年叫做三岁的雄赤鹿，第四年就叫做四岁的雄赤鹿或是牡鹿，第五年就叫做大牡鹿，第六年就叫做五岁以上雄赤鹿，直到它死亡为止。它的凶猛程度和野兔、野猪和狼不相上下。小鹿、雄鹿和雌鹿，在公园都有饲养，兔子在养兔场和地洞也有饲养。

至于兔子，它们总是喜欢冒险地独自跑来跑去，只有某些贵族或其他人（为了自己的娱乐）来给它们做围场。养殖牡鹿被看做贵族最有代表性的游戏，然后是小鹿，接着是牝鹿，它们的数量现在是不多也不少。最后是野兔，估计是不少，因为猎这种禽类是使用爆炸和狩猎者使用的人为设备的起源。所有这些项目的出现，实际上都是为了迎合女士和绅士们的消遣口味而已（对此，弗兰西斯卡的看法恰恰相反），而不是为了满足那些有勇气的人的追逐，因为绅士们认为这种狩猎可以锻炼他们的臂膀，让他们体会到男子气概。此外，如果我可以继续讲这些滋生在英格兰的凶禽或是蠕虫，我倒是很乐意提供更多的资料，因为我们的蠕虫很少，所以这些禽类就会被看做凶恶或是有害的代表。

此外，我们还有蝰蛇（在古撒克逊语中叫做“奥特尔”），一些人贸然地认为蝰蛇不是毒蛇，若真是这样的话，那我们很多祖先的死就不是毒蛇造成的了。历史上还有一位已故作家恩赛里斯证实，他曾在萨拉见到的一条雌性毒蛇，它产下小蛇之后，子宫就会被小蛇吃掉。它的宝宝们吃完母亲的子宫之后，就会像蚯蚓一样躺在地上晒太阳。他管这种雌性的毒蛇叫蝰属，雄的叫锯鳞蝰属。最后包括锯鳞蝰属也和今天所叫的额纳塔尔是一样的蛇，这和我在撒克逊字典里查到的结果一样。就我来说，我始终相信，关于它们祖先疯狂屠杀人类的事迹并不一定都是真实的（尽管我不怀疑是天性通过一定的方式让它们残暴起来的）。就我目前所知道的情况，和我通过尼坎德尔收集到的所有有害蠕虫的资料来看，毒蛇只是为了它的幼崽活着，因此在拉丁语中又叫做毒之母亲。我记得我曾在一篇文献里读到过，关于毒蛇是怎样舔自己的幼崽的。我曾经看到一条蝰蛇躺在鼹鼠丘上（我开始还以为它是在那儿睡觉呢），它的身边有 11 条小蛇，每一条都有 12 或是 13 英尺长，在草丛之中互相玩耍，直到一些小蛇发现了我。它们一发现我，就立马钻到它们母亲的嘴里，这样把它们的母亲都给活活闷死了，然后我发现它们在母亲的肚子里，每一条小蛇都有一个各自的区域来掩护它们，就像一白色软的果冻一样，如此保护子女的方式不得不让我认为我们的蝰蛇真的是毒蛇。蝰蛇还有一个特点，他们的皮肤的颜色大部分都是铁锈色或是铁灰色，表皮变老的时候，就变成了红蓝色；蝰蛇在每年的四月或是五月初，都会换一次皮，每换一次皮就象征它的年龄又增长了一岁，刚换完皮的蝰蛇表皮十分的柔软脆弱，极易受到伤害。人类或者动物，一旦被蝰蛇咬上一口，就会立刻造成溃烂，受伤的地方会一直肿胀，毒液会在皮肤的破裂处不断涌出，有的会进入心脏，直到失去效力，如此一来，被咬的人或者动物只能在剧痛中慢慢死去。当然，被蝰蛇咬伤也并非只能慢慢等死，实际上，在被蝰蛇咬伤之后，只要及时喝下火龙果汁，并且搭配浓烈的麦芽酒，或有相同药效的药品，便可以抵抗和抑制这些毒液。除了有些罕见或是怪异的蝰蛇之外，一般地方的蝰蛇长度通常是两英尺，有的会更长，但是很少有长到两英尺六英寸的，但是我们的蛇要长得多，有时可以越过一个庭院，甚至有三英尺，但是它们的毒不像其他地方的蝰蛇那么剧烈和致命（也正如埃斯纳德所说）。我们的蝰蛇冬天有的躺在石头下，有的缩在地里的洞里面，甚至是树木腐烂的残根内，或是枯树叶里。夏天很热的时候，它们就会跑出来，要么成堆地蜷在一起躺着或是平伸地躺在山丘上，或是躲在草丛的某个地方。大多数时候，只有在林地和高地才找得到蝰蛇的踪影，要野外要对付蛇毒，可以寻找一种名叫埃克的有斑点的石头（这种势头在荷兰叫做埃克顿），这种石头磨成粉，据说是抵制蝰蛇毒液的良药。对于我们的蛇来说，拉丁语中叫奥格斯，通常能够在沼泽、沼池、肥土、墙上和低地找到。在经常能找到蝰蛇的地方通常会有很多的蟾蜍，蛇经常出没的地方也经常会有很多青蛙。我们还有蜥蜴，颜色是黑色和淡灰色的，稍微比蝰蛇短一点儿。我们以前从来没听说过，也绝对不会想到，蜥蜴的动作会如此敏捷，有一次在猎杀蜥蜴的时候，我们才发现事实恰恰相反。有一种无足蜥蜴，这种蜥蜴最喜欢躲在木头下面，所以你经常可以在森林里面的树脚下发现它们的踪迹。这种蜥蜴整个身体拉长，有一英尺左右长，背上有很独特的花纹，可以很容易就被识别出来，遇到它们的时候，可千万不能靠近，因为它们的毒液可是致命的。除了蝰蛇以外，在我们多沼泽地的地区，不时会发现大量的其他种类的毒蛇，其数量比蝰蛇可是要多得多，但是，我可不想再继续讲毒蛇了，这样只会让我浑身起鸡皮疙瘩。我们这个岛上是没有蝎子的，这种东西是上帝以前带给意大利的一种灾害。据说蝎子的毒液是白色的（正如阿波罗多洛斯所说），不过好在一般的蝎子毒液不像是狼蛛或是那不勒斯蜘蛛那样，会置人于死地。所以相对于那些有狼蛛或者是那不勒斯蜘蛛的国家，仅仅只有蝎子的国家，还是比较幸运的了。

我们也有陆蜥蜴和水蜥蜴，还有一种名叫雨燕的燕子，这几种动物都是非常有害的，而且大家应该都十分熟悉了，因为据我所知，这几种动物几乎在所有的国家都有，所以我在这个地方也就不再多做描述了，再多说下去只是浪费时间而已。还有一种动物我得说上一两句，那就是苍蝇，对于这种动物，我该怎么说呢？虽然我们都很讨厌，但是还是应该认识到，它虽然让人厌恶，但是它本身却是是一种无毒的昆虫，哪怕你就是把它的身子给剁得稀巴烂，也肯定找不到一丁点儿毒液的迹象。

除了以上讲到的这些昆虫以外，我们岛上还有很多的大黄蜂、马蜂、蜜蜂，这些蜂子种类繁多，形态各异，有的腰身细长，有的腰身粗短，无论是哪种，数量都多得惊人。至于数量如此庞大的蜂子，到底是从哪来的，人们一直都有着不同的猜想和说法，其中有一种很有趣的猜想，说蜂子都是从那些毫无用处的，腐烂的废弃物里面诞生出来的，比如那些腐烂的水果，那些腐烂的动物尸体等等。这种猜想乍一看，似乎很可笑，仔细想想，还真是有一定的道理，因为我们这的蜂子总是在水果开始成熟的死后才会出现，然后在那些腐烂的动物尸体旁边，也总是能发现大量的蜂子。动物学家维吉尔曾说过，一些蜂子可以杀害或是毒死一头受伤的小公牛或是小牛，然后钻到它皮层下面的肉或者是内脏里面去，以此作为房子在里面住上一段时间；这种说法可信度究竟有多高，我倒是没有深入地去研究过。我确信的是，没有一种生物在没有其他生物产生的情况下腐烂，我们自己可以看到，肉可以长出虱子和许多食肉蝇，如果没有被狗或是猪吃掉或是没有埋起来的话，动物的尸体总是要生出这么多的无用的东西。

至于蜜蜂，我认为最好记住，鉴于一些考古学家的说法，可以肯定以前它们在我们岛上是被人们所需要的一种昆虫，现在却是被认为一无是处。古时候可能我们岛上真的没有蜜蜂，在我生活的那个年代，到处都是，有些城镇里面至少有一百或是二百个蜂巢，这些蜂巢尽管远没有东方国家的蜂巢大，也能够装最多一蒲式耳或是五配克的谷物。普林尼（一个专门记录各地写奇观的人），说在北方地区，蜂巢在他生活的年代数量很多，以至于某些个蜂巢能够达到八英尺长，可是（似乎）他说的还不是最大的。因为在波多利亚（波多利亚现在归属于波兰），他们的蜂房也很大，蜂巢也很多，据说就连大野猪不小心掉到蜂巢里的话，都会立即被蜂巢里面的蜂巢给活活淹死，由此可见那个地方的蜂巢大得有多恐怖了。

我们的蜂蜜也被认为是最好的，因为比起那些来自海外的蜂蜜，我们本地出产的蜂蜜更黏，制作得更好，储存更干净，而据我所知，那些外来的蜂蜜就是蜂饼捣碎后滤去蜂房、蜜蜂和卵，剩下的蜂蜜和杂质都还没有分开，就开始出售。同样在药物的使用方面，我们的内科医生和药剂师也是避免使用外来的蜂蜜，特别是来自西班牙和本都的蜂蜜，一些人解释说这是因为外来的蜂蜜里面那些有害的杂质根本就没有过滤干净，所以我们的医生都是用本地产的蜂蜜入药。医生们这样做还有一个原因，那就是我们的土地即便和西西里岛还有雅典比起来，其野花的数量也毫不逊色，所以我们不仅能够产出大量的蜂蜜，而且所产的分泌都是像白糖一样纯白，品质是极佳的。我们的蜂巢普遍都是用黑麦秆做的，蜜蜂们还喜欢用荆棘将蜂巢的表面包裹住，这样便可以有效地抵御其他动物的进攻。有一些蜂巢却是用柳条来做的，柳条外面则会裹上一层泥土。至于蜂巢的位置，也很有趣，我们的蜜蜂很少把巢筑在树上，而是喜欢筑在房屋向阳的屋檐下，因为这样即可以保持蜂巢干燥，又可让蜂巢免受老鼠和飞蛾的危害。值得注意的是，蜂蜜和与其他液体物质的性质都不一样，我们都知道，一般情况下在最接近容器的顶部的油是最好的，酒则是最中间的最好，然而蜂蜜最好的就是最重和最黏稠的部分，而这部分在盛放到容器里面后，一般都是沉到底部，而容器的上面部分，则是蜂蜜的糟粕。

对于长得和蜜蜂相似的生物，比如斑蝥，和一些类似的有害生物，在其他国家都是很容易找到的，在我们国家，却没有听说过有这些有害生物的存在。我们有甲壳虫、马蝇、蝗虫或是蚱蜢，这些东西虽然名字和外形都各有不同，对于我们岛上的人来说，都一样，反正都是害虫就对了。说到苍蝇，我们总是有各种各样的对付办法。我认为在自然界，捕捉苍蝇最厉害的生物，就莫过于蜘蛛了。我听说以前在图密善，另一位王子在活着的时候最大的乐趣就是看一只壮实的苍蝇和他自己喂养的蜘蛛打架，下面的人只要能够提供大量的苍蝇，让王子养的蜘蛛吃的话，王子就会给他丰厚的奖赏。还有一位君主统治时期的君王，据说也有类似的癖好，他喜欢让人把一只麻蝇放到他的房间里面，然后让手下们去捉它，并以此为乐，而且那些手下捕捉到那只麻蝇，就不能休息，这样的君王真是有够荒唐的。还有一些贵族，对苍蝇也有着不同的怪癖，比如我就听说有的贵族就喜欢将细小的麦秆插入捉到的苍蝇屁股里，就我看着，这些贵族们的这种怪诞的游戏，感觉就像是自己往自己脑袋上面扣了一顶滑稽的帽子一样。

接下来，我再来说说蝗虫。说到蝗虫，我们国家对这种奇特的昆虫有着各种各样的记载和说法，这些都引起了我极大的兴趣。1542 年，德国，意大利和潘诺尼亚都曾经遭受过严重的蝗灾。期间，铺天盖地的蝗虫吃光了所有能吃的东西，所到之处，放眼望去，除了蝗虫，其他什么也看不到，据说引起这些蝗灾的虫子，都是来自孟迪德，在孟迪德，他们管这种昆虫叫做“卢卡斯”，而在我们的《圣经》译文中，卢卡斯译成英文就是蝗虫。而和蝗虫比较接近的一种昆虫，我们叫做蟋蟀，蟋蟀在拉丁语中也叫做蝉。

实际上，在我们岛上，蟋蟀和蝉是两种完全不同的昆虫。而且，尽管蟋蟀和蝗虫长有一些相似的地方，也还是很容易将它们分辨开来的。对于我们来说，从来就搞不清楚其他国家所说的蚱蜢和蝗虫到底是不是同一种昆仲，反正我们英格兰人向来都是人为蝗虫就是蚱蜢，蚱蜢就是蝗虫，完全没什么区别的。

第十五章

英格兰的猎犬

【1577 年，第三册，第 13、15 章；1587 年，第三册，第 4、8 章】

除了蜱虫，还有一样动物在英格兰值得注意，那就是狗。没有一个国家的狗的数量、品质和多样性能和我们国家的相比。我们的狗一般分为两类：一类是在家里面看门守家的，还有一种是专门用于打猎，帮助我们追赶猎物的，特别是用来追赶那些鸟类，让他们四散飞起来，这样猎人就好瞄准开枪了。第一种我们通常称之为家犬，而第二种狗我们则称之为猎犬或者狩猎犬，而猎犬当中，品种最好的，便是我们从西班牙引进的西班牙猎犬，这种猎犬最大的优势就是有着极其敏锐的嗅觉，快速的觉察力，迅捷的动作和对主人绝对的忠诚。

我们还有一种猎犬，叫做萨嘎可，这种猎犬的狩猎技巧非常高超，而且这种猎犬非常擅长团队作战，它们与同伴之间的合作也非常默契。它们一旦找准目标，就会一直追赶，直到逮到猎物为止，所以猎人们也非常喜欢喂养萨嘎可。另外，我们还有猎兔犬，这种猎犬最擅长的就是追捕狐狸、野兔、狼（如果我们这真有狼的话）、熊赤鹿、雄鹿、獾、水獭、臭猫、鼬鼠、兔子等；我们第四种猎犬，是一种小猎犬，这种猎犬比较擅长追赶獾；

第五种是寻血猎犬，它的任务就是跟踪凶猛的动物，并且用它干裂的脚去捉小偷或是捕捉禽类；第六种是锐目猎犬，它是用眼睛猎捕的；第七种是灰狗，因为它的力量、敏捷性和身材而受到猎人们的青睐，就连我们的卜瑞德也曾经对这种灰狗赞不绝口而且曼克斯也曾经在书里面对这种灰狗有详尽的描述；第八种猎犬是猎狗，它们有敏锐的嗅觉和奔跑的迅捷。我上面所列举的这些狗，都很适合追赶和猎捕。此外还有一种专门用来进行欺骗的狗，这种狗的职责只有一个，就是专门用来骗人。它们可以说是充满智慧的狗，而且它们的骗术都十分高超，不管是装死还是装可怜，都很少有人不会被它们骗到的。除了猎狗，猎人们还喜欢喂养猎鹰，据说猎人们都会为自己的猎鹰取一个独特的名字，然后训练它们如何将猎物死死抓住，或者将猎物赶进猎人事先布置好的陷阱里面。

接下来，我再回来讲讲我们的猎犬吧。从我上面列举出来的猎犬种类，大家可以明显地看到，其中名字最普通的种类，就是西班牙猎犬了，而且我们一看到或者听到这种猎犬的名字，就可以清楚地知道，它们是从西班牙引进的，而西班牙猎犬的另外一个特点就是它们都很熟悉水性，可以直接游到水里面，把猎物驱赶出来，或者直接在水面上，将猎物捕捉，所以可以用它们来捕获水禽。而我们的捕兔犬还有另外一个名字，叫做猎鹬犬，这种猎犬的发源地是马耳他岛，在当地，人们都叫它们摩立特。捕兔犬最大的特点就是性格非常温顺，而且它们因为头很大，样子看起来很可爱，远远看上去像是在模仿女士们的优雅动作，所以那些贵族的妇女们很喜欢养这种猎犬作为宠物，这对于猎犬来说是十分可悲的，因为这些贵妇们只知道把猎犬当做玩物，这种愚蠢的行为，只不过是在浪费猎犬的宝贵时间和消磨猎犬的斗志而已，最后，贵妇们养的猎犬就变成了废物，以如此大的代价来满足贵妇们无聊和空虚的娱乐，真是太不值得了。对于猎人们来说，猎狗就要越小开始养越好（判断狗的真实年龄，就要摸一下他们的头盖骨前部是否已经闭合），因为只有从小的时候开始养猎犬，主人和狗同吃同睡，犬和主人之间的感情才会更加深厚。我们用来看家的狗通常就是牧羊人的杂交狗或是獒犬。第一种十分普遍，其作用也是众所周知的，就是保持羊群能够集中在一起，所以我在此也不想多花时间去讲它们了。接下来我就讲讲獒犬，我们也把这种狗叫做栓狗，这是因为这种狗体形很大，身体十分强壮，性情也非常凶猛，这种狗比任何阿卡狄亚或是科西嘉的恶狗都要更加凶猛，当它发狂要咬人或者咬猎物的时候，连狗主人都拉不住它。为了防止它们咬伤外人，狗主人白天都是用很粗的铁链将它们拴住。在某种程度上来说，由于大自然的力量，因为用途和习俗的不同，所以英格兰这些狗可能更加凶猛。因此这种狗十分有勇气、暴力、英勇、结实、大胆。这种狗以前是野生的，是大自然教会了它们怎样去引诱熊、公牛、狮子，或者是其他类似的残忍血腥的禽类（不管是从外带进来的还是本国产的）来填饱自己的肚子。现在虽然已经被人们所驯服，但是它们体内的野性仍然还保留着。由于人们喜欢训练这种狗和人进行搏斗，所以没有任何人的衣服可以抵挡它们的牙齿，要知道，人们在训练这种狗咬人的时候，都必须要带上枪柄、棍棒、剑或是特制外套才能够保住性命呢，而对于陌生人，它们就变得更加凶猛和残忍了。

里海人十分重视这种獒犬，所以每户人家，只要经济条件允许，都会养这么一条凶猛的獒犬，而且他们还有一个习俗，就是自家喂养的狗死掉之后，就把狗肉给吃掉，这是因为这个国家出台了保护狗的公共条例，人们是不能宰杀狗的，所以只能等狗自己死掉之后再吃，而且他们特别喜欢吃狗肚子上面的肉，因为他们认为这部分的肉是狗身体上最好的部分。这样的习俗，同样也被周围的人们渐渐模仿起来。而且里海人还会用一些特殊的训练方法，让他们的獒犬变得更加凶猛，甚至是一见到活的猎物就会忍不住猛扑上去，一下咬断它的脖子。相对如此凶猛的里海獒犬，我们的獒犬虽然也比较凶，但是就已经是小巫见大巫了，我们的獒犬虽然见到陌生人都会张大嘴巴狂叫，它们一般不会真的扑上去咬人。要知道，真正咬人的恶犬，在下口之前，是绝对不会出声的，所以那种闷不吭声的狗，其实才是最可怕的狗。

还有一种名字叫做茅斯和琪夫的狗，这种狗也是非常凶猛，他们在追扑猎物的时候，最喜欢的就是展开猛烈的袭击，而且这种狗的力气也是大得令人难以置信。它们光用牙齿进行的防卫都超过了所有人的想象：它们三只就可以抗衡一只熊，四只抗衡一头狮子。正如报道所说，亨利国王七世下令绞死所有的这些杂狗，因为它们胆敢擅自与狮子搏斗，这可是违背了国王命令的。这种狗还敢和凶猛的猎鹰搏斗，它们在和猎鹰搏斗的时候，通常都是等着猎鹰扑下来的那一瞬间，一下就咬掉它的脑袋。

我经常在想象一件事情：要是国王亨利七世生活在我们这个年代，会对我们英格兰的獒犬做些什么呢？我想他肯定会把一群獒犬和熊、狮子、豹关在一起，看他们搏斗，以此为乐。如果真是这样的话，我想獒犬肯定会当着国王的面，先扑倒大熊，然后是豹，最后是狮子。如果要我详尽描述这个情景，我想应该是这样的：獒犬首先会利用他的气势，压倒其他猛兽，让它们产生极度恐惧，都想着要逃走，然后在这些猛兽毫无斗志的时候，群起攻之，将其咬死。虽然这些獒犬晚上会变得非常狂怒，因而被拴住，它们待在院子里面或者是屋子里面的时候，还是比较温驯的，这时，即使是孩子们骑在它们背上玩耍也没问题。这些狗是十分保护它们的主人和家里人的，它们随时都保持着戒备，如果一个陌生人拥抱或是碰了它主人家中任何一个人的话，它们就会凶猛地将你扑倒在地，如果没有人制止它的话，此人就会受到极大的伤害，就像尼卡蒙德的那只狗一样，曾经一度触犯了比提尼亚的国王。一天，考斯经王后和她丈夫一起在花园散步，这只狗看见她拥抱并亲吻了国王，不管他人的阻拦，就把她撕成了碎片。此外，一些狗看到有陌生人走进来，在屋子里或是院子里走来走去，不会理会他们：一旦伸出手去触摸任何东西，它们就会飞一般地跑过去，如果没人阻止的话，它们甚至会活活把他们咬死。我自己从前也有一只类似的狗，从不会让任何人带着武器走进我的大门：它在的时候也不会让任何人碰我屋子里的东西。如果我打我的孩子，它会温和地尝试从我手中拿掉棍棒，含在嘴里，或是把他们的衣服扯掉，让他们免受鞭打之苦。

最后一种类型的狗，就是我之前说的杂种狗，这种狗一般都比较有灵性，耳朵一般都是竖起来的，体形也比较小。这种狗的存在，可以说完全是为了迎合人们的消遣。一些人叫它们报警器，因为在夜里有人走动或是在屋里伏击的话，它们除了吠和发出警报之外什么都不能做。我不可能按照任何顺序来描述这些杂种狗，因为它们没有任何单纯的品种，都是复杂的混合。第二种类型叫做转叉狗，它的职责是众所周知的，我就不再多讲了。除了这些，我们还有来自爱尔兰的杂种狗，因为它们总是很鲁莽，所以和我们英格兰人之间有很多的不和之处需要磨合。这种爱尔兰杂种狗咬人的时候，会把人咬得很痛，而且它们有个奇怪的喜好，就是十分喜欢咬蜡烛。

这类杂种狗里面，还有一种狗，叫做舞蹈狗，教它们跟着某种乐器的音乐跳舞，这种狗经过训练后，一旦听到敲打鼓的声音，甜美的声音，竖琴的和谐演奏，就会立刻翩翩起舞，而且他们跳舞的姿势十分有趣：比如站得笔直，平躺在地上，就像是一个圈把它的尾巴圈在嘴里那样转圈圈，来回往复地跑，从人头上把帽子拿过来，还有很多这种类型的活动，当然，这些动作都是从它们无所事事捣蛋的主人那儿学来的。养这种狗的人一般都喜欢带着各种各样的乐器，穿着老旧的杂色衣服和彩色的高腰夹克，像个流浪者一样，带着他们的舞蹈狗到处卖艺讨生活。这类人都不会奢求多好的生活，只是希望能够为人们提供娱乐和消遣，以此来换一点点饭钱。

在这我应该讲另一种狗，它们有的是由母狗和狼繁殖的来的，有的是在母狗和狐狸之间繁殖的，或是熊和獒犬之间繁殖的。而且这种狗大多数都是母狗自己跑出去交配之后，才跑回主人家里生下来的。要是按照我们的意愿，完全希望是第一种，我们可不想让自己的狗去和外面的野兽交配，生下这么些奇怪的杂交狗。这种狗最大的特点就是丑陋不堪，我敢说你绝对找不到比这种狗更丑陋的狗了。不仅如此，这种狗生性非常残暴和凶猛，狗主人非常难以驾驭它们。它们一旦咬住猎物，就会死死咬住不放，直到把猎物撕成碎片，任何人都没办法阻止。我想它们如此凶残的本性，应该是遗传了它们父亲的残暴野性吧。还有一些杂种狗，可能是母狗和老虎、母狗和狮子交配产下的，这种杂狗看起来又像狼又像狗，或者又像狮子又像狗，真是太畸形了。卡丹也曾经说过，也许我们的狗经历很多代之后就会变成了狼。如果这种说法成立，那么可能英格兰以后就有很多狼了：大自然在它们之间都设定了一定差异，不仅仅是外在的形式，还是骨子里的内在性情，不一定他的断言就那么合理。

第十六章

船只和航海

【1577年，第二册，第13章；1587年，第二册，第17章】

古时候的英格兰，在航海方面也是非常优秀的，据我考查，英格兰在古时候就有很多地区建造了大量的船只，而且有的造船技术及航海技术，甚至和我们这个时代相比起来都毫不逊色，甚至还要更加出众。

所以我们不得不承认，我们古时候的航海和造船，确实大大出乎了我们的意料和想象。不管是从船只的外形来看，还是这些船只行驶在危险的大海上时所能够承受的海浪和冲击，都绝对是我们这个年代的技术所无法比拟的。此外还有那些水手们强大的力量和敏捷的思维，也同样是我们这个年代的水手所叹之不及的。对于船只的大小和其灵敏的程度，其实我们都很清楚，最大的船舶往往都不是最快的，因为容量太大就不容易在大海里转换航船的方向。而在《伟大的亨利》一书中，曾经对我们的船只有所描述，其中就提到，我们英格兰人虽然在这个时代建造出了英格兰最大的船只，但是其速度和灵活度远远不及我们古代的船只。而且，我们还得看到一点，就古时候的条件和科技水平而言，不管是水上浇筑的造船方式，还是船只内部的制造，对于我们的古人来说，都是非常不容易的事情，就是在如此困难的条件下，他们仍然在追求着完美，仍然在不断坚持提高他们的技艺，能够造出比我们还要好的船只，这种精神，是值得我们学习的。

英格兰的水手分成三类，一种是作战的，一种是负责载货的，一种是负责在海上靠捕鱼为生的渔民们。第一种水手，我们也称之为海军，英格兰的海军有两种：皇家海军和普通的舰队。皇家海军所使用的船只当然是比普通舰队使用的船只要好得多，而且皇家海军的战船数量非常庞大。那时，虽然我们没有专门制造皇家战船的船厂，我们的皇家舰队所拥有的战舰同样比现在的英格兰女王陛下更加地漂亮和华丽，并且这些船上都有先进的设备，所以它们的战斗力都很强，不会轻易被其他国家所击败。

说到船厂，有一点我认为大家应该了解：一艘设计和建造都十分精良的船，在大海上航行可以如履平地。古时候，对于任何国家来说，要造出好的船模，都不是一件容易的事情。我们英格兰在这样的条件下却制造出了有安全保障的、航行敏捷的、世界上没有能和我们相比的船只，这是值得我们骄傲的。

再回过头来看看我们的海军，我们的海军里面有着严格的管理和安全监管措施。负责统领真个海军的军官，我们称之为海军上将。正如大家可能了解到的一样，“海军上将”这个词实际上是来自于一个希腊词“阿米瑞斯”，意思就是“海上的船长”的意思。不过又有人对海军上将的来源提出了另外的解释，比如东瑞拉斯就在所著书中提到：海军上将一次是英格兰人从拉丁语“阿德梅尔”一词演变而来的。另外一种说法是海军上将一词来自阿米亚的撒拉森，其原意是表示“文职官员”。甚至还有人说这个词的起源是法国。总之，众说纷纭，也不知道哪一种说法才是真实可靠的，所以我们就不再深入讲述了。现在我们还是来看看女王的船舰吧。古时候，我们女王的华丽船舰就已经有了很好的装备，而且体形是一般船舰的五倍那么大，除了主舰以外，后面还会有三艘配备先进的帆船护航，其宏观程度可见一斑。

据说我们以前的统治者，每年都会在他们到过的一些地方建立起城市(毫无疑问，萨丹纳帕路斯开始就完成了两个城市的建设，这两个城市就是安基阿卢斯和塔尔苏斯)，这些新建的海边城市，最主要的防御手段，就是每年建造一艘船或是从其他地方买来船只增强边境防御敌人的能力。虽然这种防御手段，可能大家在阅读英格兰的历史书籍中时，都已经看到过，我还是想再次啰唆两句，以便为各位读者加深一下印象。对于我们这些城市的海上防御来说，我们的战船有三条重要的航海作战要点：速度要快、防御要强、攻击要猛，只要满足了这三点，就是优秀的战舰。

就我查阅过的一些历史记录来看，我们古时候的海岸线虽然相对来说比较安宁，也时常会有一些小的冲突和战斗，所以我们的战舰，在抵御海上入侵这方面真是功不可没。之前我已经提到过，我们也看见了它们的作用，对于这些战舰的数量我也不是很清楚。有一些书里面还是大致提到过，通过对这些记录的研究，我大致得出了我们古时候战舰的数量，应该是超过 500 吨重的战船有 135 艘，每一艘上面配有 40 至 100 名海军。大底平船 100 艘，各类大小囚船、捕捉船、渔船和小帆船攻击 656 艘。这些都是普通的船，除此以外，还有女王陛下的皇家舰队，一共拥有战舰五六艘左右。然后我们还有大量的商船，我听说当时有一个著名的海商，就他一个人，就拥有十六七艘商船，至于此人的名字，我在此就不说出来了。总之他当时靠着海上贸易，可是成为了巨富的。我本应该趁此机会讲一讲英格兰人驶入陌生国家时候遇到的一些困难的，还有他们在那儿所取得的成功；但是这些跟我的目的毫无关系，所以我也就不谈论了。只说一句，到最后我想所有人都应该清楚地看到，我们当时在航海方面的技艺是多么高超，还有我们所累积的航海经验是多么丰富。因为造船工艺出色，所以我们当时制造出来的船只非常畅销，但是如果光是造船出来直接卖掉的话，我们一艘船最多能赚到 1000 英镑，如果想要让造出的船只能够获得更大的作品，就应该将其用于商贸或者是海军防御，只有这样，才能真正的增加我们船只本身的价值（至少我是这么认为的）。

但是，当时很多人并不明白这一点，在他们看来，国家增加这些装备的储存和保卫我们的国家没有任何关系，只不过是女王又在想办法增加老百姓们的税收而已。事实上，我们应该明白，除了增加国家的战舰储备以外，我们还需要是建筑好我们的海御工事，只有这样，才能保证我们国家的安全。总之，大家都应该转变以前老旧的观念，看到海上防御的重要性。过去，如果我们国家能够重视一点儿海军的话，之后怎么会有罗马人、撒克逊人甚是还有丹麦人对我们岛屿的侵略呢？最后他们的残酷迫使我们的国民，违背自己的意愿，从其他地方买来船只，在自己的国家内建造属于自己的船只，这才让我们的海事防御增强起来。对于大多数诺曼人，他们在造船技术上面的迅猛发展，让他们可以驾驶船只四处侵略，他们在短暂的时间内征服了我们这座岛屿，而在诺曼人之前我没有在任何地方看到过有驶入这个地方的船只，这就不得不让我们认真地反思一下，我们究竟应该如何来保卫我们的国家，然后看到一点：没有什么比建立一支强有力的海军更为重要。

我记得索利努斯也曾经提到过：在水上面的航船大部分是用柳条造的，而大不列颠人也习惯于乘坐这种用柳条建造的船只出海，这样做究竟是因为他们的风俗还是他们只有这样的材料，我也不太了解。在撒克逊人编制军团的最初我们也有一些船只，但是数量和模具都很少，完全达不到防御外来侵略的目的，爱格伯特是第一位彻底明白海军的必要性和保卫国家的作用的王子。在他之后也有几位王子开始重视起我们的海军防御起来，比如阿尔弗雷德、埃德加、埃塞雷德等，他们都在最大限度地努力地增加我们的船只数量，其中功勋最为卓越的就要数埃德加了，他的海军有 3600 艘船，他把它们分成了四个部分，让它们分别守在岛上的四个不同的海岸，用以抵御海盗。

埃德加之后的统治者埃塞雷德在这方面也做得相当不错，他制定了一条法律，规定所有人都要有一只船，以备在战争的时候使用。然而，正如我之前所说，海军的防御工事做到很好的时候，武力和坚固的建筑都是不能与之抗衡的。我们在巩固我们的防御的同时，诺曼人也在不断地改进他们的造船技术，据说他们以前侵略我们这个岛时所建造的船只，和我们今天看到的完全不一样。可就是这样，他们之前还是把我们给打败了，可见我们以前的海军防御有多糟糕。现在，我们建造的船只，在一周之内可以航行 300 里格或是 900 英里，好一点的船甚至可以在六周半的时间内航行 2200 里格。这些速度很快的新船不仅被我们运用在海军上面，而且还广泛应用于我们的商贸。当然，印度离海角或是康沃尔角 800 里格，这是大家都知道的。所以虽然这些船只速度很快，如果他们的船货太重，不能够让他们快速驶到目的地的话，它们就会在西印度群岛靠岸停歇，然后再驶到从科尔切斯，最后再从科尔切斯特驶回英格兰，跑这么一圈，通常需要花上在 12 周或到 13 周的时间。我还从一些旅行者那里得知，如果我们有任何的船只碰巧航行到伊斯帕尼奥拉岛或是新西班牙（过去叫做格兰吉尔和海地，位于北回归线和赤道之间），他们就会在此地靠岸，然后再由此驶向加那利群岛（要航行 8 天或是从西班牙出发，航行 250 里格），然后他们会在那里待上 30 到 40 天，再用 8 周的时间从康沃尔回家，这是件很漂亮的事，而且航行过程也是十分安全与平静的。

第十七章

英格兰律法

【1577 年，第三册，第 6 章；1587 年，第二册，第 11 章】

为了严防人们犯刑事重罪，过失杀人，抢劫，谋杀，强奸，剽窃还有一些类似的死罪，我们对这类违法者的刑罚都是施以绞刑，直到死为止。对于其他国家的刑罚，我们没有用过也并不了解；我们知道其他国家对于这种罪行的刑罚比我们国家的严重得多。我们极其痛恨那种常用的严刑逼供，因为我们认为这是蔑视死亡，我们英格兰人本来也讨厌受到折磨，在严刑面前，有时那些罪犯宁愿被折磨死，也不愿意供认自己的罪行。所以国民绝对不愿意看到我们出台的法律里面规定犯人的身体可以像其他国家的罪犯一样，随意被摧残，这也是我们的死刑犯如此坦然面对他们死亡的一个原因。正如史密斯爵士在其书中所说的那样，我们民族的人们是自由的、勇敢的，拥有着高贵的血统的，因此不管怎样都不能忍受变成奴隶，经常挨打，受到奴役和奴性般的折磨。所以我们这个岛上还有法律条款明确的规定：如果看守人拷打他们看守的罪犯，让他说出犯罪同伙的话，我们看守监狱的人是犯重罪的。

英格兰最残忍、最痛苦的刑罚就是用囚车或是滑车把罪犯从监狱拉到行刑的地方，在那儿施以绞刑，却不直接把罪犯吊死，而是折磨他到奄奄一息，又把他从绞刑架上放下来，在他尚有一点点意识的时候；将其开肠破肚，斩去四肢，然后再全部丢到大火里面烧成灰烬。有时，如果犯人的罪行不是那么严重，他就会被直接施以绞刑吊死。

无论何时，任何贵族只要犯了罪就会被判与平民百姓一样的罪，那就是说，我们信奉在法律面前人人平等的原则（所有犯罪的贵族的判刑，都是通过上议院裁定的），但是对于贵族的死刑，他们的死亡方式只有砍头，而不像普通的罪犯那样有很多种严厉的死刑。但是如果贵族犯下的是叛国等方面的重罪的话，那他就会在受到政党的控告之后，被送到上议院进行审讯和裁决，这种时候，无论他是贵族还是绅士，都一样会受到非常严厉的死刑惩罚了。在英格兰，法庭对于上等人和下等人的审讯和裁决都是分开来执行的，如果是绅士，就会受到绅士的审讯；如果是下等人（比如那些佃农或者是平民），就会受到上帝和国家的审讯，并且定罪为重罪、杀人罪等。

我们最常见的死刑就是将犯人直接吊死，然后将尸体放下来，埋掉。如果罪犯是被判为故意谋杀罪的话，那就会在他犯下罪行的地方附近用链子活生生地施以绞刑，或是出于同情心，先用绳子勒死，在这一点上，我们不像其他国家那样用刑车和栅栏来施以死刑。如果犯了故意杀人罪，除了绞刑外，在他犯罪地方的前面或是附近，罪犯通常还会被砍掉右手，然后再被带到施刑的地方，根据法律对其施以死刑。

我们的“重罪犯”一词来自撒克逊词“变坏”，在撒克逊语里面，“变坏”这个词的意思是说邪恶的、恶魔的，与生俱来就带着不可抑制的邪恶天性和堕落的性格。同样，在我们的“重罪”这个词里面包含了很多种严重的罪行，像越狱（爱德华二世），毁了王子臣民的容（亨利四世），在夜里戴着面具或是脸上涂漆进行追捕（亨利七世），强奸或是抢夺妇女和少女（亨利八世），反对王子人士的阴谋（亨利七世），主人挪用给下人的物品（价值超过 40 先令），带着公马和母马进入苏格兰（亨利八世），鸡奸和兽奸（亨利八世），巫术，伪造罪，妖术，挖掘十字架（亨利八世），对武器、认知、姓名和徽章的传教（亨利八世），制造诽谤法案（亨利八世），故意杀人（爱德华六世），士兵逃离战场（爱德华六世），铸造假币，所有轻视王权罪，盗用档案，仆人从死人身上盗取物品，在高速路旁，海上或是住宅抢劫，池塘泄漏，手提包被划破，在夜里偷鹿，造假币，伪造特许状和其他很多种罪行。如果一个女人毒死了丈夫，她会被活活烧死；如果仆人杀了他的主人，会被判为叛逆罪；毒死别人的这个人会被浸在水里或是水银里煮，直到死亡为止；在谋杀案件中，所有的从犯都会相应的承受死亡的痛苦。犯伪证罪的人会被示众，额头上烙印一个字母P，罪犯被拴在路边的树上，使得他不能动弹，然后进行焚烧。另外很多种类似的罪犯也会被砍掉一只或是两只耳朵，比如说了煽动性的语言、反对地方官、轻微盗窃等。流氓也一样会被割下耳朵焚烧；将绵羊送到岛外的人，会被砍掉双手；下毒致他人死亡的人会被放在水银或是沸水中煮和烫，直到死为止。异教徒会被烧死；娼妓和她的同伴们，会被押送到集市或者教堂面前，接收公众们的唾骂和谴责，然后被马车拉到河边，没入水中淹死。然而一些在伦敦朗伯斯区和威斯敏斯特地区对犯罪人的判罚是在泰晤士河上，将犯人的身体绑在两艘方向相反的船尾上面，然后直接用船把他的身体扯城两半，这种惩罚使得许多被判罪的人感到害怕至极；而且只有一个人有资格执行这种刑罚，那就是骑士执法官。

格士司是第一个授予权利给牧师去惩罚通奸犯的人，在那之前，根据法律规定，我们的牧师是没有任何行刑的权利的。在所提到的格士司之前的时期，通奸的男性所有的财产都必须上交给国王；通奸的女性则会被挖掉双眼或是割掉鼻子，如果罪行比较严重的话，那这个女人就会一起失去双眼和鼻子；由于国家法律对于通奸罪行的这种特殊处罚，造成了国民之间在结婚之前，都会认真地考虑自己未来的婚姻，还会对各自的财产进行婚前估价。在格士司对这一罪行的处罚实行改革以后，这种情况才有所缓和。除此之外，我们对于盗窃罪的惩罚，就是让盗贼卖掉他们的东西来补偿那些被盗的人，然后再让盗贼进行劳动改造。因为英格兰的天气很冷，所以这种劳动改造有时比吊他们半个小时或是站在薄板上更加痛苦。

对于那些杀人犯，在过去是被处以罚金的，有时罚款1200先令，有时罚款600先令，或是200先令。罚完钱之后，这些杀人犯就会被活活埋到土里，然后用一根木棒直接从他们头部插下去，贯穿身体而死。这一处罚规定，是亨利一世制订的，到现在为止，都实行了上百年了，至于具体的处罚规定，我在其他书中有详尽的叙述，在此我就不再多讲了。

我们国家的女巫会被施以绞刑或是烧死；但是小偷以前一般都是被吊在绞刑架上或是承梁上吊死，这一点我前面也提到过。但是现在我们处罚小偷的方式有所改变，不是直接吊死，而是将他们带到哈利法克斯去，在那儿他们会以一种奇怪的方式被砍头。关于这种奇怪的砍头方式，我找到了一些相关的记载，据说这是古时哈利法克斯的法律，或是一种风俗，在哈利法克斯犯了任何重罪的人在审查中供认罪行后都会被以这样奇怪的方式砍头。不仅如此，就连砍头的时间也有讲究，据说施刑的时间基本都是在星期二、星期四和星期六（这三天是赶集日），或者如果赶集日就是他被定罪的那天，就会当天行刑。执行死刑的工具是正方形的两根木柱，长和宽都是4.5英尺，在两木柱顶端之间，用铁链拴着一把大斧头，木条下方中间则固定着一块铁板，行刑的时候，罪犯会被木条上面的绳子捆住，然后把头放到铁板上，刽子手拉起斧头，从高处放下。这样罪犯的头立刻就会被斩掉。如果犯罪者是因为盗窃公牛、绵羊、雌牛、马或是任何牲畜被抓的话，小偷的牲畜就会被带到施刑现场，拴在一边，看着小偷被斩头。这就是哈利法克斯法律，在这方面我只是打算介绍这种习俗。因为有了这样的砍头方式，我们才能够很好地打压这些盗窃集团。还有我们在审讯这些盗贼的时候也很奇特，如果他们保持缄默，不肯开口承认自己的罪行，我们就会在他们胸口放上一块重重的石板，背下面也放一块很尖的石头。不过这些盗贼也有对付这种严刑逼供的对策，他们事先都会把财产转移给他的妻子或是孩子。这样一来，如果他们一旦被定罪，财产就会被王子没收。如果是第一次犯罪，而且除了牛、羊、钱之外没有偷过其他的东西，也没有实施过抢劫、侵入民房等罪行的话，那我们就会用烙铁烧在他右手拇指的肌肉上留下一个印记，如果再次被逮捕，这个标记就可以表明是否之前犯过重罪，那时就会确定对他们犯罪能不能有一点宽容的余地。

除了英格兰，我在书上看到没有其他地方使用这种习俗；而且我经历了一番千辛万苦的搜寻之后，也没有查到其他地方有类似的行刑方法。所以我大致我们英格兰之所以会制订这样的刑罚，其目的是为了教会这个岛上的居民如何去爱，如何去遵纪守法，坦诚老实地过日子。我还在哥特人和汪达尔人那里发现了类似的事，在一段时间之内甚至他们的王子也没有学会坦诚和友爱，这实际上是他们勇气在逐渐减弱的一种表现。我国部分的司法没有我们听说的那样可怕、残忍和故意的杀害（我的意思是说在大陆国家不是少有的）。不时有一些杀人罪和血腥的抢劫案发生，这些人违反了法律，就会得到严重的惩罚，至于惩罚的方式我之前就说过的。的确英格兰没有任何的祸害比得上抢劫来得严重，这些抢劫犯在有钱人的家里面，或是在绅士和富裕的农民的牧场上走来走去，看看什么马养得最好，然后就开始抢劫。尽管这种抢劫行为十分冒险，惩罚也十分严重，因为可以快速搞到钱，所以每年都有抢劫犯愿意以身试法。这些抢劫犯，在被实施绞刑的时候，我们都会要求他们站在绞刑架前面忏悔自己所犯下的罪行。其实那些小偷，我们也会要求他们在绞刑架前进行忏悔，这些小偷从国外的牧场里偷来各种各样的马，再偷偷运送到我们的集市和市场上出售。这种偷马的小贩一次偷得多的，可以搞到40到60匹马。这种小偷一旦被抓住，要求他们忏悔的时候，他们就会故作可怜地忏悔。

第三个使我们联邦感到烦恼的是流氓，这类人总是在他们的所居住地方制造很多的罪恶。我们所说的流氓并不一定是指罪犯，其实我这里所说的流氓，通常包括两种人，要么就是有钱人，要么就是没钱人。不管是有钱没钱，只要是被划分为流氓之列，那他就肯定是好吃懒做类型的。根据卡丹所说（耐克维纳主教的报道），在爱德华六世国王诞生时，亨利八世对于那些好吃懒做的人是制定了严格的法律的。所以亨利八世统治时期，英格兰的流氓数量得到了很好的压制。哎，他死后，这些人的数量就开始上升了。（战争是滋生流氓的最好时期，但是我们虽然没有发生战争，却仍然有那么多的流氓，这对于我们一向自认为高雅的英格兰人来说，真是一种讽刺。）对于我们的流氓和小偷，在英格兰曾经有一项旧的法律规定，如果他被告抢劫（任何人）或给了杀戮和谋杀的警告，这个村庄的巡警便会申请救援，所谓的申请救援，其实就是去发动教区周围的人，去搜寻森林和果园，和所有有嫌疑的房屋和地方，看看是否有侵入者，或是有潜伏者；如果没有任何发现，就会向下一个教区发出警告，一个教区搜查完了之后，就会逐个教区地告知，直到找到犯罪者和他的避难所为止。倘若哪个教区没有尽到义务，遇到贼后又放走了他，或者是因为怕麻烦，发现了罪犯但是却没有逮捕他，或是让他们逃跑，那这个社区不但要向国王做出好的交代，还要全部赔偿被偷窃一方的损失。

我在上面部分提到的这种申请救援的法律条款，确实是一项很好的法律规定；但是以我自己的经验来说，让重罪犯逃离足枷或缺少看守被其他人救走了，然后警察们又对这些逃犯给教区带来的痛苦不闻不问的话，那我们有再好的方法去抓住罪犯也没什么用，关键要在抓住之后还要对他们施以严厉的惩罚，只有这样，才能够真正地打压那些罪犯，保证国民的劳动和汗水不会因为罪犯们的罪恶行径而白白付出。

第十八章

宗教和教育

【1577 年，第三册，第 13 章；1587 年，第三册，第 7 章】

这个岛上有很多各式各样的大学，那些甚至在我的那个时代就建立起来了，第一所在班格尔由卢修斯创建的，之后改成了一所修道院（不是一些人写的，而是修道士伯拉纠改建的）。第二所是在英格兰的柯莱利本，靠近流入塞文河的那条河流，由亚瑟王建立。第三所是在塞特福德，据说这所学校在某个时期，曾经有多达 600 名学生。第四所是在斯坦福德，受到了修道士奥古斯丁的压迫。还有一些在其他的地方，比如索尔兹伯里市，艾瑞东或来克雷，雷丁和北安普顿；索尔兹伯里市的大学是什么时候开始的我就不敢说了；它的兴盛期是在亨利三世和爱德华一世时期，作家们的书面记录可以很好地证明这一点。有时，因为学术上的分歧，大学内部通常会分为两个观点不同的派别，一派是以校长为首，另一派则是以领班神父为首，他们之间经常会发生摩擦，有时甚至会大打出手。

在我那个时代英格兰有三所著名的大学，第一个是牛津大学，第二个是剑桥大学，第三个是伦敦大学；前两个大学是最著名的，我指的是剑桥和牛津，因为它们有语言、哲学人文科学，还有民法、医学和神学的深度研究，而且每天都会有著名的学者或者教授进行授课。我们的大学不仅有修建得很漂亮的四方形的校园建筑（大部分都是硬毛石或是砖修建的），还有大量为学生准备的住所和房间，这充分说明国王、女王、主教和这个国家的女士先生们对我们的教育都十分地慷慨；我们的大学生们还能有大量的生活品和很高的生活补贴（关于这一点，正如殉道者伯铎常说的那样，是其他国家的大学生根本无法享受到的），而且我们的大学里还会专门为穷人家的大学生提供奖学金和助学金，保证他们不会因为交不起学费而辍学。

剑桥大学和牛津大学相比，牛津大学的地理位置很好，它坐落在西部和伦敦偏北，四周被山丘上的森林包围，有漂亮的河流，下方有山谷，除了交通不怎么方便这一点比较烦人之外，它的位置基本上算是比较理想了。剑桥离伦敦很远，大约北偏东46公里，地理位置也很好，因为有点靠近沼泽地，空气的健康性就被大大地破坏了。剑桥大学所在的城市，出产各种的食物，特别是淡水鱼和野味，伊里岛也在剑桥旁边。以为美中不足的就是，剑桥大学所在的城市非常缺乏木材和煤炭，所以当地人日常所用的木材和煤炭要么来自埃塞克斯或是附近的什么地方，要么就直接从其他地方弄些干草来代替煤炭和木头作为燃料。（之所以连干草也得从其他地方运来，是因为剑桥所在的城市，确实连大量的草地也没有，所以当地出产的干草，完全没有办法应付城镇和大学的日常消耗。）

牛津大学的地理位置为经度18度20分，纬度150度50分：剑桥大学更靠北一点，经度是20度20分，纬度是52度15分，根据这种准确的推算很容易找到这两所大学。牛津大学，因为它不寻常的技艺，比起剑桥的大学来说更加庄严、宏伟和宽敞，而且牛津大学内部的建设比大部分城镇的街道都更宽阔美丽。但是就建筑物的均匀度，整齐的精简性，精明的管制方面来看，剑桥则超过了牛津（尽管我知道很多人并不同意我这一说法）。有一点我十分确信：不管街道之间建筑物之间有什么区别，镇民们都会很乐意与学生们一起生活，这样可以他们就可以卖出更多的商品，赚学生们的钱了。因为靠近大学，可以赚学生的钱，所以很多人很快就富有起来了。这种暴发户，一般都会因为暴富后不懂得继续奋斗，又加上花钱无计划和节制，所以之后又会变穷，这大概就是因为人们常说的“以邪恶方式得到的东西都坚持不久”吧！

可以和我们的大学相提并论，让我们引以为豪的另外一样东西，就是我们的教堂。在某一时期，牛津所在的城市，城镇和郊区范围内就有4到20间教区教堂；现在几乎没有了。这里有1200名市民，有400人都住在郊区；亨利三世的时候，这里也有很多学生，他允许镇里有20英里的范围的人们为这些学生们来提供食物。

剑桥的公立学校比牛津的要漂亮得多，当然牛津的神学院确实是个例外。因为牛津神学院的建造工艺实在是太精湛了，以至于这些神学院后来成了剑桥国王设计建造礼拜堂的模型，而且与亨利七世在威斯敏斯特建的礼拜堂相比，这种神学院的建造材料也很奇特，他们根本就不是用一般的石灰和灰石建成的，而是用了很多的花岗石和大理石。

这两所学校的其他方面也有着很多惊人的平等性，因为没人可以想象怎样设定一个更好的标准来判定这两所学校到底谁更胜一筹，所以我们英格兰人在说到其中一所大学的时候就不得不说到另外一所；表扬了第一所学校就不得不颂扬后一所学校；其实这很容易理解，因为这两所大学对我来说都是那么珍贵。所以即便是我，也无法告诉你我对于哪一所大学更有好感。在我看来，无论哪一所大学都不会使它们的学生感到羞耻。

这些大学的生活方式不像我们经常看到的外国学校的那种方式，他们的学生都被迫去住在共同的宿舍，因为缺房，没有任何的秩序或是纪律。但是在我们的大学里，我们的学生们生活得井然有序，而且有着相当严格的管理规定。我们曾有一名著名的学者，名叫鹿特丹人伊拉斯谟，他曾经在我们的大学里面住了整整五十年，在这五十年中，他将我们大学生的生活和国外的大学生的生活进行了一个详尽的比较，之后得出的结论就是：和我们的大学生比起来，有些国家的大学生活简直如同僧侣修行一般的清苦和无聊。

我们这儿大多数的大学都有很多的学生，这些学校几乎都是靠房屋的收入建立起来的，还有一些是有钱人的赞助，我们的每个大学里面都有很多的学者，在某个学校可能有200名学者，在其他的一些可能有159名，也有的学校可能有140名学者，而具体的学者数量，都是根据校屋所能接受的数量来决定的。至于学生，我们一般的学校都有大约3000名学生（根据最近的一次调查显示）。他们建立这些学校的初衷都是为了穷人家的孩子能够得到良好教育的机会，因为父母不能够负担他们的学费；因为富人们逐渐地侵蚀，现在穷人们的孩子也不能从这些学校中得到什么福利了。到目前为止，这种趋势开始扩大，在我那个时代，穷人家的孩子想要得到奖学金是很困难的（不管他是不是一个好学者，值不值得住进那间宿舍）。除了这些以外，对于大部分来说，贵族或是富人家的孩子，常常给大学带来的是中伤。因为这些富家子弟，只知道坐拥他们的名望和自由，他们扰乱和滋事，穿着也是很出位（使他们无法专注于对课本的学习），这些都对学校的名誉和发展有所损毁。

几乎每个大学里面都有他们自己的语言学科，按照大学学者们自己的说法，语言学科可以让这些年轻人熟悉和精通某一门外语，之后才有能力到国外去学习，才可能到国外的公立学校和公众面前去进行辩论，去展示他们自己的才华并且告知他们能来到这里学习是多么有益。而且，这些大学的公立学校，依照王子的命令（主要的），拥有很多优秀的教授和读物，也就是说，有神学的、民法的、医学的、希伯来和希腊语的。其他的演讲，像哲学、逻辑、修辞和四大高级学科（后者我指的是算术、几何、天文、音乐），大学自己也是有足够的奖学金，这些奖学金是专门用于鼓励学生们积极进取，获得更多的成功的。这里的教授都有和其他学科争论的习惯，他们的听众则认为，在这些教授们大秀技巧的争论中，可以学到更多的只是或者更熟练地掌握一些理论。

我们的大学生可以分为几个等级：第一级是大学的二（三）年级学生，他们在这里学到了很多的东西，关于逻辑、修辞和哲学方面的能力，还有数学上的，他们比文学学士的地位还要高一些。也是因此，使得他们能够更深入地去钻研某些文科和语言学方面的哪个系，直到最后他们上升到（也就是说，在三或四年之后）文学硕士，大学生一旦成为了文学硕士，就算是他们所在院系的佼佼者了。这之后，他们就可以接下来选择什么进一步的学习，是神学、法律还是医学。进一步的学习，是为了在获得文学硕士之后，能够攻读到下一个学位，也就是我们的最高等级——博士学位了。经过三年的博士攻读之后，这部分学生就具备了管理和教导他人的能力，这时候，他就能够获得博士学位了。我通过阅读了解到：贝弗利·约翰是牛津的第一位博士，贝达是剑桥的第一位。我想单词“博士”在这文章里不是像今天这么严格定义的，因为拉丁语里面都是这么称呼老师的。所以我们以前的博士，也许更多的是指老师或者导师的意思吧。

因此看得出来我们从进入大学到拿到最高学位通常要 18 年或是 20 年，在这段时间之内，这个学生要尽自己所能充分的学习知识，服务自己的联邦，而不是站在一边旁观。当大学生完成这段时间的学习以后，就 40 岁了，大部分的学生通常不会像以前那么努力，而是靠着高校过着养尊处优的生活，不让一些更有才的人占有他们的地位，却在自己的职业中没起多大的作用。我可以说出一系列的这些例子（如果我列出来的话），这足够写一大篇报道，在这些地方长期停留是缺乏朋友的迹象，或是缺乏学习或是美好向上的生活，正如主教所说，他认为在牛津大学再待下去就是亵渎神明，比起想要谋利更加严重。

一个人一到大学，如果他有语言方面的知识和判断力的成熟性，可能他开始的时候学习的是法律或是医学：如果他这么做了，他的第一学位就是法学学士或是医学学士；同样，他必须像神学硕士或是博士一样完成在自己学科方面的所有知识的学习，只有布道除外，这个不属于他的职业。最后我要说，不管是哪个系的教授最后都会在学校达到极致或是像在海外的时候，让最好的学生得到最好的教育。关于他们，我只有一点是不喜欢的，就是他们经常去意大利，极少数的人会成为他们想要成为的人，他们假装去开会或是实习，其实只不过是用国家的钱去消遣和旅游，什么有用的事情都没干。还有那些内科医生也一样，经常借口说去国外进行医学交流或者寻找新的医药配方，结果还不是出去吃喝玩乐而已。这一点对于知识分子来说，真的是一种无耻的堕落和腐败而已。

我们的大学也有很多的管理机构，每个机构都有董事长或是院长，在他之下还有校长和监察官，这些都是剑桥理事的常用称呼。然而在牛津院校的主管出于对主教的尊重，他们的访客以及创建者叫做理事长。不仅如此，大学里面每个机构都有一个或是多个财务主管，他们叫做财务监管或是财务主管，还有其他人员掌管着这些院校的福利。每个院校还有一个理事长，工期是无限期的，然而他们的替补，我们叫做副理事长，每年都会改选，跟学监、街道控制者和其他官员是一样的，这样做是为了更好地维护他们的政策和身份。

我讲到的剑桥和牛津这两所大学的学位，我都有，这与其说是我天赋异禀，倒不如说是学校在对学生授位的时候，并不是像大家想象得那样公平。我真心地希望大学在对学生进行授位的时候，不存在任何偏见，应该一视同仁，不能说理科的学生就容易获得学位或者文科的学生就容易得到学位。只有采取公平、公正、公开的原则，我们的大学才能够更好地被社会所接纳，人们也因此会更加地顺从于上帝和王子，我们的国家和社会才会更加和谐。

接下来，我认为我们应该同样再说说我之前提到的三所著名大学中的第三所大学，就是伦敦大学。在伦敦其实也有很多著名的院校，不过最为著名的，还要数伦敦大学。伦敦大学建立的初衷，其实是为了促进商品的发展，将他们的思想灌注到不成文的法律中。后来，伦敦大学渐渐演变成了一个学术和文化交流的中心，培育出了很多有名的学生，为我们的英联邦政府带来了巨大的荣耀。伦敦大学有着自己的严格的学习制度和纪律，在这些约束下，学校里面，无论是学者还是学生，都谦恭地生活在各自的院系里面（尽管偶尔也会有少部分年轻的学生受到海外思想的影响，不愿意接受伦敦大学如此严厉的纪律约束）。

除了这些院校以外，这个国家还有很多文法学校，为了给穷学生更好的救济，这些学校都得到了国家充足的捐赠，因此在女王的统治之下有很多的自治都市都拥有不止一所文法学校，因为这些学校能够给任命的校长和接待员提供宽裕的生活条件。

我们同样地还有各种各样的教堂联合会，像温莎、温切斯特、伊顿、威斯敏斯特等，这些里面的穷学生们，都是靠着建校者的慷慨捐助得以维持正常的生活和学习，除此之外，人们还会赞助一些肉、书和衣服。当这些贫困生很好地掌握了拉丁语和希腊语还有作诗的规则之后（每年学校都会指派检察官来对这些学生的学习状况进行检测），他们就会被送到大学里面某个专业的学院，接受更高学问的培训，直到他们能够在他们的学派崭露头角。我认为记录下这么多关于我们大学的事很好，也包括一些学院，名字在这儿我也会记下，还有一些建校者，最后是他们的热心让学生们的学习得以维持下去，对于他们的记忆永远都会留在这些智者和学者心里。

在牛津也有一些酒店或是会堂根据一些学院来命名，如果不是那样的话，它们的命名方式就不会比其他地方的方式少。就我看来，住在里面的人就像是住在大法官法庭的旅馆一样，他们的名字就我记得而言也是一样：比如哈特学院、怀特学院、三一学院、莫德林学院、伊曼纽尔学院、妓女感化院、阿尔本学院、埃德蒙学院、棓斯特敏斯特学院 Postmister 等。

这些学院里面有一些学生会被其他人称作为马夫或是市场看守人，而有的学生则会被称呼为上帝的法师之父、托马斯、坎特伯雷后期的总教主等等。就是在剑桥的一所院校接受教育的学生，也有可能被人称作是“马夫”，其意思是指这种学生愚笨无知，毕业以后也只配在马厩里面喂马而已。因此，有的恶作剧学生，甚至会在这种学生的宿舍门前挂很多的干草瓶子，最后双方大打出手。我认为这些都是对上帝不够谦卑的表现，绝对不应该是绅士应该做出来的行为。

除了这些以外，我们还有很多其他的过去存在的会堂或是旅社的记录，像牛肉会堂、羊肉会堂等，现在还能够看到它们的遗迹：所以如果古代的遗物能够根据在牛津大量的古代建筑来判断的话，就能够轻易地得出牛津是所资格老的大学。还有很多用石头建的寓所，现在仍然还在，都作为会堂提供给学生，有着古式的技艺，包括各式各样陈年的旧墙，在大学初建的时候，就已经被改成了花园。

通常，对于这些著名的大学，一些贪婪的财迷总是狮子大开口，提出一些他们可以占优势的方法。什么时候某人对亨利八世国王提出了这样一个请求，他可以如此回答："啊，小子！我觉得修道院已经将你培养得很好了。"然而我们只重视通过丑化修道院来推翻罪恶，你希望通过颠覆大学推翻所有的美好。我告诉你："先生，我认为在英格兰没有比我们大学更好的地方了；因为我们死后我们的国度能够得到更好的管理。因此如果你喜欢你现在的这份幸福，就不要再继续有这种心态，而是满足于你自己现在已经拥有的，或是通过实在的方式去改善自己的生活；因为我不喜欢这么恶劣的学习环境。所以我不会减少任何一所一分的收益，这个可能会得到支持。"

在爱德华国王统治时期，又有人提出同样的请求（我听说），但都是徒劳；因为萨摩赛特公爵说："如果学习衰败了话，未开化的人们就不会有礼貌，愚蠢鲁莽的人，就不会成为聪明优秀的顾问；顽固的叛逆者，也不会变成顺从的人；邪恶的人，不可能变成虔诚的基督教徒；我们除了野蛮和骚乱还在寻找什么呢？因为如果失去了大学这片净土，很难说之后会变成什么样；对于这一种观点，我深信不疑。但是主教、富农、商人和贵族们似乎并不同意这一看法，对他们来说，别人拥有的东西就应该拿来满足他们而且应该听从他们的命令，至于那些辛劳与汗水的本身的付出者，则天生就应该是下等人，根本不配拥有财富和幸福。"

因为各等级之间对于教育的不同看法，导致了各阶层在制订教育相关的法律时，经过数次谈判也无法达成一致意见，我听说在玛丽女王统治期间，高贵的伊丽莎白一世女王就教育方面的法律制定，和各个阶层的代表，进行了三次谈判，都没有成功制定出相关的法律规定。但是，我相信，对于我们所有人来说，只有将教育放到一个重要的位置，我们的社会才能进入真正的文明。